111 Gründe, Finnland zu lieben

Tarja Prüss

111 GRÜNDE, FINNLAND ZU LIEBEN

Eine Liebeserklärung an das schönste Land der Welt

Mit Fotografien
von Tarja Prüss

SCHWARZKOPF & SCHWARZKOPF

INHALT

Für Mama | Äidilleni
aina sydämessäni

VORWORT

Finnland? Das ist doch das Land da ganz im hohen Norden, wo die Winter kalt, lang und dunkel, die Sommer kurz und mückenverseucht sind und die Menschen trotz oder wegen Sauna und Alkohol trübsinnig werden. Und ansonsten schweigen. Pustekuchen.

Die Sommer sind hell und warm, die Winter klirrend kalt, aber längst nicht immer so finster, wie man meint, und der Finne an sich ist ein aufgeschlossener, freundlicher Mensch.

So weit, so gut.

Aber was macht Finnland nun wirklich aus?

Für mich ist Finnland eine Herzensangelegenheit. Ich habe mein Herz an dieses Land verloren, meine Liebe schlägt für 338.424 Quadratkilometer, die für mich die schönsten auf der Welt sind. Dafür reichen 111 Gründe nicht aus, aber die ersten 111, die sind hier versammelt. Von der Mitternachtssonne über den Weihnachtsmann bis hin zu Eisschwimmen und Lakritz.

Kein Reiseführer, eher ein Reiseverführer.

Geschichten aus dem Land im hohen Norden, Anekdoten aus der Heimat des Weihnachtsmannes, Eindrücke aus einem Land mit unvergleichlicher Schönheit, mit spektakulären Naturschauspielen wie Nordlichtern und Mitternachtssonne.

Eine Hommage an ein kleines stolzes Volk, das vermeintlich am liebsten schweigt, sich in Luftgitarrespielen misst und kein Futur kennt. Die Finnen, die in Moll tanzen, schräge Musiker vergöttern oder stundenlang vor Eislöchern sitzen.

Eine Liebeserklärung an Suomi, wie die Finnen selbst ihr Land nennen. Das wohl exotischste Land Europas, mit den letzten Ureinwohnern, den schrägsten Vögeln und verrücktesten Wettbewerben.

Reisen Sie mit, wenn es mit Skiern, Schneeschuhen und Schneemobilen durch die finnische Wildnis geht, wenn Rentiere oder Huskys Sie mit Schlitten über zugefrorene Seen ziehen, wie es ist, mit dem Schiffs durch Eis zu brechen oder mit dem Rallyeauto über Eispisten zu brettern.

Wandern Sie mit durch die Nationalparks in der farbenprächtigen *Ruska*-Zeit, die stillen Birkenwälder und Seen sowie barfuß entlang der Küste bis hin zu den romantischen Inselgruppen und malerischen kleinen Ortschaften. Erspüren Sie die mystischen Polarlichter und die Farbräusche der nicht untergehenden Mitternachtssonne. Entdecken Sie die Geheimnisse der lebendigen Hauptstadt Helsinki und die reizvolle Vielfalt der finnischen Regionen von Åland über Karelien bis Lappland.

111 Gründe, Finnland zu lieben verrät die unentdeckten Schönheiten, sagenhafte Geheimplätze und gibt persönliche Einblicke in den Alltag und die Mentalität der Finnen.

Entdecken Sie, wo es die skurrilsten Wettbewerbe gibt, die besten kulinarischen Spezialitäten, das coolste Design, kreative Ideen und liebevolles Selbstgemachtes – wo der Bär abgeht, sich Rentiere versammeln und Vögel saunieren. Tauchen Sie ein in die lebendigen Feste und das Lebensgefühl der Finnen, lassen sie sich betören von der unberührten Natur und verzaubern von den unterschiedlichen Jahreszeiten.

Lassen Sie sich überraschen vom Kultur- und Nachtleben, das zahlreicher und bunter ist, als man es in einem so dünn besiedelten Land erwarten würde.

Aber ich muss Sie warnen: es wird manch wildromantischen Höhenflug geben, was man Verliebten, wie ich es bin, hoffentlich verzeihen möge, aber auch mit manchem Vorurteil endgültig aufgeräumt.

Jedes einzelne Kapitel, manchmal eine einzelne Überschrift, wäre es wert, ein ganzes Buch daraus zu machen. So bleiben es bisweilen Einblicke, Schnipsel und Fragmente, die jedoch in ihrer Beispielhaftigkeit einen guten Eindruck vermitteln von Land und Leuten. Alles in allem bleibt es natürlich eine ganz persönliche Auswahl von Lieblingsgründen, als Einladung für Finnland-Neulinge ebenso wie für Finnland-Kenner, die noch manch Neues entdecken werden.

Ich bin sehr dankbar dafür, denn Schreiben ist ebenso wie Lesen eine wunderbare Möglichkeit, im Kopf und im Herzen nach Finnland zu reisen. Und ich lade Sie ein: gehen Sie mit auf eine faszinierende Entdeckungsreise in ein Land, das nicht nur viel zu bieten hat, sondern manchmal wie eine Wundertüte ist: Man entdeckt Dinge, die man nicht zu erwarten gedachte – das Glück, etwas zu finden, wovon man nicht wusste, dass man es sucht.

Ich danke von Herzen meiner Familie und meinen Freunden und manchmal lässt sich beides nicht voneinander unterscheiden, die mich immer wieder ermuntert und bestärkt haben. Ich möchte auch meinem Literaturagenten Martin Brinkmann danken. Dafür, dass er mich gefunden hat. Stellvertretend für alle, denen ich bisher in Finnland begegnet bin und die bereitwillig ihre Tür zu ihrem Land und ihrem Leben geöffnet haben, möchte ich Markku, Miru, Mikko und Mira von Herzen *kiitoksia* = dankeschön sagen.

Finnland macht es einem leicht, sich zu verlieben. Gegen einen solchen Gefühlsrausch muss man sich nicht wehren, besser ist, sich leichtfüßig und -sinnig zu ergeben, denn diesen Infekt bekommt man ohnehin nicht mehr los. Das ist mehr ein Bazillus, der sich einnistet und weiterwirkt.

Dafür ein schrecklich netter, der einen freundlich empfängt, wann immer man kommt – in ein Land, das einen bedingungslos willkommen heißt, wenn man bereit ist, sich auf diese Entdeckungsreise einzulassen.

TERVETULOA – willkommen!

Tarja Prüss

KAPITEL 1

FINNLAND DER EXTREME

Küsten, Kiefern, Kälte

1. GRUND

Weil es so nordisch-exotisch ist

Finnland ist wohl das exotischste Land in ganz Europa. Viele Europäer wissen mehr über Albanien als über Finnland. Und wenn, dann sind es die typischen Klischees: lange, dunkle und kalte Winter, Abermillionen, ach was, Trillionen, von Mücken im Sommer, sodass man eigentlich gar nicht nach draußen kann. Finnen, die tagein, tagaus betrunken und depressiv sind, schweißgebadet von der Sauna in einen der 100.000 Seen hüpfen und dabei hoffentlich nicht ertrinken. Wo man sich vor Bären, Elchen und Rentieren in Acht nehmen muss.

Fakt ist: Finnland ist ein weites Land mit viel Platz. So viel Platz, dass man stundenlang unterwegs sein kann, ohne eine Menschenseele anzutreffen. Und Finnland ist ein freundliches Land. Tatsache ist, dass man in Finnland ein unfassbares Maß an intakter Natur, ungeahnte Schätze an Flora und Fauna, einen hohen Lebensstandard und ein reichhaltiges Kulturleben vorfindet.

Auch wenn viele das Wort »exotisch« nicht gleich mit Finnland in Verbindung bringen würden, gibt es dennoch viele exotische Momente in diesem Land. Mehr Handys als Menschen, mehr Saunen als Autos, mehr Datenleitungen als Straßen.

Exotisch auch die Mischung aus gemäßigtem Klima und Polargebiet, Verschiebung von Tag und Nacht, Hell und Dunkel. Die geheimnisvolle Linie des Polarkreises mit der magischen Zahl 66°33'55", diese unsichtbare Linie, oberhalb derer es die berühmten Polarnächte und Polartage gibt. Drei verschiedene Vegetationszonen – Mischwälder, Taiga, Tundra –, die den Besucher in ihren Bann ziehen.

Wer noch nie in Berührung gekommen ist mit den Samen, für den sind die letzten Ureinwohner Europas, ihre traditionelle Art zu leben und ihre heute noch lebendigen Mythen sicher auch exotisch.

Fremdartig mag dem einen auch die nicht enden wollende unberührte Wildnis vorkommen, die klare Luft, der saubere Schnee, dem anderen, dass Rentiere weiterhin in freier Wildbahn leben, und dem dritten, dass viele Häuser und Autos bis heute nicht versperrt werden (müssen).

In die Kategorie exotisch fallen auch die atemberaubenden Polarlichter, die faszinierende Mitternachtssonne und die mystischen Stimmungen im Polarwinter. Die eisig arktischen Erfahrungen in Eishotel und Iglus oder die Einsamkeit der weiten Hochebenen, tief verschneite Winterlandschaften und Raubtiere wie Luchs und Vielfraß.

Exotisch ist zweifelsohne auch die Sprache. Verwandt mit dem Ungarischen und dem Estnischen, aber keinerlei Verbindung zu den skandinavischen Sprachen. Das macht sie von vornherein zum Außenseiter innerhalb der nordischen Länder. Zudem kennen sie nicht die förmliche Anrede »Sie«. Selbst den Präsidenten duzt man in Finnland. Diese wie ich finde angenehme Angewohnheit übernehme ich hier und verzichte im Weiteren auf »Sie«. Aus Gründen der Lesbarkeit verzichte ich ebenfalls auf die Erwähnung beider Geschlechter.

Ausgefallen muten zum Teil auch Humor und Freizeitgestaltung an. Wer trägt schon freiwillig seine Ehefrau auf der Schulter über Stock und Stein, nur um als Sieger seine Frau in Bier aufgewogen zu bekommen? Wer tritt beim musikalischen Länderwettbewerb mit furchterregenden Monstern an? Wer entwickelt Schneemannköpfende Flugobjekte?

Exotisch mag dem einen oder anderen auch der Hang zur Melancholie und die Liebe zu Tango und Gedichten vorkommen. Oder die Lesewut der Finnen. Außergewöhnlich wohl auch die beträchtliche Beliebtheit von Heavy Metal und Headbanging. Oder die Vorliebe für Eis in einem so kalten Land.

Exotisch aufgrund der Naturgegebenheiten mit so unsagbar viel Wasser, Wald und betörender Stille – einem selten gewordenen

Zustand in unseren hektischen Alltagswelt. Genug Gründe allemal, um mal genauer hinzusehen. Um mehr über dieses exotische Land im hohen Norden ans Tageslicht zu fördern. Du wirst nicht enttäuscht sein. Versprochen! Denn dieses Land hat weit mehr zu bieten als den Dreiklang Wälder – Seen – Felsen.

Dieser besonderen Anziehungskraft dieses flächenmäßig großen, bevölkerungsmäßig kleinen Landes zwischen Ostsee und Eismeer kann sich kaum jemand entziehen. Auf geht's!

2. GRUND

Weil Polarlichter süchtig machen

Manchmal dauert es Minuten, manchmal ist es ein mehrstündiges Feuerwerk: Polarlichter! Finnland genießt dieses Privileg. Und dieses Leuchten hat Suchtpotenzial. Aurorahunter oder Polarlichtjäger nennt man die, die diesem Zauber verfallen sind. Ich bin auch längst infiziert von diesem faszinierenden Himmelsschauspiel. Wenn Lady Aurora zum Tanz bittet, gibt es für mich keine Ausreden und kein Halten mehr. Dann geht es bepackt mit Kamera, Stativ, Thermosflasche und am besten vier Lagen Kleidung in die nächtliche Kälte. Minus 35 Grad und meterhoher Schnee können mich nicht abhalten, stundenlang in der Kälte zu stehen, umgeben nur von Finsternis und Stille, und diesem magischen Schauspiel am nächtlichen Firmament beizuwohnen. Da hau ich mir gern mal eine Nacht um die Ohren.

Allerdings ist es immer eine Art Lotteriespiel. Wenn man infiziert ist vom Polarlichtfieber, dann studiert man mit einem leichten Kribbeln im Bauch beinahe täglich die Vorhersagen. Manche Regionen bieten gar einen Aurora-Alert, also eine Art SMS-Dienst an, der das Auftauchen der Polarlichter meldet. Tabellen und Grafiken im Internet machen anschaulich, wo und wann auf der Welt die Chancen auf Polarlichter gut stehen.

Denn ein großer Unsicherheitsfaktor ist das Wetter. Verdecken Wolken den Himmel, nützt die ganze Rechnerei um geomagnetische Intensität nichts. Es ist ein bisschen wie vor dem eigenen Kindergeburtstag, wenn man vor lauter Aufregung nichts essen kann, weil man so gespannt ist, welche Wünsche sich erfüllen werden. Doch wenn einem der Wettergott wohlgesinnt ist, verziehen sich die Wolken irgendwann und dann beginnt das große Tanzen!

Doch dazu muss man in stockfinsterer Nacht erst einmal raus. Zusammen mit dem ebenso leidenschaftlichen Aurorahunter Thomas mache ich mich auf den Weg. Thomas ist vor Jahren von Karlsruhe nach Oulu ausgewandert und ist ein wahrlich Polarlicht-Verrückter. Jeden Sommer kann er es kaum erwarten, dass die Nächte wieder dunkler werden und damit die Chancen auf Polarlichter steigen. Hunderte hat er schon gesehen, viele Nächte schlaflos verbracht. Aber langweilig werde ihm das sicher nicht. »Es ist jedes Mal anders. Jedes Mal faszinierend.«

Zunächst an einen nahe gelegenen See außerhalb von Oulu. Die Lichter der Stadt würden es dem menschlichen Auge schwer machen, überhaupt etwas am nächtlichen Himmel zu erkennen.

Wir positionieren unsere Kameras und machen erst mal ein paar Probeaufnahmen. Doch der Himmel bleibt bis auf ein paar Sterne auch auf den Displays der Kameras schwarz.

Erwähnte ich schon die zweite Voraussetzung neben dem Wetter?: Geduld. Wir lauschen der nächtlichen Stille um uns herum und wandern mit den Augen wieder und wieder über das Schwarz des Himmels. Doch der bleibt schwarz, so angestrengt wir auch schauen.

Wir beschließen, die Zeit zu nutzen, um noch weiter weg von der Stadt zu kommen, und fahren Richtung Norden über die Landstraße. Irgendwo *in the middle of nowhere* biegen wir in einen Waldweg ein und landen schließlich an einem See.

Schon von Weitem sehen wir ein schwaches grünes Band am Himmel. Ich kann es kaum abwarten, bis ich endlich am Ufer bin und die Kamera endlich steht, der Fokus manuell scharf gestellt ist, Blende und Belichtungszeit eingestellt sind und ich die Magie wenigstens digital festhalten kann.

Die Finger freuen sich, endlich wieder in die schützenden Handschuhe zu dürfen, und ich verfalle in eine merkwürdige ungläubige Starre. Dabei ist es in dieser Nacht nicht das erste Mal, dass ich Polarlichter sehe, oder *revontulet*, wie die Finnen sagen. Und doch fühlt es sich jedes Mal wieder an wie das erste Mal. Denn jedes Polarlicht ist anders. Jedes Mal neu. Jedes Mal faszinierend.

Ein Feuerwerk am Himmel! Tanzende Lichter am Firmament: manche flüchtig und filigran, andere huschend, hastend und hüpfend übers Himmelszelt. Verändern Form, Farbe, Größe – mal langsam, mal schnell – immer neue Formationen bilden sich – flackern, flitzen, glühen. Alle Arten: Koronen, Vorhänge mit Spitzen, ruhige Bögen und Bänder. Sie sammeln sich, um dann wieder auseinanderzudriften. Blitzen auf, schimmern, pulsieren und verschwimmen miteinander, verglühen. Es betört, berauscht und berührt mich in meinem tiefsten Inneren – jedes Mal von Neuem. Manche machen mich stumm vor Ehrfurcht, verursachen ungläubiges Staunen oder laute Freudenrufe in die Nacht hinein.

Man könnte auf die Knie sinken, es ist zum Heulen schön. Es ist, als ob sie einer für uns unhörbaren Melodie folgten, eine Farbsymphonie am Himmel. Eine Melodie aus Farben, Formen, Tönen, aus Bögen und Bändern mit einem unsichtbaren Dirigenten. Ein Wiegen, Wogen, Dahingleiten – keinem Gesetz, keinem Muster folgend und vielleicht gerade deswegen so betörend schön.

Da vergisst man die Kälte, die längst in jeden Quadratzentimeter des Körpers eingedrungen ist, man vergisst die fast steif gefrorenen Finger, die jetzt plötzlich wieder brav ihren Dienst an den Kameratasten verrichten, die Müdigkeit ist wie verflogen.

Still-staunend und aufgewühlt blicke ich zum Himmel, wie die Nordlichter weiter jagen, sausen und Purzelbäume schlagen. Das Fotografieren vergesse ich zwischendurch. Der Zauber ist zu groß, das Spektakel zu einmalig, als es nicht mit eigenen Augen aufzusaugen. Keine Kamera der Welt könnte das einfangen. Keine Worte der Welt dieses Mysterium und zugleich Glücksgefühl annähernd beschreiben. Und wenn sie dann irgendwann schwächer und schwächer werden und nur mehr blasse Schleier über den Horizont flackern, dann ist es, als ob übernatürliche Kräfte oder Wesen eine große Anstrengung hinter sich gebracht haben.

Jedes Jahr ab Ende August, wenn die Tage wieder kürzer und die Nächte dunkler werden, kann man sie mit etwas Glück sehen. Vorausgesetzt, es tut sich was auf der Sonne – denn Polarlichter sind eine Erscheinung, die durch Sonnenteilchen hervorgerufen werden. Auf der Sonne gibt es immer wieder Gasexplosionen, bei denen der große gelbe Ball elektrisch geladene Teilchen ausstößt. Dieser Sonnenwind oder geomagnetische Sturm rast mit unvorstellbarer Geschwindigkeit durch den Weltraum zur Erde. Vom Magnetfeld der Erde eingefangen, werden die kleinen Teilchen zu den Polen gelenkt. Auf diesem Weg stoßen sie mit anderen Luftteilchen zusammen, und dann entsteht dieses merkwürdige Leuchten. Der Sonnenstaub verglüht also regelrecht, und dadurch entstehen diese sonderbaren Lichter.

Die besten Regionen, um Polarlichter mit eigenen Augen zu sehen, sind grob gesagt, alles nördlich von Oulu. Je weiter weg von der Zivilisation und je nördlicher, umso besser. Manche Polarlichter sind aber auch so stark, dass man sie in ganz Finnland beobachten kann. Selbst in Norddeutschland wurden schon welche gesichtet, sehr schwach, aber immerhin.

Gestört wird die Farbsymphonie am Firmament plötzlich, dafür abrupt durch einen ohrenbetäubenden Knall aus dem Wald. Hört sich an wie ein Schuss. Sofort schießen mir alle furchterregenden Krimis in den Kopf. Läuft da etwa ein durchgeknallter Verrückter mit Pistole durch den Wald, der alle Polarlichtverrückten umnieten will? Mir wird ganz anders, und ich wünschte, ich könnte mich wie der Flaschengeist Jeannie mit einem Augenzwinkern in mein warmes, sicheres Bett beamen. Nein, klärt mich Thomas auf, es sind nur die Minusgrade, die die gefrorenen Baumstämme aufreißen lassen. Möge er ausnahmsweise recht haben. Unheimlich ist es trotzdem.

Unweigerlich kommen mir die Mythen in den Sinn, die sich um diese magischen Lichter ranken. *Revontuli* (Fuchsfeuer) nennen die Finnen dieses spektakuläre Naturphänomen. In grauer Vorzeit erklärte man sich die in der Tat manchmal gespenstisch wirkenden Lichter am Himmel damit, dass der Polarfuchs mit seinem Schwanz Schnee aufwirbelt, der als Funkenfeuer am Himmel die grünen und manchmal roten Formationen erzeugt. Dem alten Glauben nach zeigen sich in Polarlichtern die Seelen der Toten, die am Himmel tanzen, um denen, die sie auf der Erde geliebt haben, die Polarnacht ein wenig zu erhellen. Deswegen solle man auch keinen Lärm machen. Andere Völker glaubten, dass die Ahnen da oben am Himmel ihr Unwesen treiben oder vielleicht einfach nur Fußball spielen und so Linien, Bänder und manchmal züngelnde Flammen wie von Geisterhand über den Himmel ziehen.

Seit ich das weiß und erlebt habe, verstehe ich auch, warum Pekka, ein Same aus der Region um Ivalo, mir nichts über Polarlichter erzählen wollte. »Wir sprechen nicht über Polarlichter, solange es hell ist.« Den Nordlichtern müsse man Respekt erweisen. Von ihnen geht bis heute etwas Mystisches, Geisterhaftes, Unerklärliches aus.

Wenn man sie mit eigenen Augen sieht, dann verändert es irgendwie die Sicht auf das Leben. Zumindest geht es mir so. Angesichts der enormen Kraft des Universums wird man selbst und werden die eigenen Probleme sehr viel kleiner und unbedeutender. Polarlichter ziehen mich jedes Mal aufs Neue in ihren Bann, verursachen unglaubliche Glücksgefühle. Und am nächsten Morgen einen steifen Hals. Aber den nimmt man gern in Kauf. Für unvergessliche Momente.

3. GRUND

Weil es voller Extreme ist

Finnland ist ein Land der Gegensätze. Ein Land, an dem man den Wechsel zwischen Tag und Nacht extremer spürt als anderswo. Wo die Nacht den Tag im Winter fast vollständig umarmt und im Sommer der Tag die Nacht verscheucht und auf später vertröstet.

Klimatisch extrem mit Temperaturunterschieden von 70 Grad und mehr. Extrem auch der eigentümliche Charakter der Landschaft. Neben dem Gleichklang von Wasser, Wald und Wolken das Urgestein, das einem überall begegnet – Zeugen der Eiszeit, als die Erde kilometerdick mit Eis bedeckt war und das Land geformt hat. Seit dem Abschmelzen heben sich die Landmassen – bis heute. Und so wächst Finnland jedes Jahr um wenige Zentimeter. In 100 Jahren hebt sich die finnische Landfläche um einen Meter.[1] Mit der Folge, dass der Hafen von Vaasa etwa schon zweimal in seiner Geschichte verlegt werden musste, weil er immer weiter ins Landesinnere geschoben wurde.

Die Felsen begrüßen den Finnland-Reisenden schon vor der Ankunft – beim größten Archipel der Welt, der Finnland vorgelagert ist, den Åland-Inseln, auf die wir noch ausführlich zu sprechen kommen werden – über 6.000 Inseln ragen hier aus dem Meer, viele mit den rot schimmernden Eiszeit-Felsen, und bilden so das Begrüßungskomitee. Ebenfalls der Eiszeit hat Finnland seine viele Seen zu verdanken – die größte Seenplatte Europas. Nicht weniger als zehn Seen sind größer als der Bodensee, was den Flächeninhalt angeht – und rund 50 haben mehr als 100 Quadratkilometer Fläche.[2]

Mich beeindrucken ganz besonders der Inari- und der Saimaa-See – in ihrer Größe unvorstellbar und in manchen Bereichen verschachtelt wie ein Labyrinth aus Inseln und Halbinseln.

Extrem mutet auch die Bewaldung an – fast 70 Prozent der Fläche Finnlands ist mit Wald bedeckt und damit größere Flächen als

Großbritannien oder Italien. 30 verschiedene Baumarten sind hier zu Hause, vornehmlich aber Kiefern, Birken und Fichten. Damit ist Finnland das am stärksten bewaldete Gebiet Europas. Und rein rechnerisch gesehen hat jeder Finne 4,2 Hektar Wald ganz für sich allein.

Hinzu kommt, dass Moore und Sümpfe erhebliche Teile Nordfinnlands unzugänglich machen. Im Sommer zumindest. Ein Land, das viele Mücken hat, aber auch kälteerprobte Rentiere, Bären und die einzigen Süßwasserrobben der Welt.

Die Schweigsamkeit und Einsamkeit der finnischen Natur, in der man anfängt, die Stille zu hören – und auf der anderen Seite tosende Wasserfälle wie in Imatra, wo man sein eigenes Wort nicht mehr versteht. Ein Land mit so viel Stille und gleichzeitig so eine Formel-1-begeisterte Nation. Finnen, die als ruhig gelten, bis zu dem Moment, in dem man ihnen etwas Motorisiertes vor die Nase stellt – dann ist es mit der Ruhe vorbei. Die Vorliebe für Motoren und Schnelligkeit zeigt sich denn auch in den Erfolgen bei Rallye- und Formel-1-Wettbewerben.

Finnen, denen man nachsagt, schweigsam und melancholisch zu sein – dieselben Finnen, die sich die verrücktesten und lustigsten Wettbewerbe ausdenken und die umso mehr und gerne singen. Dieselben, die einerseits die höchste Dichte an Heavy-Metal-Bands pro Kopf aufweisen und andererseits dem melancholisch-trägen Tango verfallen sind.

Die Finnen, denen nachgesagt wird, dass sie extrem viel Alkohol trinken. Statistiken beweisen jedoch das Gegenteil. Demnach trinken sie mit rund zehneinhalb Liter reinem Alkohol pro Jahr sogar etwas weniger als die Deutschen!

Außerdem ein Land mit extrem viel Saunen – nämlich über zwei Millionen! Würden sich alle Finnen zur selben Zeit in der Sauna verabreden, würden in jeder also im Schnitt nur zwei bis drei Personen sitzen.

Zusammengefasst: extrem viel Natur, extrem viel Wasser, extrem viel Ruhe, extrem viele Mücken, extrem viele Saunen!

Die Finnen selbst lieben Extreme: Wer im Januar auf einem zugefrorenen See spazieren geht, wird kaum erwarten, auf einen Schwimmer zu treffen. Nur mit Badezeug, Schwimmschuhen und Wollmütze bekleidet, der ohne zu zucken in ein Eisloch hüpft und losschwimmt. Als gäbe es im Januar nichts Normaleres zu tun.

4. GRUND

Weil die Nächte nachtlos sind

Schlafen kann man im Winter, besagt eine Redensart in Finnland. Die Mitternachtssonne scheint für alle. Ganz oben im Norden sogar rund um die Uhr. Das verändert alles. Die hellen Nächte werden genutzt, um all das zu machen, was im Winter nicht möglich war. So sieht man um Mitternacht noch Jugendliche Fußball spielen oder morgens um zwei Rollskifahrer über die Straßen flitzen. Der Tag verlängert sich ins gefühlte Unendlich. Müdigkeit wird zu einem Fremdwort. Das Leben pulsiert rund um die Uhr. *Yötön yö* nennen das Finnen, nachtlose Nacht. Und das wird kräftig gefeiert: Mittsommer ist einer der höchsten Feiertage im Jahr (dazu mehr: »Weil der Tag später schlafen geht als du«, S. 47). Für mich jedes Mal aufs Neue ein faszinierendes Schauspiel. Wenn man angesichts der immer noch hochstehenden Sonne ungläubig auf die Uhr schaut und versucht zu verstehen, dass es nicht dunkel wird. Wenn man versucht zu verstehen, dass man am Abend oder in der Nacht kein elektrisches Licht braucht. Wenn man versucht zu verstehen, dass man nicht müde wird.

Es ist die Zeit der Sonnenwende. Wenn der lang ersehnte Sommer endlich angekommen ist. Mit den weißen Nächten, wenn die Sonne, die jetzt den größten Abstand zum Äquator hat, senkrecht über dem nördlichen Wendekreis steht und ganz im Norden wochenlang nicht mehr unter dem Horizont verschwindet. Die Finnen genießen diese Zeit in vollen Zügen und ohne schlechtes Gewissen. Verbringen viel Zeit draußen, als wollten sie das viele Licht, das ihnen im Winter so sehr gefehlt hat, aufholen, einholen, nachholen. Dieses Licht, das im Norden so anders ist, selbst nachts um zwei Uhr noch so sanft und weich scheint, dieses Licht, das einen bezaubert und das man am liebsten festhalten möchte.

Selbst weiter im Süden, wo die Sonne für ein paar Stunden hinter dem Horizont verschwindet, wird es nicht wirklich dunkel. Die Sonnenuntergänge ziehen sich scheinbar über Stunden, der Himmel wechselt sein Kleid von Blau zu Gelb zu Orange und geht dann nahtlos über ins Morgenrot. Wer auf Sonnenuntergänge und -aufgänge steht so wie ich, der wird im Sommer in Finnland wirklich von der Natur verwöhnt. In Helsinki beginnen die Vögel im Juni um etwa 1.30 Uhr zu zwitschern. Putzmunter wirken sie. Seltsam mutet es an, so mitten in der Nacht, in diesem Zwielicht, dieser nachtlosen Nacht. Wer kann schlafen, wenn es nicht dunkel wird? Die Vögel nicht. Ich auch nicht.

»Sunhunter« (Sonnenjäger), ruft mir meine Freundin Mira lachend hinterher, als ich gehe und die Tür hinter mir zuziehe. Diese Türen, die ich so mag, ohne Griff außen, Doppeltüren, deren eine nach außen und die andere nach innen aufgeht, dieses Geräusch beim Zuschnappen und der typische Geruch im Treppenhaus nach Sauna, Holz, frischer Wäsche und noch irgendetwas, was ich nicht zuordnen kann.

Es ist bereits hell. Klar, es war nie dunkel.

Ich will zum Malminkartanohuippu – mit immerhin 90 Metern über dem Meeresspiegel die höchste Erhebung Helsinkis. Von dort hat man nämlich einen wunderbaren Ausblick. Zuvor jedoch 426 Stufen. Eine endlos scheinende Holztreppe. Dutzende Sportler nutzen diese künstliche Erhebung gern zum Trainieren. Um diese Zeit begegnet mir jedoch niemand und macht mir mit seiner Ausdauer und seinem Bewegungsdrang ein schlechtes Gewissen. Im Moment treibt mich mehr das zart beginnende Rosa am Himmel an, gibt mir einen zusätzlichen Schub und verpasst mir einen Tritt, als ich eine Pause einlegen will.

Oben angekommen öffnet sich ein ununterbrochenes 360-Grad-Panorama – und ein endloser Himmel. Starker Wind bläst die Wolken auseinander, zerrt und zurrt an den weißen Formationen, reißt sie auseinander, schiebt und ordnet, verwischt und verweht. Wie mit einem Pinsel malt und übermalt er, zieht Striche und Linien, punktiert und setzt Akzente.

Er zerrt auch an mir. An den Haaren, den Händen, der Jacke. Die Luft ist von 18 Grad am Abend auf zehn Grad abgekühlt. Macht nichts, denn beim Hochsteigen ist mir ohnehin warm geworden. Was die Mücken oben auf dem Hügel übrigens extra prima finden. Ansonsten leisten mir da oben auf dem Hügel nur ein Hase und eine Elster Gesellschaft. Demzufolge sagen sich hier Fuchs und Hase wohl nicht Gute Nacht.

Im Minutentakt wechselt nun die Ansicht. Farben und Formen verändern sich, als ob jemand den Himmel wieder und wieder ummalt. Irgendjemand hat neue Wolken losgeschickt. Immer mehr versammeln sich am Firmament, finden zusammen und schieben neue herbei. Die Morgenstimmung hat ihren ganz eigenen Reiz. Sehr friedlich ist es. Gut eine Stunde dauert das Farbspektakel am Himmel, dann verschwindet die Sonne erneut hinter Wolken.

Hunderte Fotos später, eine halbe Tafel Schokolade weniger und geschätzte 100 Mückenstiche mehr, mach ich mich wieder auf den Heimweg.

Zu Hause angekommen, bin ich immer noch nicht müde. Nicht richtig. Die Füße sind müde, der Körper ist müde, und trotzdem kann ich nicht schlafen. Das ist vielleicht der Nachteil dieser hellen Nächte. Aber schlafen kann man ja dann ausgiebig im Winter. Gegen halb acht lässt mich beginnender Regen, der sanft ans Fenster trommelt, langsam einschlafen.

Es ist bereits hell. Klar, es war nie dunkel.

5. GRUND

Weil der Himmel nirgends sonst so weit ist

Finnland hat vielleicht nicht so spektakuläre Sehenswürdigkeiten wie die Pyramiden, den Grand Canyon oder die Sagrada Familia. Klar, in Helsinki gibt es den weißen Dom, oder die größte Holzkirche der Welt in Kerimäki und ein paar andere sehenswerte Architekturdenkmäler, die es wert sind, mal genauer hinzusehen. Vom Architekten-Superstar Alvar Aalto etwa. Aber sonst?

Die spektakulärsten Sehenswürdigkeiten erschließen sich dem Besucher vielleicht erst auf den zweiten Blick: die Natur, die Luft, das Licht. Unglaubliche Schätze. Schätze, für die man nicht mal Eintritt zahlen muss. Außer vielleicht dem nicht in Geld messbaren Versprechen, keinen Müll liegen zu lassen.

Vordergründig unscheinbare Paradiese, aus denen man – ehe man sichs versieht – nicht mehr, nein, nie wieder weg will. Der Himmel weit, das Land flach, die Seen ruhig, die Wälder endlos.

Mit einer Fläche von 338.424 km^2 ist Finnland fünftgrößtes Land in Westeuropa. 1.160 Kilometer kann man Richtung Norden fahren, bis man wieder an die Landesgrenze stößt, und in der Breite sind es 540 Kilometer.[3] Zwischen dem 60. und 70. Breitengrad, sodass ungefähr ein Drittel Finnlands oberhalb vom nördlichen Polarkreis liegt. Das Land am Rande der nordischen Polarkappe.

Damit ist es flächenmäßig fast so groß wie Deutschland. Mit einem gewaltigen Unterschied: In Deutschland leben über 80 Millionen Menschen, in Finnland nur 5,5 Millionen. Und davon ist der Großteil mit über einer Million im Großraum Helsinki zu Hause. Knapp jeder vierte Finne lebt im Dreieck zwischen Helsinki, Vantaa und Espoo – Städte, die schon fast zusammengewachsen sind. Der beinahe schon klägliche Rest verteilt sich auf dieses gigantische Land. Oder anders gesagt: In Berlin und Hamburg leben annähernd so viele Menschen wie in ganz Finnland.

So hat Deutschland eine Bevölkerungsdichte von 226 Einwohnern pro Quadratkilometer. In Finnland sind es gerade mal 16 Menschen pro Quadratkilometer.[4]

Lappland ist mit kaum zwei Menschen auf den Quadratkilometer schon fast menschenleer. Damit gehört Finnland zu den am dünnsten besiedelten Ländern Europas. Da kann alles passieren, nur nicht, dass man sich mal aus Versehen auf die Füße tritt.

Finnland oder Suomi, wie die Finnen ihr Land nennen, zeichnet sich durch ein stark divergierendes Klima aus: Die Winter können in der Tat sehr kalt ausfallen, im Gegenzug werden die Finnen mit ziemlich warmen Sommern verwöhnt. Beeinflusst wird das durch die Lage an der Ostsee, den Golfstrom und das Kontinentalklima. Die Temperaturen können ganz schön auseinanderdriften: Die kälteste jemals in Finnland gemessene Temperatur betrug minus 51,5 °C in Pokka bei Kittilä am 28. Januar 1999,[5] der wärmste Tag in Helsinki 2010 mit 37,2 Grad.[6]

Der Himmel ist von einem Blau, wie man es in anderen Breitengraden nur selten zu Gesicht bekommt. Extrem blau und weit und klar – keine Schlieren von Flugzeugen, die das satte Blau durchkreuzen. Es liegt aber auch daran, dass Finnland sich glücklich schätzen kann, mit die sauberste Luft in Europa zu haben.[7] Die finnische Fahne, 1918 als offizielles Symbol Finnlands eingeführt, ein blaues Kreuz auf weißem Grund, spiegelt offiziell die Seen und den Schnee wider. Für andere ist es das Blau des Himmels und das Weiß der schneeweißen Wolken, deren Formationen gerade in Küstennähe in Sekundenschnelle wechseln können. Dieser Himmel, an dem ich mich nicht satt sehen kann, wann immer ich dort bin. Er kommt mir weiter, größer, länger, breiter vor. Die Wolken persilweißer, das Blau azurblauer. An manchen Tagen ziehen die Wolken so schnell, als hätten sie es furchtbar eilig, manchmal zaubert der Himmel permanent neue Wolkenformationen hervor, und ein anderes Mal zieren die weißen kleinen Häuflein wie Ornamente einfach stumm ihren blauen Bruder und bewegen sich den ganzen

Tag nicht fort, als dösten sie gern von der Sonne beschienen vor sich hin.

Doch zurück zur Fahne. Jeder Finne hat das Recht, die Fahne zu hissen, wenn er es für angebracht hält. Zu Geburtstagen zum Beispiel oder zur Hochzeit. Darüber hinaus gibt es zahlreiche Flaggentage, an denen das Hissen der Flagge an öffentlichen Gebäuden Pflicht ist. Die Zeiten dafür sind genau festgelegt: Bei Sonnenaufgang wird die Fahne aufgezogen, bei Sonnenuntergang, spätestens aber um 21 Uhr, muss sie wieder runter. Es gibt allerdings eine Ausnahme im Jahr: An Mittsommer bleibt die Fahne die ganze Nacht hängen. Nicht mal der Nationalfeiertag schafft das! Das zeigt schon, welche extrem wichtige Bedeutung Mittsommer für die Finnen hat, worauf wir im weiteren Verlauf noch zu sprechen kommen werden.

6. GRUND

Weil *kaamos* mehr ist als Dunkelheit

So hell die Sommer sind, so dunkel können die Winter sein. Aber keine Sorge. Nicht überall in Finnland ist es den ganzen Winter lang finster. Nur ganz im Norden, oberhalb des Polarkreises, gibt es *kaamos*, das finnische Wort für die Polarnacht. So zeigt sich die Sonne zur Wintersonnenwende am Polarkreis 24 Stunden gar nicht. Und die Dauer nimmt in Richtung Nordpol zu, wo sie ein halbes Jahr beträgt. Die Sonne zeigt sich etwa in Utsjoki, dem nördlichsten Punkt Finnlands, vom Ende November bis Mitte Januar gar nicht mehr. Fast zwei Monate ohne Sonne. Die Tage sind wie in Watte gepackt, mal grau, mal blau. Dämmerige Tage oder auch *blue nights*, für manche auch *Blues nights*.

Diese Finsternis fühlt sich anders an. Finster trifft es nicht annähernd. Stockfinster. Oberstockfinster. Gibt es noch eine Steigerung? Diese Schwärze hat auf jeden Fall nichts mit der Dunkelheit im übrigen Europa zu tun. So als ob man 150 Meter tief in ein Bergwerk hinabfährt, in die totale Dunkelheit, zusätzlich noch eine Augenbinde verpasst bekommt. So finster und lichtlos kann die Dunkelheit in Finnland schon um vier Uhr nachmittags sein. Wenn die Düsternis langsam aus dem Himmel herabsinkt, heruntertropft aus schweren grauen Wolken, und alles absorbiert, schluckt, auffrisst, was an Lichtpunkten noch da war. Restlos. Wie ein gigantischer Staubsauger verschluckt, ja saugt diese Finsternis alles Helle auf, wie ein Monster, das nach Sonnenuntergang zum Leben erwacht. Wie eine schwarze, zähflüssige Masse, die vom Himmel herabgleitet und sich über jedes Haus, jede Straße, die Seen und Wälder legt, in jede Ritze kriecht und alle Konturen frisst, alle Dreidimensionalität aufsaugt. Die unsere Sicht schluckt, unsere Weitsicht, unsere Perspektive. Was bleibt ist schwarzes Nichts. Unheimlich manchmal.

Da ist es gut, dass Spaziergänger, die aufgrund der Abwesenheit von Fußgängerwegen am Straßenrand laufen, Warnwesten tragen, denn sonst würde man sie ohne böse Absicht einfach umfahren. Wirkliche *life saver*, Lebensretter sind die Reflektoren, die man in Finnland schon vor Jahrzehnten erfunden hat. Heute gibt es sie in allen möglichen Varianten, Formen und Farben. Sie baumeln an Taschen, Jacken und Handschuhen. Und haben mit Sicherheit bereits etliche Leben gerettet. Selbst für Vierbeiner gibt es reflektierende Westen und Halsbänder. Autos fahren mit doppelten Scheinwerfern.

Dass Finnland eine der höchsten Selbstmordraten aufweise, und das vor allem wegen der permanenten Dunkelheit, ist so einfach wie falsch – ein Klischee, das sich trotz anders lautender Statistiken der WHO hartnäckig hält. Finnland liegt im Ländervergleich auf Platz 15 weltweit – die traurigen ersten Plätze nehmen Litauen, Südkorea und Russland ein.

Aber für jemanden wie mich, der das nicht gewohnt ist, kann die Finsternis schon müde, schlapp und lustlos machen. Der Blickwinkel wird unmerklich enger, das Lebensgefühl melancholischer.

Als ob die Dunkelheit, um selbst zu überleben, nicht nur das Licht, sondern auch die Freude, das Helle und Heitere in unserem Leben aufsaugt, absorbiert, auffrisst. Gut, dass es Vitamin-D-Tabletten gibt und Vitamin-D-angereicherte Milch für Kinder.

Deutlich angenehmer wird die Situation, sobald Schnee liegt und jeder kleine Schneekristall das wenige Licht reflektiert und damit verdoppelt und verdreifacht. Dann wird *kaamos* zu einer mystischen Lichterfahrung: hauchzarte bläuliche Dämmerung mit violettblauen Schatten auf den Eisfeldern der *Tunturis*, der Erhebungen Lapplands. Oder blassrosa eingefärbt wirkender Schnee, der wie eine Decke über der gesamten Landschaft liegt. Arktisches Traumland mit in Äther verwandelter Farbe.

Wie alles im Leben, hat auch *kaamos* seine guten Seiten. Denn selbst Langschläfer können im Winter ganz locker den Sonnenaufgang bewundern. Man kann sogar noch ausgiebig frühstücken, in der Sicherheit, nichts zu verpassen. Denn die Sonne geht selbst unterhalb vom Polarkreis im Dezember erst kurz vor Mittag auf. Das Monster der Nacht wird dann müde, zieht sich langsam zurück und macht der Sonne Platz, die mühsam über den Horizont krabbelt, sich durch die schwarzen Wolken kämpft und die Dunkelheit so lange anknabbert, bis sie sich zurückzieht wie ein verwundetes Tier.

Mit dem Sonnenuntergang muss man sich dann allerdings schon fast beeilen, denn der ist schon zwei Stunden später. Aber es reicht gerade, um sich in einem Café aufzuwärmen.

Ich bin in Hetta – einem kleinen, eher verschlafenen Ort in Enontekiö – nahe der norwegischen Grenze. Einer Gegend, in der man die Samen noch in ihrer traditionellen Tracht im Supermarkt einkaufend begegnen kann, in der es weit mehr Rentiere als Menschen gibt. Doch darauf kommen wir noch ausführlich zu sprechen.

Die Sonne klettert also nur ganz kurz über den Horizont, um dann gleich wieder abzutauchen. Ideal für Fotografiebegeisterte Sonnenuntergangs-Bewunderer.

Schon im Februar fühlen sich die Tage selbst in Nordfinnland dann auch schon wieder sehr hell an. Wenn sich die Sonne an klaren Tagen für ein paar Stunden zeigt, dann offenbart sich eine Welt ganz aus Weiß – Symbol für Licht, Neues, Unschuld und letztlich die Summe aller Farben. Und der Schnee sorgt dann auch dafür, dass es sich entgegen der dunkel-düsteren Erfahrung überraschend hell erweist.

Eiskristalle reflektieren jeden Lichtstrahl. Und so glitzert der Schnee tagsüber im Sonnenlicht, auch wenn sich die Sonne nur knapp über dem Horizont zeigt. Die Weite, die Klarheit, die Stille – sie wirken auf mich. Der Alltag ist plötzlich weit weg, Stille kehrt ein auch in meinem Kopf. Klarheit breitet sich aus, und ganz neue Gedanken haben Platz. Das Herz weitet sich angesichts der atemberaubenden Natur. Tief einatmen. Zu sich selbst kommen.

7. GRUND

Weil Finnland eine Oase der Ruhe ist

Finnland ist eine Oase für all diejenigen, die Ruhe und Frieden suchen. Das Land ist so weit und so groß und die Zahl der Bewohner so klein, dass man schnell seine Ruhe findet, den Alltag loslassen und entspannen kann. Es ist beinahe unmöglich, dass einem jemand auf die Pelle rückt.

Die Flucht aufs Land, an den See oder in die Wildnis ist Teil der finnischen Mentalität. Nirgends sonst kann der Finne so gut runterkommen, sich wieder erden und entspannen. Selbst mal eine Woche in einem Ferienhaus am See zu verbringen ist demnach so was wie ein Crashkurs in finnischer Mentalität. Denn dort findet man all das, was in unserer hektischen Alltagswelt immer mehr zur Mangelware wird: Zeit, Stille, Raum.

In den Sommermonaten wirken die Städte fast wie ausgestorben. Denn dann setzt eine regelrechte Landflucht ein. Jeder, der ein

Sommerhäuschen hat oder jemanden kennt, dessen Häuschen gerade frei ist, zieht für die maximale Urlaubszeit in die Natur. Staatliche Behörden sind häufig den ganzen Juli über geschlossen. Siesta auf finnische Art. Gearbeitet wird umso mehr im Winter, wenn es ohnehin dunkel und kalt ist. Aber den Sommer, den wollen alle in vollen Zügen genießen. Schließlich ist er kurz genug.

Die Ferienhäuser am See sind ein Zufluchtsort für die Finnen. Hier kann man einfach am See sitzen, seine Augen entspannen, seinen Gedanken nachhängen, frische Luft atmen und ansonsten: schweigen. So lange, bis der Kopf endlich leer ist. Einfach nur dem Klang der Stille lauschen. Finnische Meditation.

Und diese Natur macht was mit einem. Sie heißt einen unaufdringlich willkommen, umarmt einen sanft und gibt dir das Gefühl, dass du mit offenen Armen und einem Lächeln empfangen wirst. Du darfst einfach sein. So wie du bist. Niemand fragt dich, ob du erfolgreich bist, Rendite erwirtschaftet hast, möglichst effektiv warst. Diese Kategorien werden ersatzlos gestrichen. Es geht nur mehr ums Sein, nicht ums Haben.

Ich mag aber auch diese Holzbohlenhäuser, die eine eigene Behaglichkeit ausstrahlen. Schon immer haben die Finnen auf Holz als Baustoff gesetzt. Es ist natürlich, hält warm und ist warm. Es ist langlebig und stabil, da feuchtigkeitsbeständig. Die traditionellen Blockhäuser trotzen im Winter der Kälte, und im Sommer halten sie Hitze und Mücken fern. Und halten über viele Generationen. Das liegt unter anderem an den Polarfichten und Polarkiefern. Sie sorgen für gutes Raumklima und Raumtemperatur.

Der Tag plätschert mit Angeln, Rudern, Schwimmen und Nichtstun dahin. Jeder macht das, worauf er Lust hat, und lässt dem anderen den nötigen Freiraum, dasselbe zu tun.

Du bist umgeben von der Oase Natur. Der Wald ist ein besonderes Wesen, von unbeschränkter Güte und Zuneigung, hat Buddha mal gesagt. Und was die Finnen offenbar schon lange intuitiv wissen, hat mittlerweile auch die Wissenschaft bestätigt: Sich in der

Natur aufhalten hebt die Stimmung und stärkt das Immunsystem. Insbesondere der Wald wirkt positiv auf das parasympathische System, also sozusagen auf den Ruhenerv, der gegen chronischen Stress wirkt und die Stimmung hebt.[8] Und dabei muss man gar nicht viel tun. Allein der Anblick eines nebligen Herbstwaldes oder eines still daliegenden Sees ist eine bestimme Form von Aufmerksamkeit, die keine Energie kostet, sondern uns lediglich auf besondere Weise fesselt. Und das allein reicht schon, um danach ein bisschen Abstand zum Alltag mit all seinen Problemen zu finden. Und gesund ist es auch noch, denn die Nadelbäume geben Terpene ab, Botenstoffe, die die natürlichen Killerzellen im menschlichen Körper erhöhen. Und das alles ohne große Anstrengung und ohne irgendwelche Tabletten.

Unfassbare 104 Millionen Kubikmeter Wald wachsen jedes Jahr nach. Mehr als die Hälfte der Waldflächen liegt in privater Hand, rund 35 Prozent gehören dem Staat und nur 7,2 Prozent gewerblichen Unternehmen.[9]

Zweifellos gehören in diese Spa-Sparte auch die Sauna und das Grillen. Die Sauna als Entspannungsraum, Reinigung von Körper und Seele, zum Durchatmen und um sich danach wie neu geboren zu fühlen. Das Grillen als fast schon archaische Tätigkeit – Feuer machen. Auch das eine Übung, um die Hektik des Alltags abzustreifen. Denn Feuermachen braucht Geduld. Die Hitze der Flammen, die Wärme der Glut spüren. Einfach nur in die Flammen schauen. Nach so einem Tag schläft man so gut wie lange nicht. Die finnische Art des Relaxens. Wohlfühlmomente der besonderen Art. Zur Nachahmung empfohlen.

8. GRUND

Weil in Finnland der Weihnachtsmann zu Hause ist

Vergesst alles, was ihr aus der Werbung in der Adventszeit jemals an Nikoläusen oder vorgeblichen Weihnachtsmännern gesehen oder gehört habt. Vergesst die Betrüger mit den falschen Bärten, die einem nur das Geld aus der Tasche ziehen wollen.

Der einzig wahre, echte, wahrhaftige Weihnachtsmann lebt in Finnland: *Joulupukki* heißt er richtig und wohnt in der Nähe von Rovaniemi am nördlichen Polarkreis – genauer gesagt in Korvatunturi, also Ohrenberg. Ein 486 Meter hoher Berg, was für finnische Verhältnisse schon ganz schön hoch ist. Dort lebt er mit seinen Helfern, den Weihnachtswichteln, *Tonttus* genannt, betreibt ein Postamt für die Wünsche der Kinder aus aller Welt und bereitet die Weihnachtsgeschenke vor. Weil das aber beschwerlich zu erreichen ist, gibt es eine Art Filiale in Rovaniemi: das Weihnachtsmanndorf.

Denn in Finnland kommt am Heiligen Abend nicht das Christkind, sondern der Weihnachtsmann. Und zwar leibhaftig. Nicht heimlich durch den Kamin, wie uns das amerikanische Hollywoodfilme vormachen wollen, sondern mit seinem Rentierschlitten parkt er wie jeder andere auch auf der Straße und klopft an der Tür. Fragt, ob es denn hier auch brave Kinder gibt – in der guten Stube bietet man ihm den besten Platz sowie manchmal auch einen Schnaps an. Dann spricht er in seiner gütigen und warmherzigen Art mit den Kindern, fragt, ob sie artig waren – was er ja in Wahrheit schon längst weiß – die Kinder sagen Gedichte auf, und gemeinsam singt man ein oder auch mehrere Weihnachtslieder. Den Jutesack, den der Weihnachtsmann unter Keuchen mit reingeschleppt hat, lässt man als Kind besser nicht aus den Augen. Es gibt sogar ein spezielles Lied, bei dem Kinder und *Joulupukki* abwechselnd die Strophen singen. Manchmal muss er aber passen, weil er heiser ist vom vielen

Sprechen und Singen. Dann verteilt er an jedes Kind noch ein Geschenk und entschuldigt sich, weil er schon wieder weiterziehen müsse, denn es warten ja noch so viele Kinder an diesem Abend auf ihn. Damit kein Kind leer ausgeht in dieser *Joulupukki*-heiligen Nacht. Kinderaugenleuchten in Reinkultur!

Wer dieses magisches Weihnachtsgefühl erleben will, der muss einfach nur nach Rovaniemi fahren. Dort kann man den Geist der Weihnacht erleben. Egal zu welcher Jahreszeit.

Ich habe den *Joulupukki* mal im September in seinem Haus am nördlichen Polarkreis besucht, weil er da noch nicht so im Vorweihnachtsstress ist. Eine dicke Holztür am Eingang einer großen Blockhütte, aus dicken Baumstämmen, mit einem Zwiebelturm oben auf dem Dach. Weihnachtsmusik begleitet einen und *Tonttus* wieseln flink herum, die Elfen oder Weihnachtsmannhelfer, mit roten Zipfelmützen, Hosenträgern und Filzpantoffeln, deren Spitzen sich nach oben biegen, roten Wangen und einem breiten Lächeln auf den Lippen. Allein würde der Weihnachtsmann das ja gar nicht alles schaffen. Schon da zaubert es einem irgendwie mit magischer Hand ein Lächeln ins Gesicht, das man für Stunden nicht mehr loskriegt. Weihnachtsklänge begleiten einen weiter, wenn man zunächst lange Gänge aus Eis und Schnee durchquert, die an einen ewig langen Tunnel erinnern, an deren Seiten sich immer mehr Geschenke zu kleinen Bergen auftürmen. Vorbei an einem riesigen Pendel und noch gewaltigeren Zahnrädern, die langsam, aber laut knackend ineinanderrasten, denn der Weihnachtsmann ist im Nebenjob auch noch für die Gravitation und die Erdrotation zuständig. Damit er am Heiligen Abend die Erdrotation anhalten kann, damit er es zeitlich schafft, alle Kinder dieser Welt zu besuchen. Aber dann endlich gelangt man durch dieses Tunnellabyrinth zu seinem Wohnzimmer. Vor einer schweren, wuchtigen Holztür steht ein freundlicher *Tonttu* mit einer roten Mütze auf dem Kopf und erklärt, dass der Weihnachtsmann gleich Zeit für dich haben wird.

Da klopft einem dann aber schon das Herz etwas höher! Kaum tritt man ein, sieht man ihn schon in seinem Lieblingssessel sitzen. Nicht in seiner Arbeitskleidung, sondern ganz leger mit Strickjacke und gigantisch großen Filzpantoffeln, aus denen bunt geringelte Wollstrümpfe quellen. Mit opulentem Bart und einer roten Zipfelmütze auf dem Kopf.

Und wenn man dann neben ihm sitzt, dann schauen einen die wärmsten und gütigsten Augen an, die ich je gesehen habe. Hellblaue Augen mit kleinen bernsteinfarbenen Sprenkeln und vielen Lachfalten drum herum. Ich bin bass erstaunt, als er meinen Namen weiß. »Natürlich! Ich kenne alle Kinder dieser Welt«, sagt *Joulupukki* mit einem Lächeln. Wir unterhalten uns auf Deutsch, Finnisch und Englisch, denn selbstverständlich spricht der Weihnachtsmann auch alle Sprachen der Welt. Und wir lachen viel. Zeit spielt plötzlich keine Rolle mehr. Oder wer ich sonst im Leben bin und was ich mache. Ich fühle mich wie vier und zugleich 14 und zugleich 40. Vertraut und geborgen und geliebt. Und mir ist ganz weihnachtlich warm ums Herz.

Als ich gehe, fragt er noch, ob ich schon weiß, wo ich in 88 Tagen sein werde. In Finnland oder in Deutschland?

»88 Tage?« Ich verstehe nicht gleich.

»Na, an Weihnachten natürlich!«

»Nein. Keine Ahnung.«

»Macht nichts. Ich werde dich schon finden.«

Selbstverständlich kam er an Weihnachten zu uns ins Haus – mit ein bisschen Verspätung, weil eine Kufe am Rentierschlitten unterwegs gebrochen war, aber ansonsten wohlauf.

Und als ich dann an diesem milden Septembertag das *Joulupukki*-Haus verlasse, mit sehr wahren weihnachtlichen Gefühlen im Herzen und immer noch diesem merkwürdigen Lächeln im Gesicht, da klingt die Weihnachtsmusik in meinen Ohren noch lange nach. Aber noch viel mehr seine Stimme.

Seitdem weiß ich sicher: ER IST ES. Der einzige, der wahre, der leibhaftige Weihnachtsmann, äh, *Joulupukki*. Ich habe lange gerätselt, woher er meinen Namen wusste. Bis heute habe ich nur die eine Antwort: Er ist es einfach. Ohne Zweifel.

9. GRUND

Weil es Land der 100.000 Seen und Radarfallen ist

Rein statistisch kommt auf 30 Finnen ein See. Ein Eldorado für denjenigen, der im heimischen Freibad Schlangenlinien schwimmen muss, alle drei Sekunden einem neuen Hindernis ausweichend. Damit hat Finnland im Vergleich zur Landmasse die größte von Wasser bedeckte Fläche aller Länder weltweit.

Wer sich auf den Straßen durch Finnland bewegt, wird schnell feststellen: Man kann Hunderte Kilometer gerade ausfahren – ohne eine einzige Kurve oder eine richtige Kreuzung. Oder gar eine Ampel. Wenn sich das Navi nach 378 Kilometern nach stundenlangem Schweigen plötzlich und unerwartet meldet und ankündigt, jetzt besser aufzupassen, weil man gleich irgendwo abbiegen müsse, dann ist es höchstwahrscheinlich nur ein Kreisverkehr, dem dann weitere 253 Kilometer schnurgeradeaus folgen. Höchstgeschwindigkeit 100 km/h – im Winter nur 80 km/h. Darüber wachen Radaranlagen selbst in der größten Einöde. Möglicherweise gab es mal irgendwo einen Schlussverkauf oder Mengenrabatt für Radarboxen, denn sie stehen zu Tausenden im ganzen Land verteilt.

Ein sportlicher Fahrstil zahlt sich also nicht aus. Und wen es erwischt, der wird kräftig zur Kasse gebeten. In Finnland gibt es keine festgelegten Bußgeldkataloge, sondern die Strafe eines Verkehrssünders bemisst sich nach dem jeweiligen Einkommen. Den Rekord hält in dieser Hinsicht ein finnischer Manager, der 2004 in der Hauptstadt Helsinki mit 40 km/h zu schnell erwischt wurde. Dem Würstchenmagnaten Jussi Salonoja wurde eine Strafe von 170.000 Euro aufgebrummt. Bis heute die höchste Summe, die je ein Raser in Finnland zahlen musste. Damit schaffte er es sogar, sich einen Eintrag im Guinnessbuch der Rekorde zu sichern – mit dem höchsten Bußgeldbescheid aller Zeiten.[10]

In Finnland führt das immer wieder zu Diskussionen. Kritiker führen ins Feld, dass die Bußgelder in Wahrheit eine Art Zusatzsteuer für Reiche sind. Befürworter argumentieren mit der Verkehrssicherheit und dass nur empfindliche Strafen einen Lerneffekt nach sich zögen.

Wie dem auch sei: Wer sich an die Geschwindigkeitsbegrenzungen hält, sieht auch mehr von der Landschaft. Am Straßenrand wechseln sich nämlich Bäume und Seen ab. Oder besser gesagt: Wälder und Seen. Und noch mehr Wald und noch mehr See. Und es hört nicht auf. Und davor – klein und unscheinbar am Straßenrand – wild wachsende Blumen, Gräser und kleine Sträucher. Wenn es Kurven gäbe, könnte man in jeder anhalten und Fotos machen. Postkartenfotos.

Selbst ein Rastplatz in Finnland, irgendwo in der Einöde, ist ein malerischer Platz – von Birken umsäumt, an einem See gelegen, im Idealfall mit einem Steg, der ins Wasser führt, mit Holzbänken und Tisch darauf, um eine kurze Pause einzulegen, den Geschwindigkeitsrausch zu verdauen und die vielen Eindrücke der Fahrt.

Knapp 188.000 Seen gibt es in Finnland. Zehn Prozent der Landesfläche besteht somit aus Wasser. Der Saimaa-See in Südostfinnland ist mit 4.370 Quadratkilometern der größte und gleichzeitig viertgrößte in ganz Europa.[11] Eigentlich ein System aus Seen, die ineinanderfließen und sich gegenseitig ablösen, die durch sagenhafte 13.000 Inseln unterbrochen werden. Dabei zählt man jedoch nur die, die größer sind als zehn mal zehn Meter. Seine Uferlänge beträgt fast 15.000 Kilometer. Wie viele andere Seen im Saimaa-Seengebiet entstand auch der Saimaa durch das Abschmelzen der Gletscher in der letzten Eiszeit.

Der Saimaa hat noch eine weitere Besonderheit: dort lebt die Saimaa-Ringelrobbe, eine von zwei Süßwasser-Robbenarten auf der Welt. Sie ist mit rund 300 dieser seltenen Exemplare das am stärksten bedrohte Säugetier in Finnland. Seit den 80er-Jahren werden zahlreiche Maßnahmen zum Schutz der vom Aussterben bedrohten Art unternommen. Wenn im Winter die Seen zufrieren, kann die Saimaa-Robbe zur Not 45 Minuten unter Wasser bleiben, ohne zum Atmen an die Wasseroberfläche kommen zu müssen. Das hängt damit zusammen, dass sie ihre Blutzusammensetzung und die Herzfrequenz verändern kann.

Seen sind nirgends weit – und bis auf wenige Ausnahmen fast überall öffentlich zugänglich.

Und an jedem dieser Seen stehen die *mökkis*, die Ferienhäuser. Die Lieblingszuflucht der Finnen. Hier verbringt man die Wochenenden und den Sommer. Zeit, um auszuspannen, in der Natur zu sein, zu grillen, in die Sauna zu gehen, zu angeln und einfach zu sein.

»Diesem Klischee entspreche ich vollkommen«, erzählt mir stellvertretend für viele der finnische *Tatort*-Regisseur Hannu Salonen. »DER Finne, der allgemeine, den man so kennt, der verbringt wirklich viel Zeit an Seen.« Die Nähe zum Wasser ist vielen wichtig. So auch Hannu Salonen, der heute am Bodensee lebt. »Das ist tatsächlich ein interessanter Punkt. Ich liebe Wasser, und es scheint mir gutzutun, wenn ich am Wasser bin. Also insofern ist es nicht von ungefähr, dass wir hier am Wasser wohnen.«

Und so geht es offenbar vielen Finnen. Egal, wo man sich in der Hauptstadt Helsinki befindet, das Meer ist immer nur ein paar Schritte entfernt. Aber nicht nur dort, schließlich hat Finnland über 1.000 Kilometer Küste. Zählt man die Tausenden Schären noch mit, kommt man auf eine unglaubliche Küstenlinie von 40.000 Kilometer! Da ist genug Platz für alle.

Zudem rühmen sich die Finnen, das sauberste Wasser – insbesondere Trinkwasser – der Welt zu haben.

Und obwohl Finnland so reich an Wasser ist, so selten ist sein Anblick im Winter. Die Seen frieren zu, selbst die großen. Auch die

Ostsee, die das Land in weiten Teilen umschließt, umklammert das Land mit einer dicken Eisschicht. Dann kann man als Nicht-Ortskundiger nur noch erahnen, wo unter dem Schnee und dem Eis noch Land ist und wo schon Wasser. Die Grenzen verwischen, die Landschaft ist nicht mehr Meer und nicht mehr Land. Ufer lösen sich auf. Über alles legt sich ein gigantischer weißer Teppich. Und eröffnet zugleich ganz neue Möglichkeiten. Motorschlittenwege und Langlaufloipen erwachsen aus den zugefrorenen Seen, Wege zum gegenüberliegenden Ufer verkürzen sich um ein Vielfaches, der eigene Blick verliert sich im unendlichen Weiß und öffnet neue Räume des Denkens und des Entspannens. Raum, Stille und Frieden.

10. GRUND

Weil es acht Jahreszeiten gibt

Die Finnen kennen weit mehr als vier Jahreszeiten. Den kurzen, aber heftigen und hellen Sommer mit der Mitternachtssonne. Den Herbst, die kurze, aber sehr farbenprächtige Zeit *ruska*, dann den Vorwinter, die dunkle Zeit *kaamos*, den Winter und den Nachwinter und schließlich den Frühling.

Der Sommer ist nur drei Monate lang, dafür aber intensiv. Durch die Mitternachtssonne reifen Obst und Gemüse auch in der Nacht heran, die Natur explodiert geradezu. Dem Kontinentalklima und dem Golfstrom ist es wohl zu verdanken, dass Finnland trotz klirrend-kalter Winter vergleichsweise warme Sommer hat. Höchstwerte über 30 Grad sind da keine Seltenheit. Es kann aber auch anders kommen. Mitte Juni hat es auch schon mal nur zwei Grad – zwei Angaben, die so eigentlich gar nicht in einen Satz passen wollen. Dazu Regen und Sturm. Das fühlt sich dann gleich noch ein paar Grad kälter an. Oder Schnee weiter oben im Norden. »Der ganz normale finnische Sommer«, behaupten manche Finnen dann augenzwinkernd. Sie nehmen es achselzuckend hin, setzen sich dann selbst noch im Juni eine Mütze auf und gehen ihrem ganz normalen Tagwerk nach. Ist ja ein ganz normaler Sommer. Finnische Gelassenheit.

Ruska nennen die Finnen die Zeit, wenn der Herbst wie der Indian Summer in allen Farben leuchtet. Besonders in Lappland, wie in Inari. Oder wie die Samen sagen Anar – klingt das nicht sehr archetypisch – fast wie ein Geräusch oder eine Gefühlsäußerung. Inari ist nicht nur der kleine Ort, in den jeden Sommer Touristen aus aller Welt wie Mückenschwärme einfallen, sondern vor allem der See Inari. Fast doppelt so groß wie der Bodensee. Der drittgrößte See Finnlands. Nicht mal 7.000 Menschen leben in Inari. Auf einer Fläche von über 17.000 Quadratkilometern.

Man muss nicht weit laufen, um sich in menschenleerer Wildnis wiederzufinden. Und im Herbst leuchten hier Rot und Gelb um die Wette, umgarnt von Grün und Braun. Und wenn sich dann auch noch die Sonne dazwischenmischt und der Himmel sich vordrängelt, um sich im spiegelglatten See widerspiegeln zu wollen, dann hält man es kaum mehr aus.

Lappland rühmt sich mit 200 Tagen Schnee im Jahr. Mal mehr, mal weniger. Und diese fast sieben Monate unterteilt man in Vorwinter, Winter und Nachwinter. Selbst der Vorwinter hat seinen Reiz. Wenn die Tage rasch kürzer werden, die Sonne sich immer früher verabschiedet und der Tag manchmal in einem einzigen Grau zu versinken droht. Wären da nicht die Fichten und Kiefern, deren Kronen sich im Wind wiegen wie Paare, die langsam und versunken die letzten Klänge der Kapelle auskosten, während sie über den hölzernen Tanzboden hinwegschweben. Die Weite, die Einsamkeit, die Landschaft, von der eine so lautlose und zugleich bewusst-bescheidene Erhabenheit ausgeht, dass es mir oft den Atem verschlägt.

Die Farben des Herbstes, das leuchtende Gelb, das zunehmend am Boden und weniger an den Ästen zu finden ist, rote und rotbraune Blätter, deren Vergehen schon in der Farbe zu spüren ist, Flechten und Heide, deren Rot bereits das Braun erahnen lässt, das bald kommt und die Kälte vorhersagt. Das Licht der Morgensonne, das jeden Tag ein bisschen schwerer über die Baumkronen klettert und jeden Tag ein bisschen sanfter wirkt. Alles auch Vorboten des Winters und Zeugen der Vergänglichkeit.

In diese Zeit gehört auch *kaamos*, die dunkle Zeit, die ganz im Norden ungefähr 100 Tage beträgt. Doch dazu dann später mehr. Eigentlich könnte man die Weihnachtszeit als eigene Jahreszeit noch dazuzählen, denn die Finnen begehen diese Zeit sehr bewusst und intensiv. Der Nachwinter, auch *kevättalvi* (Frühlingswinter) genannt mit seinen schon wieder sehr langen und hellen Tagen, den die Finnen gern zum Skifahren im Norden nutzen und um sich bei jeder Gelegenheit zu versichern, dass der Frühling nun nicht mehr weit ist, eigentlich schon vor der Tür steht und ganz offensichtlich sehnsüchtig erwartet wird.

Und der ist dann wirklich intensiv, farbenprächtig und voller Sonnenstunden. Die Natur dreht auf, was geht. Als ob sie sich furchtbar beeilen müsste. Sie hat keine Zeit zu verlieren. Im Gegensatz zum Finnen, der gerne nach dem Sprichwort lebt: Der liebe Gott hat die Zeit erfunden, von Eile hat er nichts gesagt.

KAPITEL 2

KLISCHEES & KLARSTELLUNGEN

11. GRUND

Weil Sauna mehr als Waschen ist

In Finnland gibt es mehr Saunen als Autos. Es gibt sie nicht nur in der kleinsten Hütte, es gibt sie in umgebauten Autos, in Telefonzellen, Feuerwehrwagen, an jedem See, auf Booten, im Wald, in fast jeder Wohnung, auf den Fähren. Die Finnen sind da wirklich sehr kreativ. Sie tun es dauernd und überall. Sogar in einer Seilbahngondel, im Flughafenterminal und auf schwimmenden Flößen gibt es Saunen. Selbst im Parlament in Helsinki gibt es eine für die Abgeordneten. Und neuerdings baut eine Firma selbst für Vögel kleine Sauna-Vogelhäuschen. Das finnische Tourismusamt schätzt die Zahl der Saunen auf zwei bis drei Millionen – bei 5,4 Millionen Einwohnern.

»Sauna« ist das einzige finnische Wort, das in andere Sprachen Eingang gefunden hat, und eine der wenigen Erfindungen der Finnen, die sich in der ganzen Welt ausgebreitet hat. Und sie sind stolz darauf.

Sauna ist ein derart wichtiger Bestandteil der finnischen Kultur, dass man die Finnen ohne Sauna nicht verstehen wird. Finnischer als Sauna geht es kaum mehr. Früher bekamen die Frauen ihre Kinder in der Sauna. Und bis heute gibt es Sprichworte wie »Wenn Schnaps, Teer und Sauna nicht helfen, dann ist die Krankheit tödlich.« Und: »Die Sauna ist die Apotheke des armen Mannes.«

Sauna – das ist für den Finnen nicht nur Waschen. Sauna, das ist Ausspannen, Zur-Ruhe-Kommen, Krafttanken, Altes-Loswerden, Durchatmen, Reinigung von Körper, Geist und Seele. Aber pragmatisch, ohne esoterisch durchschimmernden Grundton.

Für mich ist Sauna, als ob die Zeit kurz mal angehalten wird: Wenn die Hitze in alle Poren dringt, es einen so richtig durchwärmt nach einem windigen Nachmittag im Stadtzentrum oder einer Schneewanderung im Wald. Es riecht nach Holz, Wärme, Birkenzweigen, Aufgüssen. Handbeschriftete Handtuchhaken, Holzlöffel zum Schöpfen von Wasser, barfuß auf knarzenden Holzböden und handgewebte bunte Streifenteppiche.

Die Gedanken kommen zur Ruhe, der Kopf hat Pause. Angenehme Leere breitet sich gemächlich aus, genauso wie die Wärme auf meiner Haut. Stille. Innehalten. Abschalten. Die Zeit wechselt in einen anderen Rhythmus.

Saunaregeln, wie sie in öffentlichen deutschen Saunen üblich sind, sucht man in Finnland vergebens. Aufgüsse, die nur der Bademeister, dann aber pünktlich zur vollen Stunde durchführt und mit literweise Wasser, als wolle er die Steine des Saunaofens ertränken, um dann wild mit einem Handtuch die heiße Luft zu verwirbeln – solcher Art Rituale werden von Finnen wenn überhaupt mit einem leisen Kichern kommentiert. Sehr technisch verfasste deutsche Saunabücher, wie warm oder kalt das Wasser sein sollte beim Abduschen bis hin zu penibel einzuhaltenden Ruhezeiten zwischen den Saunagängen, halten Finnen für amüsant und absurd zugleich. In Finnland macht man *löyly*, also Wasser mit einem Schöpflöffel aus Holz auf die heißen Steine gießen, so oft und so viel man will. Jeder kann es machen. Wer mag, bekommt auch noch mit frischen Birkenruten (*vihta*), die man vorher ins Wasser getaucht hat, sanft auf den Rücken geklopft. Nebenbei breitet sich dieser angenehme Birkenduft dann in der ganzen Sauna aus. Auch sucht man Sanduhren, die den Verbleib in der Schwitzhütte messen, in finnischen Saunen vergebens. Ruheräume, Saunaspießer, Orangenscheiben und Eiswürfel – du kannst es dir vermutlich schon denken: Fehlanzeige. Lieber trinkt man auf einer Holzbank vor dem Haus ein Bier zwischen den Saunagängen. Und jeder bleibt, so lang er mag, und geht, so oft er will. Bier wird vornehmlich aus Dosen getrunken. Das mag nicht gerade umweltfreundlich sein, aber so gibt es in der Sauna wenigstens keine Scherben.

Auch braucht der Finne keine überdimensionalen Saunahandtücher und Badeschlappen und Bademantel. Ihm reicht ein kleines

Tuch zum Draufsitzen und ein normales Handtuch, das man sich um die Hüften schlingt, solange man draußen sitzt.

Sauna ist in Finnland so was wie Duschen. Es ist alltäglich. In fast jeder Wohnung gibt es gleich neben dem Bad eine Sauna. So selbstverständlich wie eine Waschmaschine oder ein Kleiderschrank. In älteren Mehrparteien-Häusern gibt es Gemeinschaftssaunen. Jede Familie kann sich da in eine Art Stundenplan eintragen.

Im Winter kann man sich entweder im Schnee wälzen oder aber in ein Eisloch hüpfen. Das bringt den Kreislauf dann erst recht auf Hochtouren.

Ach ja, gemischte Saunen sind bis auf die privaten Saunen, in denen die Familien zu Hause gemeinsam saunieren, die absolute Ausnahme in Finnland. Dafür hat jedes Hallenbad im Duschbereich Saunen, getrennt nach Geschlecht. Ebenso sind die Saunen in Hotels nach Männlein und Weiblein getrennt.

Wer beruflich mit Finnen zu tun hat, sollte sich nicht wundern, wenn er von seinem Geschäftspartner in die Sauna eingeladen wird. Einem nackten Mann kann man bekanntlich nicht in die Tasche greifen. Vertragsabschlüsse dieser Art sind daher vermutlich von dauerhafterem Bestand.

Für die Finnen ist Sauna aber nicht nur Reinigung von Körper und Seele, Sauna hat auch was mit Sich-Entblößen und Bis-ins-Innerste-vordringen-Können zu tun. Auch wenn die Finnen sonst als scheu und zurückhaltend gelten, hier in der Sauna ist plötzlich alles möglich: Hier wird der Finne gesprächig und entdeckt seine philosophische Ader. In der Sauna tauen ohnehin alle auf. Wenn die Hitze in alle Poren dringt, öffnet das offenbar auch die Herzen und lockert die Zungen. Und es ist ein Ort der Annäherung, der Gleichberechtigung, des Alle-sind-gleich-Gefühls.

Flashback: ich springe von der obersten Bank runter auf die unterste, das Wasser verdampft laut zischend in weißen Wolken auf dem Ofen, Hitze breitet sich aus, leise, unsichtbar und brennend, brennt sich in meine Haut. Erreicht mich auch auf der untersten

Holzbank noch. Es gibt kein Entrinnen. Noch ein paar Sekunden durchhalten. Bin die Erste, die aus der Sauna hüpft, weil sie keine Luft mehr bekommt, das ganze Gewicht gegen die Holztür presst, damit sie endlich aufgeht. Weil ich das Gefühl hab, meine Ohren glühen und mein Gesicht fängt gleich Feuer. Kalte Dusche. Ich bin vier oder fünf Jahre alt und finde es toll. Denn danach geht es direkt aufs Sofa – eingekuschelt im Bademantel – dazu kalte Milch und frische *pulla*, ein finnisches Hefegebäck, noch warm aus dem Ofen. Rundum wohlfühlen. Blitzsauber und zugleich geborgen in sich selber. Die Finnen haben für dieses spezielle Gefühl des Glücks und des Gereinigtseins ein eigenes Wort: *saunanjälkeinen.*

Zurück in die Gegenwart: All das geht mir durch den Kopf, als ich nach dem dritten Sauna-Durchgang draußen stehe. Wir haben längst Herbst, und die Kindheit ist auch schon ein paar Tage her. Barfuß stehe ich auf leicht gefrorenen Holzbohlen, atme die kalte, frische Nachtluft tief ein, die den kommenden Winter erahnen lässt, die Haut dampft. Angenehm, wie die Kälte vergeblich versucht, vorzudringen zu meinem Körper. Schaue in die Finsternis, lausche den Geräuschen der Nacht und fühle mich daheim. Daheim in diesem einen Moment. Möge er nicht vorbeigehen.

12. GRUND

Weil der Tag später schlafen geht als du

Es ist abgesehen von Weihnachten das wichtigste Fest in Finnland: Mittsommer – auf finnisch: *Juhannus*. Nicht nur das wichtigste, auch das fröhlichste! Gefeiert wird im ganzen Land – die ganze Nacht!

Schon Tage und Wochen vorher spürt man die Vorfreude. Ich sitze auf dem Balkon und genieße die Morgensonne, vernehme das Kinderlachen aufgedrehter Jungs und Mädchen unten im Hof, die

Vögel zwitschern in den Bäumen, Möwen sausen hin und her, und der Himmel ist wie versprochen blau-weiß – der erste warme Tag im Juni. Als ob sich alle und alles auf *Juhannus* freuen.

Je kälter das Land, desto intensiver und leidenschaftlicher wird offenbar der Sommer gefeiert. Das ist unübersehbar. Die Zeichen sind zunächst leise und kaum wahrnehmbar: Nach dem kalten dunklen Winter eifern plötzlich frische rote Erdbeeren auf dem Markt mit grasgrünen Erbsen um die Aufmerksamkeit – die Menschen bevölkern die Straßencafés und die Bänke in den Parks, genießen jeden Sonnenstrahl, und spätestens an *Juhannus* sind sie komplett aufgetaut!

Im Esplanadi Park im Herzen von Helsinki jagen Kinder übermütig jauchzend überdimensionalen Seifenblasen hinterher, und genauso fühlt sich das Leben an: schwebend und leicht. Seit Tagen wird von nichts anderem gesprochen. Jedes Telefonat, das man unfreiwillig auf der Straße, im Café oder in der U-Bahn mithört, handelt davon, wie der Tag gestaltet wird, was man noch dringend besorgen muss, und endet mit »*Hauskaa Juhannusta!*« (Fröhlichen Mittsommer!)

Das Kribbeln ist spürbar und ansteckend! Vorfreude allerorten! Vor-freuen – wenns das gibt, gibt es dann eigentlich auch nachfreuen? Und zwischen-freuen oder mittendrin-freuen? Wie auch immer.

Die Alkoläden bieten »special Juhannus-Offer« an, die Supermärkte unzählige Varianten *grilli-makkara*/Grillwurst, denn es ist kollektives, landesweites Grillen angesagt. Die meisten Läden sind an Mittsommer geschlossen. Feiertag. Viele fahren aufs Land und feiern mit Freunden in ihren Sommerhäusern am See. 70 Prozent der Finnen, so eine Umfrage, verbringen Mittsommer in ihren Sommerhäusern auf dem Land. Gefeiert wird mit Familie und Freunden. Es ist ein großes Willkommensfest für den Sommer: ein Fest des Lichts, des Sommers und der nachtlosen Nächte. Die Häuser, insbesondere die Hausgänge, werden mit frischen Birkenzweigen geschmückt – auch das als Zeichen des Sommerbeginns.

Nicht fehlen dürfen an diesem Abend natürlich feuchtfröhliche Saunagänge und das *Juhannus*-Feuer: *kokko*. Große Holzfeuer am Ufer der Seen. In alter Zeit versuchte man damit *Ukko*, den Gott des Wetters und der Ernte, zu besänftigen.

Nach altem Glauben treiben Hexen, Feen und Elfen zur Tagundnachtgleiche ihr Unwesen, necken und ärgern die Menschen, zeigen ihnen aber auch ihr zukünftiges Glück. Und natürlich ist das alles kalter Kaffee, alte unchristliche Überlieferung, Aberglaube. Doch ganz hundertprozentig bombensicher kann man sich ja nicht sein. Und da ein beständiger, leiser Zweifel im Hinterkopf bleibt, ob vielleicht doch was Wahres dran ist, hat sich einiges bis in die heutige Zeit gehalten. Somit hat *Juhannus* auch heute noch den Hauch einer mystischen, magischen, zauberhaften Nacht. Da verwundert es nicht, dass manche Traditionen nach wie vor beliebt sind.

Etwa der Brauch, wonach Mädchen sieben verschiedene Blumen vor dem Schlafengehen unters Kopfkissen legen sollen. Die Liebe ihres Lebens werde sich dann im Traum zeigen.

Es ist auch einer der wenigen Tage, wenn nicht einziger im Jahr, an denen es zu Staus auf den Straßen Finnlands kommen kann, weil viele aus der Stadt Richtung Land fahren. Und die Nacht, in der die meisten Unfälle passieren, vor allem Badeunfälle. Denn nach ungezählten Post-Sauna-Bieren und wenn das Feuer langsam herunterbrennt, alle finnischen Lieder gesungen sind, dann schwimmen die mutigsten und verrücktesten zum nächsten Mittsommer-Feuer am See, in der Hoffnung, dass da noch die Party tobt.

Einer anderen Legende nach markiert Mittsommer-Nacht die Zeit, um nach der zukünftigen Liebe Ausschau zu halten. Den Mädchen wird geraten, sich Punkt Mitternacht splitternackt an den See zu stellen. Dann würden sie den Mann des Lebens erblicken – zufälligerweise ist das dann einer der betrunkenen Schwimmer, die von Feuer zu Feuer schwimmen, wenn sie noch nicht untergegangen sind. Aber irgendetwas von der Magie muss stimmen: Nicht umsonst ist es auch das beliebteste Wochenende, um zu heiraten.

Außerdem ist es Flaggentag. Überall im Land werden die blauweißen Fahnen gehisst und wehen bis zum nächsten Abend. Das einzige Mal, dass die Fahnen über Nacht hängen bleiben dürfen.

Wir begehen den Tag mit verschiedenen Nationen, grillen und machen Feuer, relaxen, genießen und lassen uns treiben, verzaubern und gefangen nehmen von der Mittsommer-Stimmung, der nachtlosen Nacht. Möglicherweise werde ich sicherheitshalber – eher nicht – oder vielleicht doch – nach Blumen Ausschau halten …

Mittsommer, das bedeutet für Finnland: wenn der Tag später schlafen geht als du.

13. GRUND

Weil der Tango immer in Moll ist

Er ist melancholisch, immer in Moll und erzählt viel über die finnische Seele: der Finnische Tango. Die Finnen lieben und leben ihren Tango.

Sie sind womöglich etwas stiller als andere Europäer, aber ganz gewiss nicht, wenn es ums Tanzen geht. Finnland und der Tango, das ist eine ewige Liebesgeschichte. Nicht die Südamerikaner, die Finnen haben den Tango erfunden. Zumindest ihre Variante davon: langsamer, trauriger, noch gefühlvoller.

Die nordische Ausprägung des Tango ist so was wie der finnische Nationaltanz, eine Hymne der Melancholie, Türöffner für Schüchterne, Katalysator für Ehen. Beweis für die brennende Leidenschaft ist das Tango-Festival im westfinnischen Seinäjoki, das jedes Jahr mehr als 100.000 Menschen anlockt. Dort wird jedes Jahr der Tango-König gekrönt. Die Idee dazu ist angeblich in der Sauna entstanden – wo sonst. Beim sogenannten *Tangotanssi* können die sonst als eher verschlossen geltenden Nordeuropäer ihren Emotionen freien Lauf lassen.

Denn bei den etwas zurückhaltenden Finnen wird Tango als Ventil empfunden, bei dem man seine Gefühle ausdrücken kann. So heißt es in einem der berühmtesten Tangolieder:

»Jenseits des weiten Meeres, liegt versteckt ein Land, in dem du alle Sorgen vergisst, das keinen Kummer kennt. *Satumaa*, das finnische Märchenland. *Satumaa*, das Reich des Tango.«

Die beiden Tanzlehrer Martin Birnbaumer und Claudia Grava aus Österreich sind wahre Tango-Experten. »Wenn ich Finnischen Tango höre, bekomme ich Sehnsucht nach Finnland«, sagt Claudia Grava. Schon viele Male waren sie in Finnland und haben Kurse für argentinischen Tango gegeben und für finnischen Tango genommen. Das Verhältnis der Finnen zum Tango beschreibt Martin so: »Mich faszinieren die Innigkeit und das Einlassen der Finnen beim Tanzen. Die Innigkeit bei allem, was sie tun.«

Dieser Tanz in Moll, dem die Schönheit der sanften Melancholie innewohnt. Diese traurige Schönheit, der sich die Finnen mit voller Hingabe – aber wohlgemerkt schweigend – widmen können.

Probiere es einfach mal aus. Lass dich verzaubern von seiner Melancholie. Erlebe Finnland von einer anderen Seite.

Der Autor Jürgen Teipel hat mal im *Rolling Stone* geschrieben: »Überall auf der Welt tanzt man argentinischen Tango. Man hält ihn für erotisch. Dabei sind es nur Schritte. Extra komplizierte Schritte. Richtiger Tango, das ist Gefühl. Aber das wissen nur die Finnen. Denn sie sind die Einzigen, die so viel Gefühl überhaupt aushalten.«

Ich habe es ausprobiert – beim Welt-Tango-Festival in Tampere. Ein Einführungskurs für Grünschnäbel. Es stimmt! In der ersten Stunde übt man nur den fast schlurfenden Gang. Langsam-langsam-schnell-schnell. Aber dabei nicht auf und ab wippen, die Knie stattdessen ganz leicht gebeugt und die Füße nur wenige Millimeter vom Boden heben. Gemeinsam über das Parkett schweben. Bauch an Bauch. Denn Finnischer Tango wird mit viel Körperkontakt getanzt. Da passt kein Birkenblatt mehr dazwischen. Die Knie müssen fast aneinanderscheuern. Und dann sich auf den Rhythmus des anderen einlassen, fühlen, wohin er einen führt, der Musik lauschen und schweigen. In meinem Fall vor allem: Konzentrieren! *»Hidas-hidas-nopea-nopea«* – im Geist spreche ich die Schrittfolge vor mich hin – und schwups bin ich ihm schon wieder auf den Fuß getreten. Den Trick bei diesem Tanz finde ich erst später heraus: Kopf ausschalten, einfach auf das Gefühl hören, sich der Führung des anderen ergeben, eintauchen in die Musik. Und dann schwelgen. Den Tönen, dem Text, der Melancholie nachspüren. Was nicht weiter schwerfällt, da es in den meisten Texten um die Liebe geht, die enttäuschte, die unglückliche, die verlorene oder auch verlassene, manchmal sogar die glückliche, die aber bestimmt bald enden wird. Die Liebe, die so flüchtig ist wie der kurze Sommer. In unzähligen Metaphern, meist der Natur und den Jahreszeiten entlehnt und somit im Einklang mit der und konsequente Fortsetzung der finnischen Volksepik, wird das Bild eines vor Einsamkeit und Sehnsucht verzweifelten Menschen heraufbeschworen. Ein Mensch, der sich ein Paradies, ein Märchenland voller melancholischer, aber tiefgehender Gefühle erträumt oder nostalgisch auf bessere und glücklichere Zeiten zurückblickt. Und so heißen die berühmtesten Finnischen Tangolieder auch bis ins Herz treffend *Satumaa* (Märchenland), *Tähdet meren yllä* (Sterne über dem Meer) oder *Liljankukka* (Lilienblume).

Getanzt wird oft und gern. Von Jung und Alt. Fast jedes Wochenende. Überall. Tango-Nachmittage bei strahlendstem Sommerwetter in einem schummrigen Kellergewölbe. Oder die zahlreichen Tanzböden im Sommer – irgendwo an einem See in freier Natur mit einer kleinen Live-Combo. Und grundsätzlich ohne Kleiderordnung. Jeder tanzt, worin er sich wohlfühlt – und seien es Turnschuhe, Jogginghose und Baseballkappe.

Nach dem zweiten Tanz weiß ich immer noch nicht, wie die Stimme meines Tanzpartners klingt oder ob er überhaupt sprechen kann. Einer der wechselnden Tanzpartner klärt mich schließlich auf, als ich ihn nach seinem Namen frage und wo er herkommt. Nach dem zweiten oder dritten Tanz bringe man die Tanzpartnerin freundlich lächelnd zurück an ihren Platz. Am nächsten Wochenende tanze man dann vielleicht wieder zusammen. Und am dritten Wochenende könne man als Mann dann vorsichtig nachfragen, ob man sich mal auf einen Kaffee treffen wolle. Und bei diesem, dann bereits vierten Treffen, da verrate man sich dann gern gegenseitig den Namen. Ich gucke ihn so entgeistert an, dass er nicht lange ernst bleiben kann. »Na ja, es gebe sicher auch Situationen, wo man den Namen schneller erfahre«, sagt er augenzwinkernd. Ich fühle mich aufs Glatteis geführt, was auf diesem rutschigen Tanzboden offenbar sehr schnell gehen kann, und muss lachen. Die finnischen Männer seien eben sehr schüchtern. Mikko heißt er übrigens. Und dann bringt uns die Musik wieder zum Schwofen, Schwelgen, Schmelzen und Schweigen.

Seine Hochzeit erlebte der Finnische Tango nach dem Krieg in den 50er- und 60er-Jahren und behauptete sich sogar gegen die aufkommende Musik der Beatles. Die zweite Hochphase setzte dann in den 90er-Jahren ein und hält bis heute an.

Finnischer Tango ist Teil der finnischen Identität und sagt viel über die Mentalität, über das Gefühlsleben der Finnen aus. Im Zweifelsfall immer lieber in Moll. So sagte mir mal eine Finnin am Mittsommerabend, mitten in dieser sorglosen, völlig ausgelassenen, fröhlichen, ja fast überschäumenden Feierstimmung: »Siehst du? Der längste Tag und die kürzeste Nacht des Jahres! Eigentlich wundervoll. Aber von jetzt an werden die Tage wieder kürzer. Leider.« Ja, die Finnen sind nur glücklich, wenn sie unglücklich sind.

14. GRUND

Weil Eislochschwimmen eine arktische Neugeburt ist

Now you can prove your roots! Jetzt kannst du deine Wurzeln beweisen! Nach diesem Satz blieb mir genau genommen auch gar nichts anders übrig! Eisschwimmen ! Unter der Rubrik: Finnische Verrücktheiten!

Einen privaten Sauna-Club in Helsinki zu besuchen, das ist schon eine einmalige Gelegenheit, die man sich nicht entgehen lassen sollte. Wer Mitglied in einer solchen Saunagesellschaft ist, darf einen Gast mitbringen. Da es sich um eine der wenigen gemischten Saunen handelt, zu der beiderlei Geschlecht Zugang hat, trägt man Badesachen in der Sauna. Das hatte ich zuvor auch noch nicht erlebt. Eine Sauna, malerisch nur wenige Meter vom Meer entfernt. Doch bevor wir da eintauchen, schwitzen wir erst mal. Wasser wird fast im Sekundentakt auf die heißen Steine geworfen, damit alle ordentlich ins Schwitzen geraten. Rund ein Dutzend Frauen und Männer sitzt auf den Holzbänken, einige tragen Woll- oder Filzmützen. Dazu erzählt man sich die neuesten Geschichten aus seinem Umfeld, und es wird viel gelacht.

Anschließend geht es bei leichten Minusgraden nach draußen. Damit man das auch richtig spürt, weht kräftiger Ostwind. Bis ich am Ufer angekommen bin, schmerzen meine Füße bereits von dem gefrorenen Boden. Die angenehme Saunawärme und -nässe ist auch dahin. Ich zittere bereits. Und dann auch noch in zwei Grad kaltes Wasser hüpfen? Wie, bis zum Hals? Und schwimmen? Jetzt weiß ich, warum es immer heißt: Die spinnen, die Finnen. Dieses Klischee ist kein Vorurteil! In diesem Fall ist es bittere Wahrheit und bitterkalte noch dazu.

Ich, die ich sonst am liebsten erst in den Bodensee steige, wenn er angenehme 24 Grad hat, soll da reinspringen? »Now you can prove your roots!« Dieser Satz läuft pausenlos in meinem Kopf.

Also steige ich die Treppen hinunter. Schon an den Unterschenkeln fühlt es sich an wie Eis. Und noch eine Stufe und noch eine Stufe. Die *Ice bucket challenge* ist ein Klacks dagegen, denke ich. Ich bekomme jetzt schon kaum mehr Luft. Das eiskalte Wasser beißt. Und zwickt. In Gedanken zähle ich bis drei … und … springe …

Es ist wie ein Schock … nein, es IST ein SCHOCK! Als ob mir das Herz stehen bleibt … ich kann nicht mehr atmen … ich mache Schwimmzüge wie ein Ertrinkender … alles zieht sich zusammen … es beißt und tut weh … überall … kann mich kaum bewegen … tut richtig weh … wie 100.000 Nadelstiche … versuche, zurück ans Ufer zu kommen … die Kälte lässt alles eingefrieren …inklusive Gehirn … nichts funktioniert mehr … nicht mal schreien kann ich … meine Haut schmerzt vor Kälte … ENDLICH … das Ufer … die Treppe … ich steige hinaus … wie eingerostet … als ob die Gelenke eingefroren wären … erklimme Stufe für Stufe … die Luft nicht viel wärmer als das Wasser … kein Handtuch … keine Mütze … keine Schuhe … jetzt zurück … 60 Meter durch den eisigen Wind … das Eiswasser tropft an mir herunter … der Boden unter den Füßen ist gefroren und tut weh an den Sohlen … ENDLICH …. die Eingangstür zur Sauna … vorher noch Füße in … ratet mal: na klar: eiskaltes Wasser eintauchen und säubern … ENDLICH … zurück in der Sauna! ENDLICH: WÄRME! Und zig Augenpaare, die mich erwartungsvoll anschauen … warst du????

»*KYLLÄ!!!*« – »JA!« Überall gehen die Daumen hoch und die Mundwinkel! Nach geschätzten 15 Minuten wird mir dann auch wieder langsam warm. Ich spüre meine Füße wieder und kann gar nicht genug *löyly* (heißen Aufguss) abbekommen. Mein Kreislauf läuft auf Hochtouren, meine Haut ist knallrot, und ich fühl mich stolz und wie neu geboren. Unglaubliche Energien werden plötzlich freigesetzt, ich könnte Bäume ausreißen!

Wer ins kalte Wasser springt, taucht ins Meer der Möglichkeiten. Plötzlich spüre ich mit jeder Zelle, was dieser finnische Ausspruch meint. Jetzt will ich es noch einmal! Richtig bewusst.

Das zweite Mal ist weniger shocking, eher elektrisierend, aufputschend, aufwühlend, aufregend. Beim Rausklettern kommt die Befürchtung in mir hoch, das könnte süchtig machen. Das will man wieder und wieder erleben. Erst sammelt sich alles Blut im Bauch, und dann breitet es sich in rasender Geschwindigkeit im ganzen Körper aus. Und zusätzlich werden unglaubliche Mengen Endorphine produziert. Wohlige Wärme breitet sich aus. Alle in der Sauna lächeln, lachen und sind glücklich. Inklusive mir.

Am Ende, wieder warm eingepackt, stehen wir noch zusammen in der Küche der alten Dame, die die Sauna mit großem Herzblut führt, und trinken einen *glögi*, alkoholfrei natürlich.

Danach noch ein Spaziergang von gut einem Kilometer, und erste Müdigkeit macht sich bemerkbar. Müdigkeit, die sich langsam ausbreitet und schließlich in jeden Quadratzentimeter meines Körpers krabbelt.

Selten habe ich so gut geschlafen.

Insofern kann ich diese eisige Erfahrung nur wärmstens empfehlen!

15. GRUND

Weil man ohne »er« und »sie« auskommt

Aja hiljaa sillalla. Lest euch diesen Satz mal laut vor – nein – lasst ihn richtig auf der Zunge zergehen. Das klingt doch wie Musik! Dieser finnische Satz wurde mal zum zweitschönsten Satz der Welt gekürt. Ist schon ein bisschen her, zugegeben. Mehr als 100 Jahre genauer gesagt. Der Wettbewerb war auf der Pariser Weltausstellung 1900 ausgerufen worden. Finnland erhielt den zweiten Platz mit einem doch sehr inhaltsschwangeren Satz: Fahr langsam auf der Brücke. Ließe sich noch steigern: *Aja hiljaa sillalla illalla* – Fahr langsam auf der Brücke am Abend.

Finnisch müsste man eigentlich singen, so schön klingt diese Sprache! Das liegt unter anderem an der Vokalharmonie und den vielen lautmalerischen Begriffen. Auf 100 Konsonanten kommen 104 Vokale, genauso viel wie im Italienischen. Linguisten haben dafür mittlerweile auch recht interessante Erklärversuche. Kurz gefasst: mehr Bäume – weniger Konsonanten. Die Sprachwissenschaftler haben dafür über 600 Sprachen ausgewertet und festgestellt, dass die Zahl der Vokale nicht nur mit dem Klima, sondern auch mit der Baumdichte zusammenhängt.[12] Stichwort: Schall und Entfernung. Vokale sind da entscheidend im Vorteil und fliegen sehr viel weiter, während Konsonanten sozusagen an den Baumstämmen hängen bleiben.

Wer das erste Mal nach Finnland kommt, versteht mit Sicherheit erst mal gar nichts, fühlt sich eher von den ellenlangen Wörtern mit vielen ä's, ö's und Ypsilons erschlagen. Denn das Finnische hat nichts, gar nichts mit den romanischen Sprachen gemeinsam. Außer ein paar Worte, die sie mit einem -i eingefinnischt haben: wie etwa: *anorakki, banaani, bumerangi, elefantti, fööni, psykologi* (und andere Berufe), *humpuuki* (Humbug), *konjakki* (und viele andere Alkoholika), *laminaatti, optimisti, pankki, posti, salaatti, tomaatti, tunneli.* Die Liste ließe sich fortsetzen. Finnisch gehört zur finnisch-ugrischen Sprachgruppe, zusammen mit Ungarisch und Estnisch.

Das macht es schwierig, Anknüpfungspunkte zu finden und sich einzelne Wörter zu merken. Aber es ist tröstlich festzustellen, dass es anderen auch so geht, dass man ein Wort hundert Mal hört, hundert Mal wiederholt, hundert Mal schreibt und trotzdem gleich wieder vergisst, weil es einfach nicht ins Hirn will, weil es so anders und so kompliziert ist.

Ein weiterer Nachteil: Die finnische Sprache kennt 15 Fälle. Diese Fälle kommen als Endungen an das jeweilige Wort. Die Fälle sind nötig, um etwa die Funktion eines Wortes im Satzgefüge zu erklären. Andere Fälle stellen klar, ob ein Prozess oder eine Handlung noch im Werden, teilweise oder ganz abgeschlossen ist. Wieder andere Fälle geben den Ort und die Richtung an, wobei bei Handlungen unterschieden wird, ob sie innen oder außen stattfinden. Und jeder Fall hat natürlich nicht nur eine einzige Endung und kennt zudem diverse Ausnahmen. Ein Fass ohne Boden. Deswegen lege ich hier jetzt einfach mal den Mantel des Schweigens darüber.

Dafür sind sie in der Lage, mit nur einem Wort einen ganzen Satz auszudrücken. *Juoksenneltaisiinko?* zum Beispiel bedeutet so viel wie »Sollen wir ohne ein bestimmtes Ziel ein bisschen rumlaufen?«.

Sympathisch finde ich dagegen, dass sie nicht so viele Anglismen haben wie die deutsche Sprache. Computer heißt nicht PC oder Laptop, sondern *tietokone* = Wissensmaschine. E-Mail heißt *sähköposti*, also elektronische Post. Ganz wichtige Wörter sind kurz und knapp: *maa* (Land), *pää* (Kopf), *suu* (Mund), *puu* (Baum), *jää* (Eis). Und sie haben so wunderbare Worte in ihrem Sprachschatz wie *kuunsilta* (Mondbrücke), gemeint ist die nächtliche Spiegelung des Mondlichts auf dem Wasser – Naturphänomene, für die wir im Deutschen gar kein Wort haben.

Aber man muss Vorsicht walten lassen. Nur mal ein Beispiel: *Tavata* bedeutet »treffen«, »ich treffe« heißt *tapaan*.

Hatte ich schon erwähnt, dass die finnische Sprache stark mit Doppelkonsonanten und Doppelvokalen operiert? Für den Muttersprachler ist das so selbstverständlich wie für uns die Unterscheidung von »Doppel-s« und »ß« – für den Lernwilligen ein einziges Labyrinth an Ausnahmen – und für den Touristen quasi irrelevant, denn für ihn reichen die wichtigsten zehn Vokabeln, und er wird überall mit einem freundlichen Lächeln empfangen. Doch für mich, der ich ernsthaft gewillt bin, diese Sprache zu beherrschen, kann es zu fatalen Missverständnissen führen. Denn spricht man *tapaan* nicht wirklich ausdrücklich mit zwei »a«, dann bedeutet es nicht treffen, sondern töten!

tapaan sinua = ich treffe dich – *tapan sinua* = ich töte dich.

Hinzu kommt noch die bereits erwähnte Vokalharmonie. Das Finnische kennt drei Typen von Vokalen. 1. ä-ö-y 2. a-o-u und 3. i und e. Die dritte Gruppe darf mit allen anderen Vokabeln kombiniert werden, dagegen dürfen Vokale der Gruppe 1 nicht mit Vokalen der Gruppe 2 in einem Wort vorkommen. So weit so klar? Bei Zusammensetzungen darf diese Regel allerdings verletzt werden. Tja, alles relativ im Leben.

Apropos Zusammensetzungen: Manches Mal muten die sprachlichen Vorstellungen der Finnen wirklich seltsam an. Der Drache etwa, im Englischen *dragon*, *drago* auf Italienisch, heißt auf Finnisch *lohikäärme*. Das setzt sich zusammen aus Lachs und Schlange: Lachsschlange. Wie man aus der Kreuzung dieser beiden Tiere auf einen Drachen kommt, ist selbst vielen Finnen ein Rätsel.

Die Vorteile des Finnischen will ich euch an dieser Stelle aber nicht vorenthalten. In der finnischen Sprache gibt es keine Artikel, kein Futur, kein Bitte und kein Geschlecht. »Sie« und »er« werden also nicht unterschieden. Das ergibt sich jeweils aus dem Zusammenhang. Sicher auch ein Grund, warum sie uns in Fragen der Gleichberechtigung schon immer Jahre voraus waren. Denn Sprache produziert immer Realität.

Das Futur drückt man einfach aus, indem man »morgen«/ »nächstes Jahr« etc. einfach einem Satz in der Gegenwart voranstellt – sehr pragmatisch, finde ich.

Was das allerdings auf der Meta-Ebene bedeutet, wenn ein Volk in der Sprache kein Futur hat, darüber rätsele ich noch. Vielleicht denken sie nicht so sehr an die Zukunft, leben mehr in der Gegenwart, im Hier und Jetzt. Manche sehen darin auch den Ursprung der finnischen Gewissenhaftigkeit, weil sich die Dinge sprachlich nicht so leicht auf den Sankt-Nimmerleins-Tag verschieben lassen.

Zudem gibt es kein direktes Wort für »Bitte«. *Ole hyvä* umschreibt das Bitten elegant mit »Sei so gut«. Aber das wird nur in »Notfällen« verwendet. Aufforderungen wie »Gib mir mal das Brot« oder »Mach mal das Fenster zu« sind weder unhöflich, noch zeugen sie von schlechter Erziehung. »Bitte« zu sagen ist einfach nicht üblich. Und umständliche Formulierungen mit »bitte wärest du so freundlich« sind einfach zu lang. Die Finnen sind gerade heraus. Wer bei Bestellungen im Lokal *ole hyvä* verwendet, um höflich zu sein und seinen Respekt zu bekunden, outet sich sogleich als Tourist.

Dafür verwenden die Finnen umso häufiger *kiitos*, das Wort für Danke. Eigentlich ständig. Man bedankt sich selbst dafür, dass der andere gerade *kiitos* gesagt hat. Das lohnt sich also als Tourist, in seinen Wortschatz mit aufzunehmen.

Und noch ein gewichtiger Unterschied: Die Finnen haben zwar ein Wort für »sein«, aber nicht für »haben«. Sein scheint also wichtiger zu sein als Haben.

Im Gegenzug gibt es Wörter, die so facettenreich sind, dass sie sich kaum übersetzen lassen. Das Wort *kaiho* etwa ist so ein unübersetzbares Wort, auf das wir später noch zu sprechen kommen werden. J.R.R. Tolkien hat sich in seiner Elbisch-Sprache in *Der Herr der Ringe* vom Finnischen inspirieren lassen. Das Finnische zu entdecken sei demnach vergleichbar mit dem Betreten eines Weinkellers, gefüllt mit überragendem Wein und mit nie zuvor erlebten Geschmacksnoten.

Und zu guter Letzt können wir noch das Rätsel lösen, warum sich viele finnische Frauen darüber beschweren, dass sie von ihrem Mann so selten die Liebesbekundung »Ich liebe dich« hören (auch darüber später noch ausführlicher). *Minä rakastan sinua* mit einem hart rollenden »r« gesprochen klingt doch mehr wie »Räum endlich dein Zimmer auf«. Aber im Ernst, es hat mehr mit der Bedeutung des Wortes zu tun. Das sagt man/n eben nicht so leichtfertig dahin.

Trotz aller Schwierigkeiten bleib ich dabei: Die finnische Sprache ist wie Musik, ist Poesie und von unvergleichlicher Schönheit. (Siehe auch die Geschichte über Gedichtmenschen, Seite 245) Auch wenn sie mir vielleicht auf ewig ein Mysterium bleiben wird, ein Buch mit sieben Siegeln, ein unknackbares sprachliches Rätsel.

Manche Sachen sind zudem entscheidend kürzer. Meine Großmutter wunderte sich etwa, dass man auf Deutsch so kompliziert sagt: »Es freut mich sehr, Ihre Bekanntschaft zu machen.« Acht

Worte, für die man im Finnischen nur zwei braucht: *hauska tutustua.*

Mich wundert nicht, dass die Finnen ihre eigene Sprache lieben und sie hüten wie einen Schatz. Es ist fast schon eine Art Geheimsprache, sagte mein Cousin Mikko einmal, schließlich würde sie nur von rund fünf Millionen Menschen auf der Welt gesprochen.

Finnisch sei gar nicht so schwer, wie man immer meint, sagt dagegen mein Onkel Markku augenzwinkernd. »Bei uns lernen es schon die kleinen Kinder!« Und vom Nobelpreisträger und ehemaligen Präsidenten Finnlands Martti Ahtisaari stammt dieser Ausspruch: »Wer Finnisch lernt, der kann alles lernen.«

16. GRUND

Weil jedermann Jedermannsrecht genießt

Keine Zäune, keine Mauern – das fällt wohl jedem Reisenden in Finnland ins Auge. Klar gibt es in den Städten auch Zäune und Mauern, aber man wird kaum ein eingezäuntes Gartengrundstück finden. Auch sind Zäune rund um Einfamilienhäuser und *mökkis* eine absolute Seltenheit.

Das hängt mit dem Jedermannsrecht (*jokamiehenoikeus*) zusammen, wonach jeder fast überallhin darf – Beeren und Pilze sammeln – an jedem Ufer schwimmen gehen – vielfach auch segeln, fischen, rudern oder zelten. Dabei ist es unerheblich, ob die verführerischen Beeren in einem staatlichen oder einem privaten Wald wachsen oder ob der Seegrund in kommunaler oder privater Hand ist. Jeder darf im Prinzip überallhin. Ähnliches gibt es auch in den anderen nordischen Ländern, aber das Jedermannsrecht ist viel weitergehender als etwa das deutsche Betretungsrecht.

Auch darf man überall wandern oder sich im Winter mit Skiern und Schneeschuhen fortbewegen. Das bedeutet unglaubliche

Freiheiten. Routen müssen nicht über vorgegebene Wanderwege geplant und befolgt werden, man kann sich den Weg selbst aussuchen. Auch gibt es ein hervorragendes Netz aus Wanderhütten, die meist kostenlos und ohne Reservierung von jedem genutzt werden dürfen. Man kann dort ein Feuer machen, sich was zu essen machen und übernachten. Einfach so. Feuerholz ist meist ausreichend da, und es ist lediglich eine Frage der Höflichkeit und des Respekts, dass man das, was man verbraucht, wieder auffüllt. Und die Hütte natürlich so verlässt, wie man sie vorgefunden hat. Auch hier zeigt sich wieder das Prinzip: Wir vertrauen einander. Was für ein gutes Gefühl.

Dabei sind allerdings ein paar Selbstverständlichkeiten zu beachten. Etwa, dass man kein Feuer macht im Wald, dass man keine Äste oder ganze Bäume absägt und dass man keinen Müll hinterlässt. Unausgesprochen ist auch klar, dass niemand die Blumen vor einem Haus einfach abpflücken würde. Auch schickt es sich nicht, den von Finnen so sehr geliebten Abstand (siehe auch: Weil Finnland sicher ist) nicht einzuhalten oder deutlich als Privatgrund erkennbare Grundstücke ohne Erlaubnis zu betreten. Und weil das ohnehin sonnenklar ist, braucht man auch keinen Zaun. Eine Gruppe deutscher Ruderer hat mal einen landesweiten Shitstorm ausgelöst, weil sie abends an einem Ufer eines Privatgrundstückes haltgemacht und dort übernachtet haben. Viele Finnen reagierten empört, weil Selbstverständlichkeiten so offensichtlich missachtet wurden. Insbesondere wurde kritisiert, dass die Mannschaft überallhin uriniert habe. Das würde einem Finnen nicht einfallen. Die Rudermannschaft entschuldigte sich schriftlich.

Das Jedermannsrecht ist verfassungsmäßig garantiert.

Apropos Verfassung: Der Zugang zum Internet ist ebenfalls in der Verfassung verankert und somit Grundrecht. Jeder muss die Möglichkeit haben, kostenlos oder zu einem bezahlbaren Preis das Internet nutzen zu können. So gibt es in fast allen Städten kostenlose Hotspots, in beinahe allen Bibliotheken kostenlose Internetnutzung, aber auch in den Hotels, Cafés oder Museen. In einer Bäckerei in Karelien habe ich vor etlichen Jahren mal gesehen, dass dort für die Kunden ein Computer mit Internetzugang aufgestellt war. Neben dem Brötchenkauf kann der Kunde gleich noch seine Rechnungen online bezahlen und schnell nachschauen, wie das Wetter morgen wird.

Minderheiten genießen weitreichende Schutzrechte. Das war nicht immer so. Mittlerweile haben die Samen ihr eigenes Parlament (erkämpft), ihre eigene Fahne und seit 1993 ihren eigenen Nationalfeiertag, der am 6. Februar gefeiert wird. Das Sami-Parlament hat seinen Sitz in Inari und wacht über die Einhaltung der kulturellen Autonomie, die per Verfassung garantiert ist.

Auch die schwedisch sprechenden Finnen stellen eine Minderheit dar. Schwedisch ist zweite Amtssprache in Finnland neben Finnisch. Rund 265.000 Finnlandschweden gibt es, die Schwedisch als Muttersprache haben, vornehmlich an der Ostküste und auf den Åland-Inseln. Regierungsangestellte müssen in beiden Sprachen kommunizieren können; jeder hat das Recht, wahlweise auf Finnisch oder Schwedisch mit staatlichen Behörden zu reden oder Zeugenaussagen zu machen. So sind auch alle Verkehrs-, Straßen- und sonstigen Wegweiser, Amtsblätter und Plakate etc. zweisprachig. In Gemeinden mit mehrheitlich Finnlandschweden steht auf den Schildern zuerst das schwedische Wort, dann folgt das finnische. In den übrigen Regionen genau anders herum. Und in Lappland findet man unter der finnischen Bezeichnung immer auch die samische.

Jedermann scheint eine wichtigere Bedeutung im finnischen Sprachschatz zu sein, denn jedermann kann an zwei bestimmten Tagen im Jahr seine vier Wände zum eigenen Restaurant umfunktionieren und Gäste bewirten. Eine Idee, die sich auf der ganzen Welt ausbreitet. Die neueste Jedermanns-Idee vielleicht auch bald weltweit: Seit 2016 kann jedermann seine private Sauna für Gäste öffnen – am Sauna Day in Helsinki.

17. GRUND

Weil Bücher Räder haben

Irgendwie haben sie ja schon Glück, die Finnen. Hätten sie nicht so viele Bäume, hätten sie vermutlich nicht so viel Papier, ergo nicht so viele Bücher, ergo nicht so viele Bibliotheken. Dass Finnland PISA-Weltmeister ist, liegt bekanntlich an dem einzigartigen Schulsystem. Aber eben nicht ausschließlich: Es liegt auch am einzigartigen Bibliothekswesen.

Fast jeder Ort hat seine eigene Bibliothek. Sage und schreibe 800 Bibliotheken sind es in ganz Finnland. Und da, wo die Besiedlung so spärlich ist, dass es weder Kirche, noch Kneipe, geschweige denn Bücherei gibt, da kommt einmal in der Woche der Bibliotheksbus vorbei. In dem kann man nicht nur Bücher ausleihen, sondern auch bestellen, die man dann rund eine Woche später frei Haus bekommt, ganz ohne Amazon. 150 dieser Busse gibt es landesweit, die über 12.000 Stationen anlaufen. Darüber hinaus hat Finnland sogar ein Bibliotheksschiff! Es schippert zwischen den Åland-Inseln hin und her und hat als Fracht über 800 Bücher geladen.

Lesen ist so alltäglich und selbstverständlich wie Sauna. Das Credo: Literatur gehört allen und soll überall erreichbar sein. Die logische Folge: Bibliotheksausweise sind gratis. Selbst für Nicht-Finnen oder Touristen. Und die Bibliotheken haben lesefreundliche Öffnungszeiten, viele sind bis 21 Uhr oder länger und selbst an Wochenenden geöffnet. Ich war bass erstaunt festzustellen, dass die Lesesäle selbst sonntags gut gefüllt sind. Statt auf dem Sofa vor der Glotze zu liegen, liest der Rentner seine finnische Zeitung neben der Schülerin, die im *National Geographic* blättert, und dem Arbeiter, der sich in eine Computer-Fachzeitschrift vertieft.

Und weil das so ist, und Lesen kostenlos, aber nicht umsonst ist, ist Finnland ein absolutes Lese-Land. Die Finnen lesen gerne und viel. Die *Frankfurter Allgemeine Zeitung* behauptete gar, dass die

Finnen das enthusiastischste Lesevolk Europas seien.[13] Immerhin steckt laut Statistik jeder Finne seine Nase 45 Minuten in ein Buch – täglich! 90 Millionen Entleihungen verzeichneten die finnischen Büchereien 2014.

40 Prozent der Bevölkerung nutzen die Bibliotheken regelmäßig.[14] Von solchen Werten können Büchereien in den deutschsprachigen Ländern nur träumen. Da verwundert es kaum mehr, dass Finnland weltweit das Länder-Ranking mit der höchsten literarischen Bildung anführt.[15]

Die größte ihrer Art ist natürlich in der Hauptstadt zu finden: In der Hauptbibliothek der Universität Helsinki – der Kaisatalo-Bibliothek mitten im Zentrum der Stadt – kann man auf elf Stockwerken nach Herzenslust stöbern, lesen, forschen und entdecken. Und die beeindruckende Architektur bewundern: die Architekten Selina Anttinen und Vesa Oiva von Anttinen Oiva Arkkitehdit Oy haben 2012 einen durchdesignten Traumort des Wissens erschaffen, der bereits etliche nationale und internationale Architekturpreise eingeheimst hat, darunter 2012 den Finnischen Kritiker-Preis. Ellipsenförmige Aussparungen ermöglichen ungewöhnliche Lichteinfälle, große eiförmige Glasfronten, Designer-Möbel und weiße Hochglanzflächen lassen Platz und schaffen Möglichkeitsräume für neues Denken, grenzenlose Gedanken ohne Schranken und neuartige Erkenntnisse.

Man spürt sofort, hier soll Lernen Spaß machen. Und weil Lernen auf verschiedene Arten passiert, gibt es Bereiche für lautes, ruhiges und stilles Arbeiten. Rund 8.000 Personen nutzen die Denk- und Lesefabrik jeden Tag. Ferner verfügt die Bibliothek über Räume für Elektrizitätsallergiker und Hörgeschädigte. 1,5 Millionen Druckwerke sind hier versammelt – auf über 70 Regalkilometern.

Wie wichtig Bibliotheken für das gesellschaftliche Leben sind, zeigt sich auch an den Standorten: Im nordfinnischen Oulu liegt die Bibliothek an einem der schönsten Plätze der Stadt – neben dem Hafen direkt am Meer, unweit des Marktplatzes. Auch sonst sind Bibliotheken meist im Ortszentrum zu finden.

Ein wichtiger Grund für die Lesefreudigkeit ist ein historischer: So durfte man früher nur heiraten, wenn man des Lesens mächtig war! Der Pfarrer überprüfte das bei den Heiratswilligen, indem er sie ein Stück aus der Bibel vorlesen ließ. Ab dem 19. Jahrhundert wirkte dann die Volksbildungsidee. In den Fabriken wurden Lesestunden für die Arbeiter eingerichtet, in denen dann z.B. der *Graf von Monte Christo* durchgenommen wurde.

Ein weiterer Grund ist sicher, dass im finnischen Fernsehen nichts synchronisiert wird. Wer Fernsehen schaut, muss immer auch lesen. So hat selbst die sinnentleerteste amerikanische Vorabendserie noch einen doppelten Bildungseffekt: Man muss finnisch lesen, und übers Hören wiederholt man gleich mal ein paar Englischvokabeln.

Einen weiteren Grund nannte mir ein alter Mann, den ich in Oulu in der Bibliothek kennenlernte. Er sagte: wir Finnen, »Wir sind nicht viele. Wir lieben unsere Sprache und möchten sie beschützen.«

18. GRUND

Weil sich Verkehrswege vervielfachen

Langlauf hat in Finnland ungefähr den Stellenwert wie Radfahren oder Fußball in Deutschland. Es ist Nationalsport. Neben Eishockey natürlich. Hunderte, ja Tausende Kilometer Langlaufloipen sind den ganzen Winter über gespurt. Fast immer findet sich eine gespurte Loipe gleich um die Ecke. Manche von ihnen sind sogar abends beleuchtet, sodass man sich auch zu späterer Stunde austoben kann.

Selbst in der Hauptstadt werden jedes Jahr fast 200 Kilometer Langlaufloipen angelegt. Paloheinä ist ein beliebter Ort zum Langlaufen und zum Rodeln. Fußballplätze verwandeln sich zu Natureisbahnen, auf denen Eishockey gespielt werden kann, und die

Kufen schwingen kann man gleich beim Bahnhof, wo jeden Winter eine Kunsteisbahn angelegt wird.

Die beliebten Wintersportregionen sind Ruka oder auch Levi-Ylläs in finnisch Lappland. Ylläs allein hat 330 Kilometer gespurte Loipen, 38 Kilometer davon am Abend beleuchtet.

Beim Langlaufen versteht nicht nur das Hirn, sondern der ganze Körper das erste Mal so richtig, wie endlos die Wälder und die Landschaft in Lappland sind. Wenn man an immer neuen Baumformationen vorbeizieht, nur das Gleiten der Skier hört, die Sonne einem den Weg weist und immer rechtzeitig, bevor man aufgeben will, ein kleines Café in einem Holzblockhaus lockt – mit Kaffee und *pulla*. (Dazu lies auch: Weil der Kitt der Gesellschaft koffeinhaltig ist, Seite 162) Aber nach 18 Kilometern ist dann erst mal gut. Und danach: Sauna oder Muskelkater!

Oder mit dem Tretschlitten – meinem Lieblingsfortbewegungsmittel – zum nächsten Supermarkt. Eine Art Stuhl auf Kufen, den man dahinter stehend anschubsen kann und dann auf den Kufen stehend dahingleitet. Durchs finnische Nichts. Und auf dem Rückweg lässt sich die Einkaufstasche ganz einfach auf dem Stuhl platzieren. Ideal im Übrigen auch für ältere Leute, die nicht mehr so sicher auf den Beinen sind. Mit diesem Gefährt als Unterstützung können sie selbst bei Eis und Schnee aus dem Haus.

Im Winter vervielfacht sich übrigens das Transportnetz – beispielsweise durch die zugefrorenen Seen. Hier entstehen Loipen, Wanderwege und Schneemobil-Trassen – Abkürzungen, die im Sommer nicht zugänglich sind. Sogar mit Verkehrsschildern auf den Seen! Motorschlitten sind superpraktische Verkehrsmittel im Winter. Mit ihnen kommt man überallhin, insbesondere wenn man nachts ungestört von Lichtquellen Polarlichter einfangen möchte, und sie verkürzen viele Strecken auf natürliche Weise. Ich kann euch versichern, Schneemobilfahren ist das pure Vergnügen. Da wird man wieder zum Kind, als man das erste Mal die Vorzüge des Dreirads oder des Kettcars entdeckte hatte.

So gibt es allein für Schneemobile in Ylläs ein Streckennetz von über 400 Kilometern. Die kann man stunden- oder tageweise mieten – mit oder ohne Guide. Zahlreiche Safari-Ausstatter bieten das an. Da es auf diesen Fahrzeugen ganz schön frisch werden kann, bieten die Ausstatter gleich die passende Ausrüstung mit an: vom Thermoanzug über Winterschuhe, Handschuhe, Unterziehhaube und Helm ist das ganze Paket dabei. Hinzu kommen 63 Pisten und 28 Lifte für alle, die hoch hinaus wollen. Na ja, der höchste Berg hier ist 781 Meter hoch. Aber durchaus spektakulär – sowohl von unten als auch von oben.

Zudem entstehen richtige Eisstraßen. Mit Autos und schweren Lastwagen befahrbar. Straßen, die im Sommer am Ufer enden, im Nirgendwo, erhalten plötzlich ihren tieferen Sinn: die beiden gegenüberliegenden Ufer von Seen zu verbinden. Oder das Ufer mit einer Insel. Wie am Pielinen in Nordkarelien. Die Eisstraße beginnt in Vuonislahti am Ostufer und endet in Koli am Westufer. Dann muss man nicht ganz rund um den See gurken, um in den gegenüberliegenden Ort zu gelangen. Nein, man nimmt einfach die Eisstraße und spart sich damit etwa von Koli nach Lieksa satte 51 Kilometer, von Koli nach Vuonislahti sogar 63 Kilometer. Sie ist mit sieben Kilometern Länge übrigens die längste in Europa. Und wird regelmäßig von Schneeräumfahrzeugen frei gehalten. Man fährt einfach die Uferböschung runter und dann schnurstracks über den zugefrorenen See. Die Straße wird freigegeben, sobald die Eisschicht mehr als 40 Zentimeter Dicke aufweist. Als ich sie das erste Mal befahren habe, hatte sie 60 Zentimeter Dicke erreicht, und ich staunte über die gewaltigen Massen, die die Natur, in dem Fall das Eis, zu tragen vermag.

Auf Fahrbahnmarkierungen wird verzichtet. Man sieht schon irgendwie, wo es langgeht. Und wirklich viel Verkehr ist ja auch nicht. So wenig, dass (verbotenerweise) Zeit bleibt anzuhalten und ein paar Fotos von der Mitte des Sees aus zu schießen. Eine Perspektive, die man sonst selten hat.

Solche Eisstraßen entstehen sogar auf dem Meer. Zwischen der Hafenstadt Oulu und der vorgelagerten Insel Hailuoto.

Mittlerweile weiß ich auch, dass auf Eisstraßen besondere Verkehrsregeln gelten: Die Höchstgeschwindigkeit beträgt 50 km/h, Überholen und auch Halten sind ganz untersagt. Ferner ist ein Mindestabstand zwischen den Fahrzeugen von 50 Meter vorgeschrieben. Der Verlauf der Straße ist dabei abhängig von vorhandenen Strömungen, Eisstärke und -qualität, aber auch davon, wo es Risse oder Spalten im Eis gibt. Nachgeholfen wird nicht, man wartet einfach, bis das Eis auf natürliche Weise die nötige Stärke erreicht hat. Ist das bis Mitte Februar nicht der Fall, gibt es eben in dem Winter keine Eisstraße.

Ansonsten helfen *lossi*. Gelbe kleine Fährschiffe, die ebenfalls nur eins im Sinn haben: das eine mit dem anderen Ufer zu verbinden. Schnell und kostenlos. Kaum stellt man sich ans Ufer, kommt *lossi* auch schon von der gegenüberliegenden Seite angebraust, fährt seine Luke runter und lässt einen auffahren. Kleine gelbe Engel!

19. GRUND

Weil Finnland ansteckend ist

Alles fing an mit einem weißen Umschlag im Briefkasten. Einem Werbeprospekt. Uninteressant eigentlich. Doch das Foto auf der Titelseite fesselte meine Augen mehr als eine Sekunde. Immer wieder schaute ich im Laufe des Tages drauf. Eine Birke am Ufer, die weiße Rinde von der Sonne beschienen, die Blätter leuchtend grün. Dahinter blau. Einfach nur blau. Klares ruhiges Wasser. Und ein rotes kleines Holzhaus am gegenüberliegenden Ufer mit weißen Fensterrahmen und einigen wenigen weißgetünchten Treppenstufen aus Holz, die zur Eingangstür rauffführten. Eine Eingangstür mit einem Holzgriff, der schräg an der Tür angebracht war. Nichts furchtbar

Außergewöhnliches. Und doch strahlte es so viel Ruhe und Gelassenheit und zugleich Geborgenheit aus, dass ich dieses Bild im Kopf nicht mehr los wurde. Diese Stimmung zog mich magisch an.

Zwei Monate später bin ich mit meinem späteren Ehemann Pit dort. Nicht in demselben Haus. Aber das ist auch gar nicht notwendig. Denn alle diese süßen kleinen Wochenendhäuschen, auf finnisch *mökki*, sind ähnlich. Keine Luxusvillen. Einfach nur genug Platz zum Schlafen, Kochen, Essen. Wichtig ist nur, dass der Nachbar weit genug weg ist. Mindestens 300 Meter sind dem Finnen angenehm. Gern darf es auch etwas mehr sein.

Viele Finnen vermieten wochenweise ihr eigenes kleines Paradies an Touristen, in Eigenregie oder über Reiseveranstalter, aber es gibt natürlich auch gewerbliche Ferienhausanbieter. Jaako heißt der Besitzer und Vermieter dieses Hauses, das auf einer lang gezogenen Landzunge am Puruvesi steht. Nur zehn Meter vom Ufer entfernt. Es gehört zur Ortschaft Kesälahti, rund 65 Kilometer östlich von Savonlinna. Mit seiner Jogginghose und Baseballkappe sieht Jaako aus, als hätte er gerade seinen Angeltörn für uns unterbrochen. Er hat das Haus vor knapp 30 Jahren gebaut und seitdem immer wieder ein bisschen daran gefeilt. Das Alter sieht man dem Holzbohlenhaus nicht an. Jaako zeigt uns als Erstes, wo der Schlüssel deponiert ist. Über der Tür an einem Nagel hängt er. Für jeden sichtbar. Für jeden greifbar. Mit der deutschen Angst vor Einbrechern im Nacken verursacht das erst mal ungläubiges Staunen. Wenn wir das Haus verlassen, sollen wir den Schlüssel einfach da oben hinhängen. Dann könnten wir ihn unterwegs schon nicht verlieren, meint er augenzwinkernd und geht ins Haus.

Pit macht ein ungläubiges Gesicht. Tatsächlich ist das finnische Land noch eine der wenigen Regionen auf der Erde, wo man Haus, Hof und Auto offen stehen lassen kann. Einbrüche sind äußerst selten, die Kriminalitätsrate niedrig.

Drinnen riecht es nach Holz und Sauna. Sofa, Esstisch, Küchenzeile, kein Schnickschnack, einfach nur das Nötigste. Bunt gewebte

Läufer unterbrechen in schöner Regelmäßigkeit den Holzboden. Die Gemütlichkeit und Behaglichkeit geht allein schon von den hölzernen Wänden, Decken und Böden aus. Jaako weist uns ein, wie man den Ofen einheizt, falls es mal etwas kühler werden sollte. Einmal heizen reiche für mindestens drei Tage, sagt er. Denn die Steinverkleidung des Ofens speichere die Wärme und gebe sie dann nach und nach ab. Dann zeigt er uns noch, wo wir im Nachbargebäude Holz für die Sauna hacken können, und das wars dann auch schon. Jaako verschwindet, und wir sind allein in diesem Wald, an diesem See, in diesem Häuschen.

»Was sollen wir hier in der Einöde denn 14 Tage machen?«, fragt Pit. In seiner Stimme schwingen Enttäuschung und Zweifel mit. Außer Natur gibt es hier tatsächlich nichts. Der nächste Ort mit Supermarkt ist zwölf Kilometer weit weg. Hinter uns Wald, vor uns Wasser, über uns Himmel. Das wars.

Ich lasse die Frage unbeantwortet. Mache lieber das, was Finnen in so einer Situation auch machen würden. Kaffee kochen. Nach der langen Fahrt würde uns das guttun. Brotzeit auf der Terrasse mit dem typisch dunklen runden Brot und dem gleich runden Käse, Gurken und Tomaten.

Da sitzen wir also auf den harten Holzbänken auf der Veranda und schauen. Die Worte werden weniger, bis sie ganz verstummen. Die Augen übernehmen die alleinige Regie, und die Landschaft nimmt uns gefangen. Die einzeln dastehenden Kiefern mit ihren wenigen Ästen lenken den Blick auf die Details. Die Rinde, die Zapfen, die Flechten am Boden, würzig, moosig und holz-harzig duftend. Den weichen Waldboden unter unseren Füßen spüren. Die Meise. Das Eichhörnchen. Den Geruch des Sommers und des Waldes aufnehmen. Der Stille des Sees lauschen. Wir werden ganz ruhig. Und entspannt. Zeit ist relativ.

Eine Entenmama kommt mit ihren fünf Sprösslingen vorbei, direkt neben dem Steg sollen sie offenbar tauchen lernen. Wie einen spannenden Kinofilm verfolgen wir das Schauspiel, kommentieren das Wetteifern wie Sportreporter und vergeben lachend Noten für die Lernerfolge der kleinen Entenbabys.

Der Tag plätschert dahin, ohne irgendwelche Forderungen an uns zu stellen. Wir probieren das Ruderboot aus und erkunden unsere neue Umgebung vom Wasser aus. Als ob uns die Landschaft den Kopf benebelt, sehen wir alles doppelt. Die Uferlandschaft bildet sich perfekt spiegelverkehrt auf der Wasseroberfläche ab. Die Sonne wärmt unsere Gesichter, die Luft ist so rein wie mit Persil gewaschen und das einzig vernehmbare Geräusch ein kurzer Blupp, wenn die Ruder sanft ins Wasser eintauchen und uns weiterschieben.

Irgendwann beginnen wir, die Sauna zu heizen und an der Feuerstelle ein kleines Feuer zu machen, um Würstchen zu grillen. Die berühmten finnischen *makkara* mit dem typisch milden Senf. Würstchen, die aussehen wie Schüblinge, aber einen höheren Mehlanteil haben. Die man wunderbar an einem Stock ins Feuer halten kann, bis sich die eingeschnittenen Enden der Wurst nach oben biegen.

Davor noch schwitzen in der Sauna. Hitze, Dampf und Stille aushalten. Nur das Zischen der Steine, wenn das Wasser laut fauchend verdampft. Einfach nur atmen. Sich auf nichts anderes konzentrieren müssen. Und dann in den See – und auch hier das eigene Eintauchen das einzige vernehmbare Geräusch. Konzentrische Kreise des Wassers, die sich durch nichts gestört über den See ausbreiten. Meter für Meter. Als sei man ganz allein auf dieser Welt. Die Stille ist keine Grabesstille, keine Totenstille, sondern mehr eine freundliche Geräuschlosigkeit, eine Lautlosigkeit, die gleichzeitig eine Tür öffnet, einlädt, neue Räume zu betreten. Für neue Gedanken, neue Ideen, neue Energie.

Am Abend zaubern Sonne, Himmel und Wasser ein stundenlanges Spektakel aus wechselndem Licht und Farben. Mitternachtssonne. Die Sonne, wie ein sich langsam verfärbender Ball, der sich beharrlich weigert, unter die Horizontlinie zu sinken, taucht die Bäume in ein warmes rötliches Licht, lässt den See zu einem Spiegel werden, in dem sich Himmel und Wolken immer wieder neu betrachten und bewundern können. Staunen. Und immer wieder, immer neues Staunen über diese grandiose Schönheit dieser Landschaft. Dieser so unaufdringlichen Landschaft, die auf den ersten Blick einfach, ja eintönig wirken mag. Und doch eine stolze und zugleich bescheidene Erhabenheit ausstrahlt, unberührt, ursprünglich und voller Kraft – bedenkt man die unwirtlichen Bedingungen im Winter. Immer besser verstehe ich den Ausspruch des Dichters Khalil Gibran: »Bäume sind Gedichte, die die Erde in den Himmel schreibt.« (Aus: Khalil Gibran, Halil Cibran: Sand und Schaum: Aphorismen. Walter Verlag 1999.)

Wir entdecken den ersten Kelobaum – ein abgestorbener Baum mit ganz grau-silbriger Farbe. Ein Baum, der im trockenkalten Polarklima irgendwann altersbedingt sein Wachstum eingestellt hat. Ein Exot unter all den grünen Fichten, der nur in naturbelassenen Wäldern zu finden ist und entsprechend selten. Keloholz ist das beste Material, um ein Haus oder eine Sauna zu bauen, denn das Holz verzieht sich nicht mehr und ist äußerst witterungsbeständig. Und während wir noch diesen toten, aber aufrecht stehenden Baum bewundern, wandeln sich die Gesprächsthemen unmerklich. Werden wichtiger, essenzieller, existenzieller. Dringen zum Wesentlichen vor. Bis ins Innerste.

Am nächsten Morgen schlendert Pit als Erstes zum Steg. Zeit hat keine Bedeutung mehr. Die Natur hat uns in nur wenigen Stunden verwandelt. Gelassenheit, Ruhe und Frieden hat sich in jeder unserer Zellen ausgebreitet. Wir bewegen uns in unserem eigenen Rhythmus. Stress? Die Bedeutung dieses Wortes haben wir vergessen. Sorgen? Was war das noch mal? Diese Umgebung lädt ein zum Runterkommen, Loslassen und Krafttanken. Zivilisation? Nie gehört davon. Außer uns keine Menschenseele weit und breit. Wir sind allein, aber nicht einsam.

Pit setzt sich auf das von der Sonne beschienene warme Holz des Stegs, lässt die Beine baumeln und schließlich ins Wasser gleiten, seinen Blick schweifen und genießt seinen ersten Kaffee an diesem Morgen. Dieser Morgen, an dem das Blau des Wassers mit dem Blau des Himmels zu wetteifern scheint. Kein Wind, kein Vogel, kein Motorenlärm. Dieser Morgen, der nur aus Stille und Frieden zu bestehen scheint.

»Ich will hier nie wieder weg«, meint er unvermittelt, und die Betonung liegt auf »nie«. Ich traue meinen Ohren nicht. »Es ist so wunderschön hier. Ich versteh gar nicht, warum ich hier nicht her wollte. Wieso hast du eigentlich nur 14 Tage gebucht?«

Wieder einer infiziert von diesem Finnland-Virus.

20. GRUND

Weil man auf Nummer sicher geht

Nichts gegen skandinavische Krimis. Sie sind irrsinnig spannend, gut erzählt, ungewöhnliche Geschichten. Aber häufig auch sehr brutal, fast schon blutrünstig. Viele müssen sterben in diesen Kriminalromanen, und es fließt eine ganze Menge Blut. Anders in der Realität. Es gibt kaum Kriminalität. Zumindest so wenig, dass einige Polizeistationen zugesperrt wurden. Weil es zu wenig Arbeit für sie gab.

Es gibt keine Erdbeben, keine Lawinen, keine Tsunamis, keine Hurrikans. Es gibt keine giftigen Tiere, zumindest keine, die dem Menschen lebensgefährlich wären.

Okay, es gibt Bären. Die sind nicht ohne. Aber sie laufen einem nun auch nicht andauernd über den Weg. Dasselbe gilt für Elche. Es soll sie tatsächlich geben. In natura ist mir bisher jedoch noch keiner begegnet. Und Rentiere sind zwar nach wie vor halbwilde Tiere und laufen einem häufiger über den Weg, sie sind aber auch scheu, und ich habe noch nicht von hinterhältigen Rentier-Angriffen gehört.

Es gibt keine Malaria oder andere durch Tiere übertragbare Krankheiten, wie man sie aus den Tropen kennt. Zumindest habe ich diese Erfahrung gemacht.

Kinder können gefahrlos alleine von der Schule nach Hause laufen. Auch wenn es im Winter schon dunkel ist. Wiederholt erzählen mir Eltern, dass sie es genießen, sich keine Sorgen machen zu müssen, wenn ihre Sprösslinge alleine unterwegs sind.

Dass das nicht nur ein Gefühl ist, wurde mittlerweile auch in einer Studie bewiesen. Demnach ist Helsinki die zweitsicherste Stadt der Welt (nach Luxemburg). 230 Städte wurden dafür auf der ganzen Welt hinsichtlich Stabilität, Kriminalität und Strafverfolgung untersucht.[16]

Die Gefahr zu verhungern, besteht auch nicht. Supermärkte und Kioske im ganzen Land haben sieben Tage die Woche geöffnet, viele von ihnen bis Mitternacht. Ein Traum für Vergessliche. Nur an Weihnachten und an *Juhannus* ist wirklich alles dicht.

Auf Nummer sicher läuft es auch bei vielen Dienstleistungen. Wer am Bahnhof ein Ticket kaufen möchte, Halstabletten aus der Apotheke braucht oder einfach nur eine Auskunft im Handyshop will, der geht auf Nummer sicher, indem er eine Nummer zieht. Überall finden sich diese Geräte, und dran kommt nur, wer eine Nummer hat. Aufrufanlage zur Kundensteuerung nennt sich das im Amtsdeutsch. Spießig auf den ersten Blick, kommt aber dem Hang der Finnen nach gleicher Behandlung, Pragmatismus und Freiheit entgegen. So kann sich niemand vordrängeln, und keiner muss in der Warteschlange stehen.

Apropos sicher: Sicherheitsabstand ist auch wichtig. Stell dich beim Warten an einer Bushaltestelle nicht zu nah neben einen Fremden. Der Finne wird sofort unmerklich zurückweichen. Selbst wenn er gerade auf sein Handy starrt, spürt er, dass da jemand näher als 60 Zentimeter neben ihm steht. Dasselbe gilt für Gespräche – auch hier ist ein großzügiger Abstand zu empfehlen, sonst fühlt sich der Finne nicht wohl.

Finnen respektieren den persönlichen Raum, den jeder braucht. Selbst im heftigsten Schneesturm kuschelt man sich in der Bushaltestelle nicht wie Pinguine aneinander und schützt sich gegenseitig. Nein. Nur maximal drei Personen warten unterhalb der geschützten Bushaltestelle, die anderen im gleichmäßigen Abstand von 60 Zentimetern, besser 80 bis 100 Zentimetern, harren lieber im Sturm aus, bis der Bus kommt. So weit geht der Respekt vor dem Raum und dem Abstand, den jeder für sich braucht. Und selbiges wird auch vom anderen erwartet. Sicher ist sicher. Auch in dieser Hinsicht.

KAPITEL 3

KONTRASTE

Landstriche

21. GRUND

Weil Helsinki ein Geheimtipp ist

Man nennt sie die Perle der Ostsee, weiße Schönheit des Nordens. Für bereits Infizierte das bestgehütete Geheimnis der Welt. Eine weltoffene maritime Metropole mit rauem Charme und sehr entspannter Atmosphäre, eine unnachahmliche Mischung aus östlichen und westlichen Einflüssen, mit langen Sandstränden auf vorgelagerten Inseln, und dennoch gibt es da dieses Brizzeln, dieses leise Knistern in der Luft. Helsinki birgt ein Geheimnis, und das steckt in den Menschen und in der Atmosphäre. Menschen, die die Stadt zu dem machen, was sie heute ist. Etwa mit dem Restaurant Day oder dem Sauna Day, dem Art Walk und anderen Happenings. Für mich ist Helsinki eine Mischung aus heimkommen und neu entdecken. Schon im Anflug auf Helsinki fängt mein Herz an zu pochen – und ab da hüpft es mehr oder weniger unkontrolliert umher.

Der klassizistische Dom, erbaut nach Plänen des deutschen Architekten Carl Ludwig Engel, der die ganze Stadt überragt und jeden Besucher, der mit dem Schiff kommt, willkommen heißt. Das Wahrzeichen der Stadt. Wenn ich ihn erblicke, weiß ich, jetzt bin ich da. Egal, wie das Wetter ist und welche Jahreszeit wir gerade haben, er erstrahlt immer in diesem wunderbaren Weiß und leuchtet einen an, als wollte er sagen: Hei, schön, dass du da bist!

Das klassizistische Ensemble am Senatsplatz mit Dom, Senatsgebäude und Universität. Die vielen Stufen hinauf zum Dom, die im Sommer von Touristen wie Einheimischen bevölkert sind, auf denen aber auch schon mal ein Flashmob stattfindet oder Hunderte Sänger sich zusammenfinden, um dem finnischen Komponisten Jean Sibelius zum Geburtstag ein Ständchen zu singen. Zum anderen symbolisiert der Platz so etwas wie die Säulen, die die Gesellschaft tragen: Ausbildung (Universität), Politik (Regierungsgebäude), Religion (Dom), Kultur und Alltag (Cafés, Ausstellungen, Läden). In Sichtweite die russisch-orthodoxe Uspenski-Kathedrale mit ihren Zwiebeltürmen, die auf die russischen Einflüsse der Zaren-Zeit verweist.

Helsinki ist bis heute ein Geheimtipp – auch wenn die Stadt in ihrer Größe überschaubar ist und vieles nah beieinander liegt, gibt es für mich auch nach Dutzend Besuchen immer noch Neues zu entdecken. Egal, ob zu Fuß, mit dem Fahrrad, der Straßenbahn, mit dem Bus oder einem Boot. Helsinki ist vor allem eine freundliche Stadt. Mit viel Grün. Und das Meer ist nie weit weg.

Mit ganz unterschiedlichen Stadtteilen, in denen man seinen Hang zu Architektur, Design oder Kunst nachgehen kann. Das ehemalige Arbeiterviertel Kallio etwa ist das neue In-Viertel. Wer hip sein will, lässt sich hier nieder, so wie viele Start-up-Unternehmen, aber auch Secondhandläden, Musiker und Künstler findet man hier. Ebenfalls ein aufstrebendes Viertel ist Punavuori. Es gehört zum Design-Distrikt Helsinkis und ist Heimstätte vieler skandinavischer Labels. Katajanokka dagegen ist das maritime Viertel mit zahllosen klassizistisch anmutenden Gebäuden in Ziegelsteinbauweise. Und auf Tafeln an vielen Fassaden erfährt man auch gleich, wer der Architekt war. Es liegt direkt am Wasser und lädt zum Spazierengehen ein. Überhaupt ist die Ostsee nirgends weit in Helsinki. 98 Kilometer Küstenlinie hat die Stadt zu bieten, dazu über 300 Inseln und etliche Parks. Urbanes Leben und Natur gehen fließend ineinander über.

Zum Herz Helsinkis gehören der Senatsplatz, das Marktviertel mit Design- und Kunsthandwerksläden, der Hafen und der Esplanadenpark. Absolutes Muss auch die beeindruckende in den Fels hineingehauene Felsenkirche mit einer Kupferkuppel und einer einzigartigen Akustik und die Finlandia-Halle von Alvar Aalto im Stadtteil Töölö. Sehenswert auch die ehemalige Kabelfabrik Kaapeli, ein Kulturzentrum mit viel Musik und Theater, das auch Finnlands Fotomuseum beherbergt. Dann die Kulturfabrik Korjaamo, das Sibelius-Monument, der Kaivopuisto-Park. Am besten besorgt man sich einen kostenlosen Stadtführer bei der Touristinfo gleich an der Esplanade gelegen, macht eine Busrundfahrt oder nimmt an einer der Stadtführungen zu Fuß oder mit dem Rad teil.

Die Sehenswürdigkeiten sind alle nur einen Steinwurf entfernt, und zu Fuß oder mit öffentlichen Verkehrsmitteln ist man binnen kürzester Zeit an jedem beliebigen Platz. Etwa bei der hölzernen Kirche der Stille – mitten im Zentrum am Narinkka-Platz – in starkem Kontrast der sie umgebenden Einkaufszentren und Hotels aus Beton, Stahl und Glas. 2012 errichtet, als Helsinki Welthauptstadt des Designs war. Doch kaum hat man die Kirche betreten, die einem dinosauriergroßen Ei ähnelt, tritt Stille ein. Der Lärm des Alltags, der Trubel der Stadt bleibt draußen vor der Tür. Eine fensterlose Holzhülle, die Licht nur über kleine Schächte im Dach ins Innere lässt, geschwungene Holzwände, die einer Umarmung gleichkommen, ansonsten spartanisch minimalistisch anmutende Holzbänke und Sitzkissen aus Filz wie Kieselsteine verstreut. Einen Moment später fühlt man sich so sicher und geborgen wie im Bauch der Mama – und so ist ja auch irgendwie die Form der Kirche. Ein Zufluchtsort, ein Augenblick der Stille und des Innehaltens in unserer schnelllebigen Welt.

Erholen kann man sich von so einem Sightseeing-Tag dann in einer der öffentlichen Saunen, die es in der Hauptstadt noch gibt. Die Kotiharju-Sauna etwa oder die Kultur-Sauna, die noch mit Holz befeuert werden. Wer noch tiefer eintauchen möchte in das finnische Hauptstadtgefühl, besucht das älteste Hallenbad Finnlands, die Schwimmhalle Yrjönkatu. Ein eindrucksvolles Beispiel des Klassizismus mit einer palastartigen Schwimmhalle, zu deren Besonderheit das (nach Geschlechtern getrennte) Nacktschwimmen zählt. Obwohl Badeanzüge seit einigen Jahren auch zugelassen sind.

Im Winter gehören schneebedeckte Gehwege und Straßen zum normalen Stadtbild in Helsinki. Für Reisende nicht immer angenehm, denn einen Rollkoffer durch zehn Zentimeter dicken Schnee zu ziehen, ist eine ziemlich anstrengende Angelegenheit.

In Deutschland würde der Bauhof einen Vogel kriegen und ohne Unterlass versuchen, das Weiß mit tonnenweise Salz zu bekämpfen, koste es, was es wolle. Hier wird der Schnee – wo nötig – einfach zusammengeschoben und bleibt ansonsten einfach liegen. Der Verkehr läuft ganz normal weiter. Okay, da gibt es diese drei bis vier Meter hohen Schneeberge, die die Kinder zum Rodeln und die Touristen für einzigartige Selfies nutzen. Und ab und zu sieht man vollbeladene Lkw, die den Schnee aus der Stadt bringen. Falls noch mehr kommt. Vermutlich eine der wenigen Hauptstädte, in denen man Skilangläufern begegnet, die die Gehwege kurzerhand zur Loipe umfunktionieren.

Mich dagegen zieht es dann ans Meer. Ich will sehen, was die klirrende Kälte, die die Stadt seit Tagen umgibt, mit der Ostsee macht. Doch das Wasser scheint verschwunden. Wie Ebbe an der Nordsee. Stattdessen eine dicke Eis- und Schneeschicht. Den Bootshafen haben bereits die Spaziergänger in Beschlag genommen, schlendern um Bojen herum und lassen die Stege links liegen. Ein seltsamer Anblick. Dickes Eis am Ufer, aber nicht überall restlos gefroren. Manche Eisschollen treiben frei und haben sich noch nicht ergeben. Doch der Großteil ist fest erstarrt. Wie ich, wenn ich mich nicht ständig bewege. Sobald die Sonne untergeht, wird es schlagartig noch kälter. Und das passiert bereits am Nachmittag. Aber das will ich noch sehen, bevor ich mir ein lauschigeres Plätzchen suche.

250 Fotos später suche ich Zuflucht in einem Café – was für ein unfassbar angenehmes Gefühl, wenn warme Luft die Wangen und die Nase berührt, langsam eindringt in tiefere Hautschichten und die Lippen wieder Gefühl bekommen. Wenn die Finger aus ihrer Starre zurückkehren und wieder einen Stift halten können. Und denke an den Sommer, wenn das Leben hier pulsiert und die Stadt nicht schläft. Sobald es die Temperaturen zulassen, werden die Straßencafés bevölkert, der Kaffee wird draußen eingenommen,

kleine Marktstände mit Obst und Gemüse und die unzähligen Eisstände gesellen sich dazu. Vor den Kaufhallen kann man durch die Stadtteilmärkte schlendern, und am Wochenende gibt es hier häufig auch Straßenmusiker. Open-Air-Veranstaltungen, Kleinkünstler im Esplanade-Park und Flohmärkte vervollständigen das Bild. Nachtschwärmer können sich bis zum Morgengrauen in den Bars und Musikclubs austoben. Und mir kommt vor, die ganze Stadt ist in Kusslaune. Helsinki liebt seine Menschen und seine Menschen die Stadt. Und so gerate ich ins Träumen von meinem ganz eigenen Traumtag in Helsinki, einem Tag, der die Grenzen der Zeiten aufhebt und Persönlichkeiten der Stadt zusammenführt.

22. GRUND

Weil Helsinki zum Träumen einlädt

Und während ich so vor mich hin träume, ist es immer noch Sommer, und ich nähere mich vom Wasser her der Stadt – bei strahlend blauem Himmel und einer leichten warmen Brise an Deck. Neben mir Carl Gustav Mannerheim und Urho Kekkonen, die beiden alten Staatsmänner, in eine angeregte politische Diskussion vertieft – und ich kann es kaum erwarten, das erste Mal den Dom von Helsinki am Horizont zu erblicken, der stolzen Hauptes erhaben auf die Stadt und die Ostsee schaut.

Im morgendlichen Sonnenlicht glitzert die Stadt mit den Glitzersternchen des Wassers um die Wette. Auf dem Markt direkt am Hafen mit den typisch orangenen Dächern der Stände herrscht bereits reges Treiben, Bauarbeiter sitzen neben Rechtsanwälten und Handwerkern und schlürfen ihren Kaffee in den Open-Air-Cafés, umkreist von kreischenden Möwen, die darauf hoffen, ein paar Brotkrumen stibitzen zu können. Es duftet nach sanftem Mairegen, schäumender Gischt und frisch gebratenen kleinen Fischen.

Mich führt der Weg vorbei an der Havis Amanda, der der Ostsee entstiegenen Jungfrau, die die Stadt Helsinki und ihre Geburt symbolisiert, zum Café Kappeli. Denn hier bin ich verabredet mit dem Komponisten Sibelius. Jean sitzt bereits an einem der runden Erkertische, einen Teller voller Junkies vor sich, und studiert die Helsingin Sanomat. Schnell kommen wir ins Gespräch – wie hier üblich ohne den Umweg des Small Talks zum Warmwerden – und Jean erzählt vom Beginn des Sommers und schwärmt vom Aufblühen der Natur. Und da er zur Melancholie wie zum Prassen neigt, bestellt er sich gleich eine ganze Flasche guten Rotweins und hat überhaupt nichts dagegen, dass ich ihn allein in seinem Lieblingscafé sitzen lasse.

Mit einem Lied auf den Lippen schlendere ich durch den Esplanade-Park. Zu meiner Überraschung sitzen auf den Bänken die Mumins, der tollpatschige Sniff, das Snorkfräulein, die Kleine My im roten Kleid und leise lächelnd Tove Jansson. Sie haben mal wieder aus Meerwasser Himbeersaft gemacht und tollen daraufhin vergnügt-drollig über die grünen Parkflächen und zwischen den Bäumen umher.

An Marimekko und Stockmann vorbei will ich zur Straßenbahnlinie Nr.4, denn sie eignet sich am besten für eine Stadtrundfahrt. Ihre ächzenden und stöhnenden Laute sind mir genauso vertraut wie die schrumpeligen, aber weichen Hände meiner Großmama, und so lasse ich mich gern auf den alten Bänken nieder und das Zentrum mit den alten klassizistischen Gebäuden an mir vorüberziehen. Die gelb-grünen Waggons schlängeln sich vorbei an der Universität und dem Hakaniemi-Markt, dessen Stände von Weitem schon locken mit ihren bunten Auslagen. Und so kann ich nicht anders, hüpfe kurz raus und besorge mir die besten Erdbeeren der Welt: aus Kesälahti. Die erste verursacht mir bereits eine Geschmacksexplosion im Mund – sie schmeckt nach Sommer und frischem Gras und weichem Seewasser und hellen Nächten.

Doch dann zieht es mich weiter, zur Tempelaukkio-Kirche, wo Alvar Aalto schon etwas ungeduldig wartet. Zusammen mit dem vielfach ausgezeichneten Architekten und Designer gehe ich still in die Kirche. Für mich hat sie etwas sehr Archaisches und zugleich höchst Modernes – höchst spannende Gegensätze, die hier vereint scheinen. Alvar erklärt mir die Besonderheiten der Felsenkirche und anschließend noch die wichtigsten Exponate des Design-Museums bei der Arabia-Fabrik.

Warum wir uns nicht in der von ihm entworfenen Finlandia-Halle getroffen haben, frage ich ihn verwundert. Lachend winkt er ab. »Ach, das ist doch alles Schnee von gestern. Lass uns lieber rausgehen in die Natur. Sie ist ohnehin die schönste Formengeberin«, sagt Alvar und zieht mich nach draußen.

Also machen wir uns gemeinsam auf den Weg zum Park Kaivopuisto und plaudern über die finnische Design-Szene. Die Felsen, die wie Walrücken aus dem Boden drücken, sind schön angewärmt von der Sonne – und wir sind nicht die Einzigen, die sich die Felsen für eine geruhsame Mittagspause ausgesucht haben. Wir genießen die warme Mittagssonne, die Natur und die Stille, die selbst hier mitten in der Stadt so easy zu erreichen sind. Nur unsere knurrenden Mägen verhindern, dass wir weiter in der Sonne vor uns hin dösen und einschlafen.

Während Alvar lieber ans Meer runtergeht, das Helsinki von allen Seiten begrüßt und umschließt – denn er will nachher noch mit den Sportlegenden Lasse Viren, Paavo Nurmi und Mika Häkkinen in die Sauna –, beschließe ich, etwas gegen das Magenknurren zu unternehmen.

Die alte Markthalle Kauppahalli ist zum Glück nicht weit, und ihre vielen Spezialitäten lassen einem das Wasser im Mund zusammenlaufen. *Muikkos* vielleicht – kleine gebratene Fische, oder doch *Karjala Piirakka*. Die leckeren Piroggen mit Reis gefüllt machen das Rennen. Für mich schmecken sie nach Sommerferien bei den Großeltern, nach Sauna und nach Holzstegen, von denen aus man in hohem Bogen kreischend in einen gut gekühlten See hüpft. Kaum habe ich den ersten Bissen runtergeschluckt, kommt ein Mann mit ausgeprägtem Schnurrbart, frisch gestärktem weißen Hemd und gestreifter Hose. Als Erstes fällt die erhabene Kopfhaltung und seine jede Kleinigkeit aufsaugenden aufmerksamen Augen auf – ich dagegen traue meinen Augen kaum: Ist das wirklich Akseli Gallen-Kallela, der berühmte finnische Maler? Auch er holt sich Kaffee und setzt sich dann an meinen Tisch. Er käme gerade aus dem Ateneum, wo ich ja unbedingt auch noch hinwill, sind da doch die ganz großen finnischen Maler ausgestellt. Doch statt ihn über seine Illustrationen zum Kalevala-Epos ausfragen zu können, fragt er mich, was ich an einem so herrlichen Tag hier in der dunklen Markthalle mache. »Da muss man tanzen gehen, mein kleines Fräulein!«, meint Akseli. Heute singe Reijo Taipale auf dem Marktplatz am Hafen. Schon stimmt er mit seiner baritonartigen Stimme mutig *Satumaa* – Märchenland – an, den wohl berühmtesten Finnischen Tango, und tanzt mit mir über die Gänge der Markthalle bis nach draußen. Mir schwirrt der Kopf, nicht nur von der Musik in meinen Ohren.

Draußen ist eine Tanzfläche nicht mehr auszumachen – überall wird getanzt. Reijo steht auf einer improvisierten Bühne am Hafen und singt mit voller Inbrunst. Die Menschen bleiben stehen, stellen ihre Einkaufstüten ab, umfassen sich und schwingen sich ein, schlurfen und schweben über das Kopfsteinpflaster, tauchen ein in das herrlich melancholische finnische Tango-Feeling.

Auch auf der Esplanade erklingt Musik und in den Gassen der Fußgängerzone – bis rüber zum Bahnhof. Juha Tapio, Jenni Vartiainen, Tuure Kilpeläinen und Samu Haber jammen und heizen den Passanten gewaltig ein. Die singen fröhlich und lauthals mit und tanzen auf den Gehsteigen, in den Gärten und zwischen den Bäumen im Park. Alt mit Jung – Mütter mit Söhnen – Kinder mit Großvätern. Die Röcke schwingen, die Luft vibriert, das Leben ist leicht. Ganz Helsinki scheint zu tanzen, zu lachen, zu singen und den Sommer zu feiern, von Kamppi bis zum Sanomatalo. Der Sommer in der finnischen Hauptstadt, der nach Softeis und *pulla* schmeckt, nach Dill, Blaubeeren und Birkenrinde riecht, sich leichter und luftiger anfühlt als Seifenblasen. Überall stehen die Türen offen, heißen den Sommer und die Neuankömmlinge in der Hauptstadt willkommen.

Auch die Tür der Corona-Bar steht sperrangelweit offen, die Kneipe des finnischen Kultregisseurs Aki Kaurismäki. Es wundert mich ehrlich gesagt kaum, hier den Schriftsteller, Musiker und Filmemacher M.A. Numminen an der Theke stehen zu sehen. Wo auch sonst?

»Alkohol ist mein letzter und treuester Freund«, murmelt er und umarmt stattdessen leicht schwankend Martti Ahtisaari, den ehemaligen Präsidenten und bisher einzigen Friedensnobelpreisträger Finnlands, der es erwartungsgemäß gelassen hinnimmt mit den Worten: »Du weißt ja, mein Freund: Es gibt keinen Weg zurück.«[17]

Die Mitternachtssonne steht noch immer am Himmel, zieht uns aus der Bar wie an einem Faden und lässt uns blinzeln. Ich erkenne kaum, wer mir da im Vorbeigehen lachend ein paar Fazer-Bonbons in die Hand drückt mit den Worten *»Tervetuloa Helsingissä!«* – »Willkommen in Helsinki«. Die berühmte Sängerin Tarja Turunen ist da aber schon ein paar Meter weiter auf dem Weg in eine Karaoke-Bar. Helsinki in Kusslaune eben – bis zum Morgengrauen, der kein Grauen und kein Grau ist, sondern hell und fröhlich, eine quirlige gut gelaunte Hauptstadt, die gleichzeitig so viel nordische Gelassenheit ausstrahlt, die ihre Gäste willkommen heißt und aus jeder Pore die Botschaft verkündet: Das Leben ist schön! *Elämä on kaunis!* Helsinki. Eine Stadt zum Verlieben.

23. GRUND

Weil Lappland die Seele umarmt

Wenn ich in Lappland bin oder mir nur das Wort ins Hirn kommt, kann ich nicht anders: Dann gerate ich ins Schwärmen und kann nicht umhin: Es ist einfach von märchenhafter Schönheit. Das Alaska Europas. Zauberlandschaften aus Eis und Schnee, Farbenpracht im Herbst und eine Explosion der Natur im kurzen Sommer. Tiere, die es bei uns nicht gibt, und eine Stille, die man bei uns vergeblich sucht. Menschen, die einen anderen Groove und eine engere, intimere Beziehung zur Natur haben. Wie ich es auch dreh und wende, immer klingt es wie aus einem Hochglanz-Reiseprospekt.

3.000 Kilometer von zu Hause werde ich reinkatapultiert in eine Welt nördlich des Polarkreises, die 200 Tage im Jahr Schnee vor der Haustür hat. Eine Welt, in der 75 Tage im Jahr die Sonne nicht untergeht; die 300 Worte für Schnee kennt.

Kinos lerne ich bei meiner Ankunft in Kittilä. Ein altes finnisches Wort. So eine Art Schneewehe. Davon gibt es unzählige. In allen Varianten. Denn der Wind bläst ununterbrochen an diesem Tag. Mit ungezählten Stundenkilometern fegt der Wind über den schnee- und eisbedeckten See. Treibt winzig kleine Schneekristalle vor sich her. Himmel und Erde lassen sich farblich kaum unterscheiden. Es beißt im Gesicht, pikt in den Augen.

Den Weg vom Flugzeug zum Ankunftsterminal bewältigt man zu Fuß. Sind ja nur ein paar Dutzend Meter. Reicht aber, dass einem das Innere der Nase augenblicklich zufriert. Bei allen parkenden Autos am Flughafen läuft der Motor. Angst, dass sie sonst vielleicht nicht mehr anspringen? Schließlich haben wir zweistellige Minusgrade. Der Schnee knirscht laut unter den Schuhen. Alles wirkt wie tiefgefroren. Und auch, als wäre die Zeit gleich mit eingefroren. Als ob sie still steht. Oder sich zumindest langsamer bewegt. Plötzlich ist für alles Zeit. Viel mehr Zeit. Und in dieser Ruhe, in dieser Stille sortieren sich die Gedanken neu. Als wären sie durch den Frost klarer geworden. Abgeschliffen bis zum eigentlichen Ursprung.

Ich versuche anzukommen – in einem Land, das so viel härteren klimatischen Bedingungen ausgesetzt ist. Ankommen in einer Gemeinschaft, die einen ganz anderen Rhythmus hat als wir. Ankommen in einer Umgebung, die auf den ersten Blick reizarm erscheinen mag und doch so facettenreich und einmalig ist. Deren Schönheit sich manchmal erst auf den zweiten Blick erschließt.

»Das Schönste an Lappland sind der reine, weiße Schnee, die saubere Luft und natürlich die Rentiere«, findet Johanna, die hier geboren ist.

Am nächsten Morgen treibt es mich vor dem Frühstück nach draußen. Diese dick verschneiten Bäume, die Hunderte Kilo Eis und Schnee auf ihren dünnen Ästen tragen und mein Kopfkino anspringen lassen, weil sie manchmal aussehen wie Waldgeister oder verbogene Riesen mit einem Rucksack huckepack oder wie Figuren aus einem Märchenbuch. Ich komme mir vor wie Alice im finnischen Wunderland.

Und wie ich so dastehe, zwischendurch Fotos mache und alles in mich aufsauge, kommt ein mir Fremder vorbei, bleibt stehen und sagt erst mal nichts. Schaut einfach. Dann lediglich zwei Worte: »Schöner Morgen.« – »Ja, in der Tat,« entgegne ich. Und dann geht er weiter. Ohne sich zu verschieden. Ohne überflüssigen Small Talk. Alles gesagt. Ja, in der Tat: Schöner Morgen.

Die Sonne ist noch nicht zu sehen, aber es ist schon einigermaßen hell, denn der Schnee reflektiert jedes bisschen Licht. Die Kälte ist unausweichlich. Unerbittlich. Unentrinnbar. Aber man kann sich dagegen wappnen, weil sie trocken ist und daher nicht in jeden Zentimeter des Körpers vordringen kann. Gesicht und Hände durch Kältecreme geschützt. Auf der Suche nach neuen Motiven für die Kamera. Da muss ich nicht lange suchen, denn alle paar Meter bietet sich ein neues Objekt. Dick verschneite Bäume. Äste, die sich der Schneelast beugen und tief nach unten biegen. Schneewehen, die immer neue Formen und Figuren in die Landschaft zaubern. Ich komme kaum vom Fleck, weil ich immer wieder Neues entdecke. Diese Landschaft ist zusammen mit der unfassbar klaren, kalten und reinen Luft wie ein Gedicht. So ist man gern bereit, die atemraubende Kälte zu verzeihen.

Die Stille hören, genießen, aufsaugen. Eine Stille, die einen inneren Klang erzeugt. Eine Stille, in der man meint, zuschauen oder zuhören zu können, wie die Minuten und Stunden ganz gemächlich Stück für Stück in den Ozean der Ewigkeit tropfen. Wie aus Tausenden kleinen Tropfen, die sich zusammentun, eine Welle entsteht, sacht am Ufer anklopft, vergeht und neu entsteht. Eine unendliche Wiederkehr des Gleichen. Stille ist die größte Offenbarung, hat Laotse gesagt. Und in Lappland versteht man warum. Stille ist hier weit mehr als die bloße Abwesenheit von Lärm.

Stille und Einsamkeit – in dieser über weite Strecken menschenleeren Wildnis. Eine seltsam positive Einsamkeit, die man nicht nur aushält, sondern schätzen lernt und dann ganz bewusst sucht. Die einzigartige Landschaft berührt einen, macht was mit einem. Es ist überhaupt nicht eintönig, es ist auch nicht die Abwesenheit von etwas, sondern eher die Präsenz von allem, die Präsenz aller Sinne in diesem einen Augenblick. »Wenn die Sinne zusammenkommen, erscheint die Seele«, hat der argentinische Schriftsteller Bioy Casares gesagt. So fühlt es sich an. In dieser Landschaft findet man eine Einsamkeit, in der man ganz in sich hineinlauschen kann. Es ist ein Gefühl, als ob die Seele anfangen würde, vor Freude zu schwingen. Und als Geschenk erhält man einen inneren Gleichklang. Andere nennen es die Lapplandkrankheit, die als unheilbar gilt. Sie befällt einen regelmäßig im Herbst. So eine wachsende Unruhe, oft in Schüben kommend, die häufig zu ganz unüberlegten Reaktionen führt: etwa, dass man Hals über Kopf einen Flieger bucht und erst wieder ruhiger wird, wenn einem die eiskalte Luft den Atem verschlägt.

24. GRUND

Weil Åland anders ist

Wenn man nach Åland kommt, ist das, als ob man eine andere Welt betritt. Åland, das ist nicht nur Meer, nicht nur Fels, nicht nur Natur, nicht nur klare Luft, das ist alles zusammen. Eine Inselgruppe in der Ostsee, bei der sich die Inseln aneinanderreihen wie Perlen auf einer Kette. Åland, das ist Langsamkeit und Entschleunigen.

Åland ist finnisch und doch nicht finnisch. Eben einfach anders. Schon der Name ist Programm. Eine Provinz, die mit dem schwedischen å beginnt. Auf finnisch: Ahvenanmaa. Der finnische Archipel vor der Südwestküste ist während der Eiszeit entstanden, über 90 Prozent des 500 Quadratkilometer großen Archipels liegen unter Wasser. Ich habe die Inseln erkundet, zu Fuß, mit dem Fahrrad, mit dem Bus. Bin hin und weg von diesem Superlativ: der größte Archipel der Welt.

Åland ist ein kleines Paradies, ein Schatzkästchen, das die Piraten der Weltmeere vergessen haben mitzunehmen, einzunehmen, auszurauben. Gut so!

Der Schärengarten vor Turkus und Helsinkis Küste ist einzigartig. Eine Art unentdecktes Juwel. Einzigartig auf jeden Fall. 6.700 Inseln tummeln sich da in der Ostsee. Mal so groß, dass ganze Städte drauf passen, mal so winzig, dass nur eine Holzhütte Platz hat. Ein Inselreich, vom Meer abgeschottet, lange Zeit abgeriegelt von Einflüssen von außen. Gleichzeitig mit rund 1.900 Sonnenstunden eine der sonnenreichsten Gegenden innerhalb der nordischen Länder. Übernachten kann man auch sehr kurzfristig in den vielen Bed-&-Breakfast-Pensionen, die es auf jeder Insel gibt. Egal, welches Transportmittel man auch wählt, man wird betört von dieser unglaublich schönen, faszinierenden, atemberaubenden Landschaft in Südfinnland. Mir geht bei diesem Anblick das Herz ganz weit auf, und die Seele atmet durch und die frische Meeresbrise ein.

Åland ist wie gesagt anders, genießt zahlreiche Sonderrechte aufgrund seiner Geschichte: hat eine eigene Fahne, eigene Nummernschilder, eigene Briefmarken, eigene Rechte, eine eigene Amtssprache, eigene Banken, eine eigene Verwaltung. Ein eigener kleiner Staat im Staat. Auch die Åländer selbst sind anders: Sie sind eigen, manchmal eigensinnig, unabhängig, stolz auf ihre Sonderposition.

Sie sind seit jeher eng mit dem Meer verbunden. Und mehr schwedisch als finnisch.

700 Jahre standen sie unter schwedischer Herrschaft. Historisches Zeugnis ist das Schloss Kastelholm aus dem 14. Jahrhundert, das früher dem schwedischen Königshaus unter anderem als Jagdschloss diente.

Doch auch wenn sie unter schwedischer und später russischer Herrschaft gelebt haben, nichts hat sie so sehr geprägt wie die Nähe zum Meer – eine maritime Gesellschaft. »Das Meer gibt, und das Meer nimmt, und nichts ist umsonst«, sagt Hanna Hagmark-Cooper, Chefin des Seefahrtsmuseum von Åland, und trifft damit die åländische Einstellung zum Meer.

Kommt man mit der Fähre von Turku, Helsinki oder Stockholm nach Mariehamn, der Hauptstadt, fallen sofort die roten Straßen, roten Gehwege und roten Häuser auf. Die Farbe stammt von den roten Granitfelsen der Insel. Die moderneren Häuser sind natürlich mittlerweile auch gelb oder blau, aber die Bootshäuser an der Küste sind nach wie vor alle rot, mit Ausnahme derer, die lange nicht gestrichen wurden.

Das Zweite, was sofort auffällt: Alle Straßenschilder sind ausnahmslos auf Schwedisch. Zweisprachigkeit: Fehlanzeige. Die Åländer sind zwar vom Pass her Finnen, sprechen aber schwedisch und sind in der schwedischen Kultur stärker verwurzelt.

Eine weitere Besonderheit: Åland ist demilitarisierte Zone. Es darf nicht militärisch befestigt werden, Soldaten werden nicht geduldet. Die Grundlage dafür wurde schon während des Krimkrieges 1856 gelegt, als das russische Zarenreich eine große Festung auf Åland baute, die schließlich von englischen und französischen Truppen angegriffen und eingenommen wurde. Im Pariser Frieden wurde Åland dann demilitarisiert, und der Völkerbund hat das 1921 noch mal bestätigt. Somit entfällt auch der Wehrdienst. Stattdessen können junge Åländer Lotsen-, Leuchtfeuer- oder Zivildienst machen.

Viele der Sonderrechte, die Finnland den Åländern zugesprochen hat, widersprechen eigentlich den europäischen Rechten, doch auch hier hat man durch geschicktes Verhandeln und Sonderverträgen hinbekommen, dass Åland innerhalb der Europäischen Union seine Sonderrolle, seine Eigenständigkeit leben darf.

Auf Åland muss man immer nur wenige Schritte gehen, egal in welche Himmelsrichtung, und man ist gleich am Meer.

Alte stolze Segelschiffe im Hafen von Åland zeugen von einer langen Seemannsgeschichte. Man meint die knorrigen alten Planken der uralten Segelschiffe leise knarren zu hören. Das Meer ist ein ständiger Begleiter mit seinem Rauschen, die Wellen sanft ans Ufer schlagend und sich dort brechend – die Zweige, die unter den Füßen leise knacken – der ultraweiche Waldboden, in den man zentimetertief einsinkt. Und häufig keine Menschenseele weit und breit. Rote Felsen, die sich in sanften Erhebungen bis zur Küste ziehen – knorrige Fichten, die seit vielen vielen Jahren Wind und Wetter trotzen – kleine Flechten und Moose, die tapfer zwischen und auf den Felsen wachsen – und überall dazwischen große Felssteine, die keinem Muster folgend durcheinandergewürfelt daliegen und einem wieder und wieder das Laufen erschweren, weil man um sie herum oder über sie drüber steigen muss. Dafür wird man jedoch mit einem ständig wechselnden Ausblick belohnt.

Man kommt sich hier manchmal vor, als sei man zwischen die Seiten eines Märchenbuches gepurzelt. Und es würde mich nicht wundern, wenn in den kleinen Wäldchen zwischen den Ufern auch kleine Kobolde wohnen, die natürlich nicht gesehen werden wollen. Oder Schiffsgnome, Wassergeister oder Meerestrolle.

Schon nach nur einem Tag habe ich mich dem gemächlicheren Rhythmus der Åländer angepasst. Und man kann sich des Eindrucks nicht erwehren, dass sie sich hier in der Hauptstadt das Leben so angenehm wie möglich machen möchten. Läden öffnen erst um zehn Uhr morgens, manche schließen aber bereits um 16 Uhr wieder. Fahrradverleih, Tourist Information und andere

Serviceeinrichtungen für Gäste sind ausgerechnet am Wochenende geschlossen, zumindest in der Nachsaison. Es gibt Hotels, die dagegen nur am Wochenende offen haben, dafür schließen aber viele Restaurants bereits um 21 Uhr. Warum dann aber der Briefkasten viermal am Tag geleert wird, das habe ich nicht rausgefunden.

Der Busfahrplan dagegen kommt einem Geheimcode gleich. Den zu entschlüsseln, braucht es schon ein paar James-Bond-Filme. Belohnt wird man dafür mit gratis WLAN im Bus. Und der transportiert einen durch die malerische Landschaft, vorbei an lieblichen Apfelplantagen und rot gestrichenen Holzhäusern, als seien sie gedankenversunken in der Landschaft verstreut worden. Kleine Bauernhöfe, die mich an Astrid-Lindgren-Bücher erinnern, mit kleiner Veranda und weiß getünchten Fenstern.

Im Herbst wird hier groß Erntefest gefeiert. Die Höfe öffnen dann ihre Pforten, Kinder können die Schafe streicheln, und die regionalen Produkte können gleich vor Ort besichtigt und gekostet werden. Ergänzt wird das Erntefest durch einen Markt in der Hauptstadt Mariehamn – und gleich neben dem Rathaus gibt es Aerobic zum Mitmachen. Ich gehe aber lieber die Spezialität probieren: Ålands *pannkaka*: ein mehrere Zentimeter dicker Eierpfannkuchen mit Kardamom, viel Beerensoße dazu und noch viel mehr Sahne. Zum Reinlegen!

25. GRUND

Weil sie nicht nur Luftgitarre spielen

Sie ist die Hauptstadt der Luftgitarren-WM: Oulu. Damit wurde sie weit über die Grenzen hinaus bekannt. (Siehe auch: Weil sie Könige der Fantasie sind) Zugleich auch die heimliche Hauptstadt Nordfinnlands, Universitätsstadt und Silikon Valley Finnlands. Hier werden neue Technologien entwickelt, Nokia forscht hier, viele Start-up-Unternehmen haben sich hier angesiedelt, die sich mit Hightech-Entwicklung beschäftigen.

Für mich auch behaftet mit schönen Kindheitserinnerungen bei den Großeltern. Heute immer noch Anziehungspunkt, um Verwandte wiederzusehen. Ähnlich wie Baden-Württemberg macht auch Oulu seine vermeintliche Schwäche zum Slogan. Statt »Wir können alles – außer Hochdeutsch« heißt es in Oulu: »*Ookko nää ... Oulusta?*« Das ist Slang und bedeutet so viel wie »Bist du ... aus Oulu?« Neckische Bemerkungen über den Dialekt werden so zum Markenzeichen.

Oulu is a state of mind, ein Geisteszustand, eine Grundeinstellung, eine Idee. Denn die Region versteht sich als Pionier im Bereich Telekommunikation und Internet-Technologie. Wenn ich am Flughafen in Oulu ankomme, der einen mit Birkenpostern an den Wänden begrüßt, bin ich schon mal dankbar, dass dieser Flughafen mit seiner überschaubaren Größe auf Menschen mit schlechtem Orientierungssinn Rücksicht nimmt. Die Dynamik und Innovationsfreude der 190.000-Einwohner-Stadt spürt man schon beim Reinfahren in die Stadt. Bauarbeiten und viele neue moderne, funktionale Bürogebäude zeugen von einer regelrechten Aufbruchstimmung.

Und das Meer ist nah. Die viertgrößte Stadt des Landes liegt am Bottnischen Meerbusen, rund 200 Kilometer südlich des Polarkreises. Im Sommer gibt es eine Fähre zur Sanddüneninsel Hailuoto, im Winter kann man mit dem Auto über die zugefrorene Ostsee rüberfahren, wenn meist Mitte Januar die Eisstraße freigegeben wird.

Oulu ist auch die fahrradfreundlichste Stadt Finnlands mit dem am besten ausgebauten Radwegenetz und enorm vielen Fahrrad-Stellplätzen, was die überproportional vielen Radler offenbar dazu bewegt, selbstverständlich auch den ganzen Winter hindurch mit dem Fahrrad zu fahren.

Einer meiner Lieblingsplätze ist der Marktplatz direkt am Hafen gelegen. Rechter Hand gleich Bibliothek und Theater an den zentralen Punkten direkt am Wasser. Eine Fußgänger- und Fahrradbrücke führt von da aus direkt zur kleinen vorgelagerten Insel Pikisaari. Hier kann man wunderbar spazieren gehen am Ufer und zwischen all den wirklich alten Holzhäusern, in denen heute viele Künstler leben und arbeiten.

Ein paar jahrhundertealte Häuser hat man auch andernorts vorm Abriss gerettet und auf dem Marktplatz aufgestellt. Sie begrüßen nun die einfahrenden Boote und beherbergen unter anderem kleine Design- und Schmuckläden. Aber auch das süße Pannukakkutalo – das Pfannkuchenhaus. Da gibt es unzählige süße und würzige Varianten, die man unbedingt probiert haben sollte. Man sollte nur nicht den Fehler begehen so wie ich und auf die Bedienung warten. Die Bestellung gibt man selber an der Theke auf und bekommt das Gericht dann an den Tisch serviert. Wasser steht wie überall in finnischen Restaurants zur freien Entnahme bereit.

Wenn ich in Oulu bin, streife ich gerne durch die gemütliche Innenstadt mit vielen Geschäften, Cafés und Bars, aber auch tollen Handarbeitsläden. Mache eine Stippvisite im Lesesaal der Bibliothek und blättere in einer der zahlreichen deutschen Zeitungen und Magazine, die dort ausliegen. Am Abend lockt mich der Sonnenuntergang zum Nallikari-Strand, wo sich auch ein futuristisch anmutender Aussichtsturm findet, Majakka genannt. Da dauert es dann meist länger als geplant. Auch wenn man schon 100 Fotos im Kasten hat und meint, die schönsten Augenblicke seien nun festgehalten, da die Sonne hinter dem Horizont verschwunden ist, macht einem der Himmel noch einmal einen dicken Strich durch die Rechnung. Dann zeigt er noch mal, was er draufhat, und bezaubert durch ein faszinierendes Farbspektakel. Und wenn der Wind lustig ist, dann kommen noch interessante Wolkenspiele dazu. Nichts gibts gratis, außer den Nordwind, sagt ein finnisches Sprichwort. Und meine klammen Finger wissen, wovon ich spreche. Auf dem Rückweg entdecke ich im Augenwinkel Bauarbeiter, die offenbar das Strandcafé renovieren, und ich denke mir, oje, die

Armen, müssen so spät noch arbeiten. Schwarzarbeit kann es kaum sein, dafür sind die Finnen viel zu ehrlich. Bis mir einfällt, wir haben Dezember, und der Sonnenuntergang war kurz nach 14 Uhr.

Insgesamt ist Oulu eine unglaublich entspannte Stadt, die im Sommer zahlreiche Freizeitmöglichkeiten für die ganze Familie bietet, vom berühmten Nallikari-Strand mit Campingmöglichkeiten über Wandern auf den zahlreichen Outdoor-Routen bis hin zu Golf oder Frisbeegolf in den Parks.

Wer auf mehr Geschwindigkeit steht, kann sich im OuluZone-Center bei Rallyecross, Motocross und Carting austoben. (Warum die Finnen Benzin im Blut haben, erfährst du im Grund 65.)

Natürlich lockt die Luftgitarren-WM Tausende Besucher jeden August in die Stadt, aber auch sonst gibt es kleinere und größere Musikfestivals und *lavatanssit*, die Sommertanzböden. Das Touristbüro gibt gerne Auskunft und findet sich ganz in der Nähe des Marktplatzes und heißt Oulu 10, weil es an der Torikatu 10 liegt, erinnert aber irgendwie an Downing Street 10, den Amtssitz des britischen Premierministers. Und es würde mich nicht wundern, wenn das irgendein interner finnischer Witz wäre.

Aber auch im Winter ist Oulu reizvoll. Museen und Galerien bieten – wie übrigens im ganzen Land – regelmäßig freien Eintritt an einem Wochentag im Monat, um allen den Zugang zur Kunst zu ermöglichen. Auch das Tietomaa ist im Winter ein beliebtes Ausflugsziel. Das erste Wissenschaftszentrum des Landes. Gut erkennbar durch sein Wahrzeichen, einen Turm der alten Lederfabrik Åström aus dem 19. Jahrhundert. Mit einem Panoramaaufzug kann man da ganz nach oben fahren und hat einen atemberaubenden Blick über die ganze Stadt.

Weil die Dunkelheit dann schon sehr früh über die Stadt hereinbricht, hat man sich das Valoa-Oulu-Festival ausgedacht. An einem Wochenende im Herbst werden viele Gebäude kreativ von innen und außen beleuchtet, erstrahlen sozusagen im neuen Glanz und erhellen die dunkle Stadt. Parallel dazu gibt es Vorträge, Licht-In-

Wahrzeichen der Hauptstadt:
der Dom von Helsinki

Rentierschlitten-Ausfahrt in Ylläs, Lappland

Huskyschlitten-Ausfahrt in Enontekiö, Lappland

Der gar nicht so dunkle Winter in Lappland

Insel vor Helsinki

Auf der Insel Hailuoto bei Oulu

Abendstimmung in Inari

Sonnenuntergang in Helsinki

Polarlichter – in Finnland *Revontulet* genannt

Samen in ihrer traditionellen Tracht auf der Rentierfarm

Detail im Eishotel Lainio Snow Village, Ylläs

Polarlicht

Lichte Birkenwälder wie hier prägen das Bild im ganzen Land

Die Kapelle der Stille mitten in Helsinki

Skulptur »Drei Schmiede« von Bildhauer Felix Nylund in Helsinki

Zellstoff- und Papierfabrik, Oulu

Heimische Preiselbeeren und Blaubeeren auf dem Markt

In der Alten Markthalle (*vanha kauppahalli*) in Helsinki

Arabia Museum in Helsinki

Finnen lieben ihre Bäume – hier: Turku!

Laskiais-Pulla mit Marzipansahne – Spezialität zur Fastenzeit

Rentier

Sonnenaufgang am Ylläsjärvi, Ylläs, Lappland

stallationen in den Straßen und Parks, Veranstaltungen, Mitmach-Aktionen und Freiluft-Events wie Feuerkünstler und die Guerilla-Lighting. Das habe ich mir nicht entgehen lassen.

20, 30 oder 40 Leute, unterm Arm einen Scheinwerfer geklemmt, hechten im Pulk durch die nächtliche Stadt. Im Schlepptau Fotografen, die versuchen, Schritt zu halten. Plötzlich Kommandos übers Megafon. Der Tross bleibt stehen, die Guerilleros suchen sich ihre Plätze, die Fotografen die besten Aussichtspunkte. Man weiß noch nicht, was passieren wird. Es dauert ein paar Minuten, bis alles passt. Die Spannung ist auf ihrem Höhepunkt. Auf Kommando gehen alle Lichter an. Ein Raunen und lautes Staunen durchzieht die Riege der eifrigen Fotografen, die jetzt klicken, was das Zeug hält. Denn plötzlich ist ein Gebäude, das zuvor im nächtlichen Schwarz unterging, fast unsichtbar war, in Weiß, Gelb oder Blau erleuchtet. Fassaden gewinnen an Konturen, Fenster leuchten, Treppen werden sichtbar. Der Erfinder Martin ist dafür eigens aus Großbritannien angereist. Und so ziehen wir gemeinsam durch die Stadt … und jedes Mal ein großes AAAAAHHHHH, wenn das Licht angeht! Coole Aktion! Hat Spaß gemacht! Und danach gibts für alle heißen Saft!

Ganz festlich geht es im November im Zentrum zu. Feierlich wird die Weihnachtssaison offiziell eröffnet. Die Fußgängerzone ist voller Menschen, groß und klein, und sie feiern und beklatschen das offizielle Einschalten der Weihnachtsbeleuchtung in der Innenstadt (nicht laut, weil alle Handschuhe tragen). Das lässt sich auch der *Joulupukki* (Weihnachtsmann) nicht entgehen! Er kommt mit seinem Schlitten angefahren und singt und plaudert anschließend mit den Kindern auf der Bühne. Dazu gehören traditionsgemäß auch *Tiernapojat*. Die finnischen »Sternsänger« sind eng mit der Stadt Oulu verbunden. Sie trägt jedes Jahr einen Wettbewerb aus, bei dem die vier besten Sänger und Darsteller ermittelt werden: König Herodes, der König der Mohren (*murjaanien kuningas*), *Knihti*, der Knecht, und *Mänkki*, der Sternträger. Der Brauch der

Sternsinger (das Wort *tierna* stammt vom schwedischen *stjärnä* = Stern) kam schon im Mittelalter von Schweden nach Finnland.

Die Melodie des Dreikönigspieles von *Tiernapojat* kennt in Finnland jedes Kind. Die Melodie klingt für mich nach Oulu. Ansonsten ist Oulu für mich immer noch: O-ma und Opa, u-rgemütlich, l-uftgitarren-WM, u-nvergesslich.

26. GRUND

Weil Karelien einen ganz eigenen Zauber hat

Für manche ist es der Schmelzpunkt zwischen Ost und West, für andere der Ort, an dem die Traditionen weiterleben und gelebt werden, und für wieder andere der Platz, an dem die Runen des Nationalepos *Kaleva* entstanden sind und bis heute inspirieren.

Nordkarelien, das ist auch der Berg Koli und der See Pielinen. Finnische Nationallandschaft. Pohjois-Karjala hat seinen ganz eigenen Zauber. Karelien, das sagenumwobene Grenzland zwischen Finnland und Russland. Obgleich im rauen Norden gelegen, gehört es zu den ältesten Kulturlandschaften auf dem Kontinent und hat eine bewegte Geschichte.

Der Pielinen-See gehört zu den größten Seen Finnlands – und doch ist er so still. Ganz still. Nur ab und zu ein »blubb« von einem Fisch. Sonst nix. Gar nichts. Er liegt, nein, er ist einfach nur da. Fast 900 Quadratkilometer groß, mit rund 2.000 Inseln. Unfassbar fürs menschliche Auge. Ebenso wie diese unendlichen Wälder – weit und unberührt. Ruhe und Einsamkeit findet man hier fast nebenbei.

Es ist verständlich, dass die Leute hierzulande ihre Landschaft lieben, schreibt Bertolt Brecht, der 1940 in Finnland im Exil war, in *Finnische Landschaft*. »Sie ist so sehr reich und Großes gemischt. Die fischreichen Gewässer und schönbäumigen Wälder mit ihrem Beeren- und Birkengeruch. Die ungeheuren Sommer, über Nacht einbrechend nach unendlichen Wintern (...) Geruch und Ton und Bild und Sinn verschwimmt.« Genauso ergeht es mir auch: Die Geräusche, Gerüche, die Eindrücke, alles wird eins, verschmilzt zu einem großen Ganzen. Und ich irgendwie mit. Wenn ich längere Zeit am See sitze, habe ich das Gefühl, ich versinke zunehmend in dem Meer von Eindrücken und werde nicht mehr gesehen und nicht mehr gefunden. Und wie immer ist das Ganze mehr als die Summe seiner Teile.

Das ursprüngliche Karelien ist heute geteilt: in einen finnischen und einen russischen Teil. Die Linie zwischen Ost und West wurde in vielen Kriegen immer neu formuliert.

Karelien ist auch mystisch und mythisch für die Finnen: Es ist das Land der uralten Gesänge der »Kalevala«, das Nationalepos der Finnen.

Der karelische Tourismusverband beschreibt es so: »Karelien ist ein Land, in dem der Mensch die Natur und die Kräfte der Natur respektiert. Für ihn bedeutet die Natur eine Quelle der Lebensfreude und der Lebenskraft. Wenn Sie in der karelischen Wildmark wandern, sind Sie eins mit der Natur. Die Natur diktiert die Bedingungen, der Mensch muss sich fügen, wie es einst war. In Karelien sind Sie im Land der Abenteuer.«

Mein Abenteuer besteht derzeit darin, der einzige Gast des Hotels zu sein, das sechs Kilometer von der Hauptstraße entfernt liegt, mitten im Wald, nur über eine Schotterstraße erreichbar, dafür aber sehr nah am Pielinen. Das hat den großen Vorteil, dass man sich morgens am Frühstücksbuffet nicht anstellen muss und die Sauna am Abend ganz sicher ganz für sich allein hat. Und im Moment bin ich überhaupt die Einzige hier. Der einzige Bedienstete, der Portier, Koch und Saunaheizer in einem ist, ist vor Stunden gegangen. Seit Ewigkeiten höre ich gar keine Geräusche mehr von außen, meine eigenen wirken dadurch nur noch lauter.

Jeden Morgen zieht es mich an diesen See – mit seinen Uferlandschaften, angrenzenden Wäldern und unzähligen Inseln ein

Stück ursprüngliches, ja fast archetypisches Finnland. Immer wieder muss ich anhalten, immer neue Ausblicke fesseln mich. Der Pielinen ist von allen Seiten ein wunderbares Schauspiel.

Doch vom See jetzt mal in die »Berge«! Kein Wunder, dass diese Landschaft als finnische Nationallandschaft bezeichnet wird. Auch wegen des Koli-Höhenzuges. Er ist 200 Millionen Jahre alt, als Verwerfung kollidierender Kontinentalplatten entstanden. Ein Relikt der uralten Bergkette der Kareliden. Der Koli besteht großteils aus weißem Quarzit, einem Überbleibsel der früheren Eiszeitgletscher, und erhebt sich 347 Meter über dem Meer und 253 Meter über den Pielinen.

In grauer Vorzeit war der Berg Sitz mächtiger Gottheiten, kultischer Ort, heilige Opferstätte. So heißen die Gipfel Ukkokoli (nach dem heidnischen Gott Ukko) und Akkakoli (nach Ukkos Gattin Akka). Um den Berg ranken sich Geschichten, Mythen und Sagen. Viele Künstler und Intellektuelle nutzten und nutzen ihn als Kraftquelle und Inspiration: angefangen vom Komponisten Jean Sibelius bis hin zum Maler Eero Järnefelt.

Vier Stunden wandere ich durch diese Wälder des Koli – kleine Wege führen durch die Hänge, auf und ab, mal durch mooriges Gebiet, mal durch felsiges, mal waldiges.

Und in der Tat: was für ein magischer Ort, mystisch, geheimnisvoll. Ich sehe Augen, Gesichter, Fratzen. Höhlen, Gänge, Wege. Seltsame Gestalten. Ich bin mir sicher, dass hier Kobolde, Elben und Elfen leben. Beeindruckend und inspirierend zugleich. Aber ich sehe auch Leben und Tod. Vergänglichkeit und Erlösung. Fruchtbarkeit, Wachsen und ständige Veränderung. Endlich am Gipfel: Ich stehe auf diesen gigantischen Felsen, und vor mir liegt der Pielinen. In seiner ganzen Pracht und Schönheit. Genau in dem Moment beginnt es zu regnen. Es kümmert mich nicht. Auch diese Stimmung hat ihren Reiz. Das Bilderbuchwetter gibt es ja auf jeder Postkarte zu kaufen.

Weil man die Bärenrunde drehen kann

Finnland legt großen Wert darauf, die Natur zu schützen und zu bewahren. Als Beleg dafür gibt es fast 40 Nationalparks, einige davon von der UNESCO als Biosphärenreservat ausgezeichnet. (Deutschland hat 16). Umfangreiche Naturschutzgebiete, die die biologische Vielfalt erhalten sollen und für jeden zugänglich sind. Über 8.150 Quadratkilometer Fläche sind als Nationalparks ausgewiesen, was rund 2,5 Prozent der Gesamtfläche Finnlands ausmacht. (Vgl: Deutschland 0,6 Prozent)[18]

Nationalparks sind geschützte Gebiete für die wertvollsten Landschaftsformen des Landes. Dazu gehören das Schärenmeer, Fjells oberhalb der Nadelwaldgrenze, aber auch Torfmoore, Wasserfälle, Flüsse und Wälder. Manche dieser Parks sind fast 3.000 Quadratkilometer groß und erlauben mehrtägige Trekking-Abenteuer durch die Wildnis.

Das Jedermannsrecht ist hier eingeschränkt, Zelten und Feuermachen ist nur an dafür vorgesehenen Stellen erlaubt, und in manchen Regionen sollte man die markierten Wege nicht verlassen. Was gerade in Moorgebieten auch durchaus Sinn macht. Dafür kann man aber andernorts klettern oder schneeschuhwandern. Zudem gibt es Hütten, die man mieten kann, oder ganz einfache Schutzhütten, *laavu* genannt, in denen man eine Pause einlegen, aber auch übernachten darf.

Der Repovesi-Nationalpark mit den steilen Olhava-Felsen ist ein Mekka für Kletterer, im Syöte-Nationalpark kommen Mountainbiker voll auf ihre Kosten, denn hier gibt es extra markierte Pfade für Fahrradbegeisterte, während als einziger der Pyhä-Luosto-Nationalpark das Fahren mit Motorschlitten auf einer offiziellen Strecke erlaubt. Im Urho-Kekkonen-Nationalpark kann man die nordische Wildnis auch abseits der ausgeschilderten Wege auf eigene Faust erkunden und einen guten Einblick erhalten in die jahrtausendealte Kultur der Samen, der indigenen Bevölkerung. Bis ins 16. Jahrhundert lebten hier halbnomadische Samen und das inzwischen ausgestorbene Waldren. Die Fallgruben, die sich die Sami für die Jagd ausgedacht hatten, können hier heute noch besichtigt werden. Wildwasser-Rafting kann man auf den Stromschnellen im Oulanka-Park testen. Er liegt im Nordosten Finnlands und ist berühmt für seine Bärenrunde (Karhunkierros). Das macht mich neugierig. Wie bitte? 95 Kilometer? Da nehm ich lieber die kleine Bärenrunde mit »nur« zwölf Kilometern.

Der Park ist 270 Quadratkilometer groß und grenzt im Osten direkt an Russland. Er entführt in eine längst vergangene Zeit, als die sich zurückziehenden Gletscher eine einzigartige Landschaft schufen. Die Vielfalt an Pflanzen ist ungewöhnlich: Farne, seltene Orchideen, Moose und Flechten überziehen die zurückgelassenen Findlinge.

Der Nationalpark ist gut besucht am Wochenende – auch oder gerade jetzt, wo sich die Blätter färben. Eine Gruppe mittelalterlicher Herren geht an mir vorbei – und zieht eine Alkoholfahne hinter sich her, die man meterweit riecht. Ich wette, die Rucksäcke sind voller Bier. Und tatsächlich: Beim nächsten Rastplatz kommen lauter Dosen zum Vorschein! Wandern hat hier offenbar noch ganz andere, mir bislang unbekannte Vorzeichen und Motive! Einige Kilometer und ungezählte wunderbare Ausblicke später sitzt eine Familie am Lagerfeuer und macht Picknick auf finnische Art: Würste auf Stecken, Käsebrote aus Vorratsdosen, Kaffee aus Thermosbechern. Dazu gesellen sich rund ein Dutzend Unglückshäher mit den typisch rötlich gefärbten Schwanz- und Flügelfedern, die in Finnland jedoch kein Bote des Unglücks sind, sondern als Freund des Jägers bezeichnet werden. Leibhaftig und sehr wendig jagen sie um das Feuer herum und finden jeden noch so versteckten Brotkrümel.

Hauptattraktion des Nationalparks sind zweifellos die Stromschnellen: Zwischen schmalen Felswänden aus Quarzit und Dolomit stürzt der sonst ruhige Oulanjoki 14 Meter tief, auf insgesamt 600 Metern Länge, und tost in meinen Ohren, die sich schon fast an die sonst vorherrschende Stille gewöhnt hatten. Noch lange ist das Rauschen zu vernehmen. Man muss schon sehr weit laufen, um es nicht mehr wahrzunehmen.

Der Geruch nach Fichten, Moosen, Heide und Flechten ist so intensiv, dass es einen fast umhaut. Jedes Fichtenbadeextraktzeugs wirkt dazu im Vergleich lächerlich.

Über 120 verschiedene Vogelarten sollen in dem Oulanka-Park zu Hause sein. Und 30 verschiedene Säugetiere, darunter Wölfe, Wiesel, Otter und Braunbären.

Bären hab ich nur einen gesehen. Er rührte sich nicht. Ich mich auch nicht. Sicherheitshalber. Auch wenn er mucksmäuschenstill in einem Glaskasten saß.

28. GRUND

Weil Rauma eine Zeitreise ist

Rauma, am Bottnischen Meerbusen gelegen, ist eine der ältesten Städte Finnlands. Die gesamte Altstadt (Vanha Rauma) mit rund 600 Holzhäusern ist UNESCO-Weltkulturerbe. Über 300 Jahre kein Brand – für eine Stadt rein aus Holz eine absolute Seltenheit.

1442 erhielt Rauma die Stadtrechte. Die einstöckigen Häuser, die allesamt historische Namen tragen, weisen teilweise reich verzierte Fassaden auf. Der verwinkelte Grundriss geht auf das Mittelalter zurück. Wenn man über das Kopfsteinpflaster der Altstadt spaziert, dann fühlt man sich fast in der Zeit zurückversetzt. Als würde man gleich Pferdetrappeln hören und eine Kutsche um die Ecke kommen, wären da nicht die elektrischen Straßenlampen und ab und zu ein Motorengeräusch zu hören. Während andere Holzhausviertel in Finnland meist Feuersbrünsten zum Opfer fielen, ist die Altstadt von Rauma seit 1682 von Bränden verschont geblieben und daher außergewöhnlich gut erhalten.

1991 wurde sie daher in die UNESCO-Liste des Weltkulturerbes aufgenommen. Heute ist es ein belebtes Wohn- und Geschäftsviertel mit über 600 Einwohnern. Für einen Stadtrundgang sollte man ein bisschen Zeit einplanen, denn die kleinen Läden sind wie Magnete. Man kommt nicht an den liebevoll dekorierten Schaufenstern und Galerien, Handarbeits- und Kunsthandwerksläden vorbei. In der Heilig-Kreuz-Kirche am Rand der Altstadt zeigt mir eine freundliche ältere Dame die Besonderheiten. Franziskaner haben sie um 1520 erbaut. Der Kirchturm wurde 1816 angebaut und diente Seefahrern als Orientierungspunkt. Die ältere, Ende des 15. Jahrhunderts errichtete Dreifaltigkeitskirche wurde beim Stadtbrand von 1640 zerstört. Ihre Ruinen sind aber bis heute erhalten.

Eine Besonderheit von Rauma ist der Dialekt bzw. die eigene Sprache. Ein nicht zu verstehendes Gemisch aus Finnisch, Schwedisch, Englisch und anderen Sprachen, die Seemänner aus aller Welt nach Rauma brachten. Von den knapp 40.000 Einwohnern von Rauma sprechen nur noch wenige diese Sprache, erzählt mir Matti, der hier geboren und aufgewachsen ist und mit dem ich zufällig im Café ins Plaudern komme. Aber sie seien doch irgendwie stolz drauf. Auch darauf, dass sie sich alle mehr oder minder kennen.

Einbrecher haben hier einen schweren Stand, erzählt Matti augenzwinkernd. Die Ganoven würden sich wundern, dass man sie so schnell erwischt. An der guten Polizeiarbeit läge es auf jeden Fall nicht.

Bekannt ist Rauma auch für seine Klöppelspitze. So wundert es gar nicht, dass es hier einen Handarbeitsladen neben dem anderen gibt. Künstler und Architekten haben mit Erfolg den mittelalterlichen Charakter der Stadt bewahrt. Und so ist das Entdecken von Rauma vergleichbar mit einer Reise in die Vergangenheit. Eine Zeitreise, die sich zu jeder Jahreszeit lohnt.

Rauma ist im Übrigen nicht das einzige Weltkulturerbe in Finnland. Sechs weitere sind mittlerweile von der UNESCO aufgenommen worden.

Die Festung Suomenlinna etwa, die in der zweiten Hälfte des 18. Jahrhunderts durch die Schweden als Garnisonsstadt auf sechs Inseln vor Helsinki errichtet wurde. Sehr leicht zu erreichen mit Fähren von Helsinkis Hafen aus. Einheimische nennen es auch das Gibraltar des Nordens. Es gilt als Musterbeispiel für europäische Militärarchitektur und zieht jedes Jahr rund 900.000 Besucher an. So kann man die steinernen Bastionen mit den aufwendigen Türbögen besichtigen, durch Tunnel und Höhlen der Festung krabbeln und über die Sandwälle und Festungsmauern laufen. Wenn einem dann irgendwann die Füße wehtun, kann man es sich zusammen mit den Möwen auf den Strandfelsen gemütlich machen. Wer dann noch nicht genug hat, kann noch sechs verschiedene Museen besuchen, darunter das U-Boot-Museum und das Spielzeugmuseum. Es gibt aber auch ein schönes villenartiges Café auf einer Anhöhe im Park, von dem aus man einen großartigen Blick auf den Golf von Finnland hat. Suomenlinna ist nicht nur Pilgerstätte und Museum, sondern ein Stadtteil von Helsinki, in dem rund 850 Menschen leben.

Zu den Weltkulturerbestätten gehören weiter die Alte Kirche von Petäjärvi in Mittelfinnland aus dem 18. Jahrhundert, die Holzverarbeitungs- und Kartonfabrik Verla, der Kvarken-Archipel im Bottnischen Meerbusen, der Struve-Bogen und die Grabhügel von Sammallahdenmäki. 30 Grabhügel aus Granit, die einen Einblick geben in die Bestattungsriten des nördlichen Europa vor mehr als 3.000 Jahren. Doch die stehen noch auf meiner To-do-Liste.

29. GRUND

Weil es verschlafene Städte wie Porvoo gibt

Es ist eine kleine verschlafene Stadt. Mit malerischen roten Holzhäusern am Fluss Porvoonjoki gelegen.

Porvoo ist die zweitälteste Stadt Finnlands – gelegen an der alten Königsstraße, war sie schon im 13. Jahrhundert wichtiges Handelszentrum. In den engen Gassen mit den bunten alten Holzhäusern fühlt man sich fast ein paar Jahrhunderte in der Zeit zurückkatapultiert. Dabei sind viele erst nach einem verheerenden Brand 1760 entstanden. Interessant sind auch die rostroten Salzspeicher aus dem 18. Jahrhundert, die direkt am Fluss liegen und heute unter anderem Cafés und Restaurants beherbergen. Aber drinnen kann man noch der Atmosphäre von damals nachspüren. Wahrzeichen der Stadt ist der Dom von Porvoo, der in Teilen bis auf die Zeit um 1410 zurückgeht.

Spaziert man durch die Altstadt mit ihren verschiedenfarbigen alten Holzhäusern mit den kleinen Fenstern und Spitzengardinen, dann könnte man kurz meinen, man sei in eine Puppenstube gefallen, so klein und kuschelig wirkt es, mit den kleinen Tischen und Stühlen vor den Geschäften, den grünen Kränzen mit roten Schleifen an den Türen und den Holztreppchen, die in die schmucken Design- und Handarbeitsläden führen.

Porvoo ist auch deshalb wichtig für Finnland, da hier der finnische Nationaldichter Johan Ludvig Runeberg gelebt hat. Von ihm stammt der Text für die finnische Nationalhymne *Unser Land*. Heute ehrt man ihn mit einem eigenen Runeberg-Tag am 5. Februar, die Stadt Porvoo vergibt einen Runeberg-Preis, und noch beliebter im ganzen Land sind die berühmten nach ihm benannten Runeberg-Törtchen, eine Art Mandel-Lebkuchen, den Runeberg den Erzählungen nach jeden Tag gegessen haben soll.

Absolutes Muss in Porvoo ist der wohl bestsortierte Eisenwarenladen des ganzen Landes, zu finden im alten Bahnhofsgebäude:

Porvoon vanha rautakauppa. Egal, was man zur Renovierung eines alten Hauses braucht, sei es ein alter Schlüssel zu einer Truhe, sei es ein längst vergriffener Fenstergriff, ein fehlender Knopf oder eine gusseiserne Tür zu einem Saunaofen. Schilder, Knöpfe, Haken, Nägel, Ösen, Lichtschalter. Hier gibt es wirklich alles. Und der freundliche Verkäufer weiß auch, wo in diesem Sammelsurium es zu finden ist. Die Preise dagegen sind variabel, das hängt vom Käufer, vom Wetter und vom Wochentag ab, glaube ich.

Gleich gegenüber in einem alten Lagerhaus gibt es noch einen wahren Gemischtwarenladen, das Taide Makasiini Art Café. Hier finden sich gebrauchte Bücher, Kunsthandwerk, aber auch Werke lokaler Künstler werden ausgestellt, und frische Lebensmittel aus der Region kann man auch einkaufen. Das Highlight ist selbst gebackenes Brot. Zweites Highlight ist die Foto-Ecke. Denn der Pächter hat den Ehrgeiz, seinen Laden in der ganzen Welt bekannt zu machen. So bittet er jeden Kunden aus dem Ausland, einen Flyer mitzunehmen, zu Hause ein Selfie zu machen, inklusive Flyer natürlich, und ihm zu schicken. Und wenn die finnische Post funktioniert und nicht gerade Rasen mäht, wie jeden Dienstag, müsste meins da mittlerweile auch hängen.

30. GRUND

Weil vieles unverhofft kommt

Eija will mir unbedingt ihr Heimatdorf zeigen. Ich kann es nicht ablehnen, abschlagen schon gar nicht.

Eija hat offenbar einen Plan. Die Stadtrundfahrt beginnt beim alten Zentrum. Die alten schönen Holzhäuser, die sich so schön in die Landschaft schmiegen. Als gehörten sie da schon immer hin. Danach gehts zum Rathaus, weil es gleich in der Nähe ist. Und die drittwichtigste Sehenswürdigkeit ist bereits die örtliche Bibliothek.

Das zeigt mir mal wieder, wie wichtig Bücher im Leben der Finnen sind. Kein Wunder, dass Finnland die höchste Alphabetisierungsquote der Welt aufweist. Architektonisch haut mich die Bibliothek zwar nicht um, aber sie liegt ebenso zentral und damit bedeutungsvoll wie Rathaus und Kirche. Rechts neben der Kirche liegen die im Krieg gefallenen Soldaten, erklärt mir Eija, bückt sich und wischt trotz Eiseskälte mit bloßen Händen den Schnee von den Grabsteinen, damit ich die Namen und Jahreszahlen lesen kann.

Eija war nie verheiratet. Keine Kinder. Die Eltern mittlerweile gestorben. Sie erzählt mir aus ihrem Leben. Erst zögerlich. Dann mit immer mehr Vertrauen. 200 Menschen leben in dem Dorf, in dem sie groß geworden ist. In dem ihre Eltern als Flüchtlinge im Winterkrieg aus Karelien Zuflucht gefunden haben. Wie so viele andere auch in der Region. Zeugen dieser Vergangenheit sind die orthodoxen Kirchen, die sich heute noch in Nordkarelien finden. Eija will mir eine ganz besondere zeigen. Eine kleine Kapelle aus Holz. Von Weitem könne man meinen, da stehe ein Saunahäuschen. Nur ein-, zweimal im Jahr kommt hier ein orthodoxer Priester her und hält eine Messe. Wir bahnen uns mühsam einen Weg durch den hohen Schnee bis zu den Holzstufen am Fuße der kleinen Kapelle, deren Dachzargen und Säulen im Vorbau reich verziert sind. Klopfen unsere Schuhe vom Schnee ab, nehmen unsere Mützen trotz der Kälte ab und betreten den kleinen Raum. Drinnen ist es fast so kalt wie draußen und genauso ruhig. Die Luft ist rein und klar. Und doch ist es irgendwie stiller in dieser kleinen Kirche, die nur aus einem unbeheizbaren Raum besteht. Ein paar wenige Stühle stehen übereinandergestapelt in der Ecke. Unter einer Jesus-Ikone eine alte aufgeschlagene Bibel, die auf einem Holzbrett liegt, das den Altar darstellt. Daneben eine Kerze. Einfach. Simpel. Nur das Notwendigste. Was eine Kirche ausmacht. Ein kleines Fenster öffnet den Blick in die Ferne, zu einem dicht verschneiten Fichtenwald am Horizont. Ansonsten Schnee. Und Stille. Eija sagt keinen Ton, wirkt mit einem Mal in sich gekehrter, noch ein bisschen mehr. Und noch ein bisschen trauriger. Nur mit einem Blick bedeutet sie mir, dass es Zeit ist zu gehen. Sie schenkt mir wortlos zwei langstielige Kerzen und schließt dann wieder die Kirche zu.

Draußen finden wir weit und breit nur unsere eigenen Spuren im Schnee wieder und laufen in ihnen zurück bis zur Straße. Der Schnee knirscht laut in dieser lautlosen Stille. Fluffiger Pulverschnee, der trotzdem nur widerwillig Platz macht für uns. Uns im Gegenteil tief einsinken lässt und dabei laut knirscht wie Chips im Mund. Bis runter zur Straße, die ebenso verschneit ist wie alles andere. Deren Grenzen man nur an den beiderseits postierten Bäumen erkennt.

Danach geht es durch die Wälder, die die weit auseinander liegenden Dörfer miteinander zu verbinden versuchen. Bäume, so weit das Auge reicht. Lichte Wälder, jetzt von einer dicken Schneedecke eingewickelt. Fichten und Kiefern, die ein Vielfaches ihres Eigengewichts an Schnee tragen können. Die sich nicht wie wir drinnen aufwärmen können. Und deren Formenvielfalt durch den Schnee, der wie Schlagsahne auf den Zweigen sitzt, noch deutlicher, noch schöner, noch bezaubernder wird und wirkt.

Wir landen in ihrem Dorf. Einige wenige Häuser verstreut links und rechts der einzigen Straße. Das Elternhaus ist seit Jahren nicht mehr bewohnt. Ein gelbes Holzhaus mit weiß getünchten Fensterrahmen. Deren Fenster jetzt im Winter mit dunklen Holzbrettern vernagelt wurden. Im Vorraum der typische Geruch der Verlassenheit und Einsamkeit. Eiskristalle haben sich innen an den Türpfosten und den Gardinen gebildet. Die Wände schmucklos aus Holz. Ich komme mir vor wie in einem Museum. Oder auf Zeitreise. 50 Jahre oder mehr in der Zeit zurückkatapultiert. Ein Holztisch, Holzbänke, lange gewebte Flickenteppiche auf dem knarzenden hölzernen Boden. Ein wuchtiger Ofen in der Ecke, der schon lange nicht mehr befeuert wurde. Fundstücke auf einer Bank, die Eija auf dem Dachboden und im Keller gefunden hat: alte Nägel, Werkzeuge, eine mumifizierte Ratte und gut zehn Paar handgemachte

Lederstiefel. Stiefel, die mit Stroh ausgestopft welche Füße wohl im Winter warm gehalten haben? Wie viele Generationen zuvor? Wie mühsam, wie hart und entbehrungsreich die Winter wohl waren. Damals. Doch die Wände des alten Holzhauses bleiben stumm. Niemand weiß mehr die Antwort auf meine Fragen. Eine seltsame Stimmung von Verlorenheit macht sich breit.

Unsere Sightseeingtour endet am Fluss gleich unterhalb des Hauses. Lange fast durchsichtige Eiszapfen zieren sein Ufer, das sich in dem darunter liegenden Eis wieder und wieder spiegelt. Spiegelungen, die nicht mal die Kamera einzufangen vermag. Eijas Lieblingsplatz, schon seit sie Kind war. Ihre Augen wandern den Fluss entlang, als würden sie etwas suchen.

Und doch bin ich froh, als ich wieder in meiner kleinen Unterkunft bin, meine mehrfachen Lagen Kleidung ablegen und in die heiße Sauna schlüpfen kann. Wo ich all die Eindrücke noch mal durchgehe, sacken lasse – nachdenklich sein darf, vor mich hin schweigen kann – und einfach nur bin. Da bin.

Was für eine Begegnung. Einmalig und unverhofft – wie so oft in Finnland.

KAPITEL 4

ÜBER DIE FINNEN – KLIMATISCHES

Kühle Kosmopoliten & Kämpfernaturen

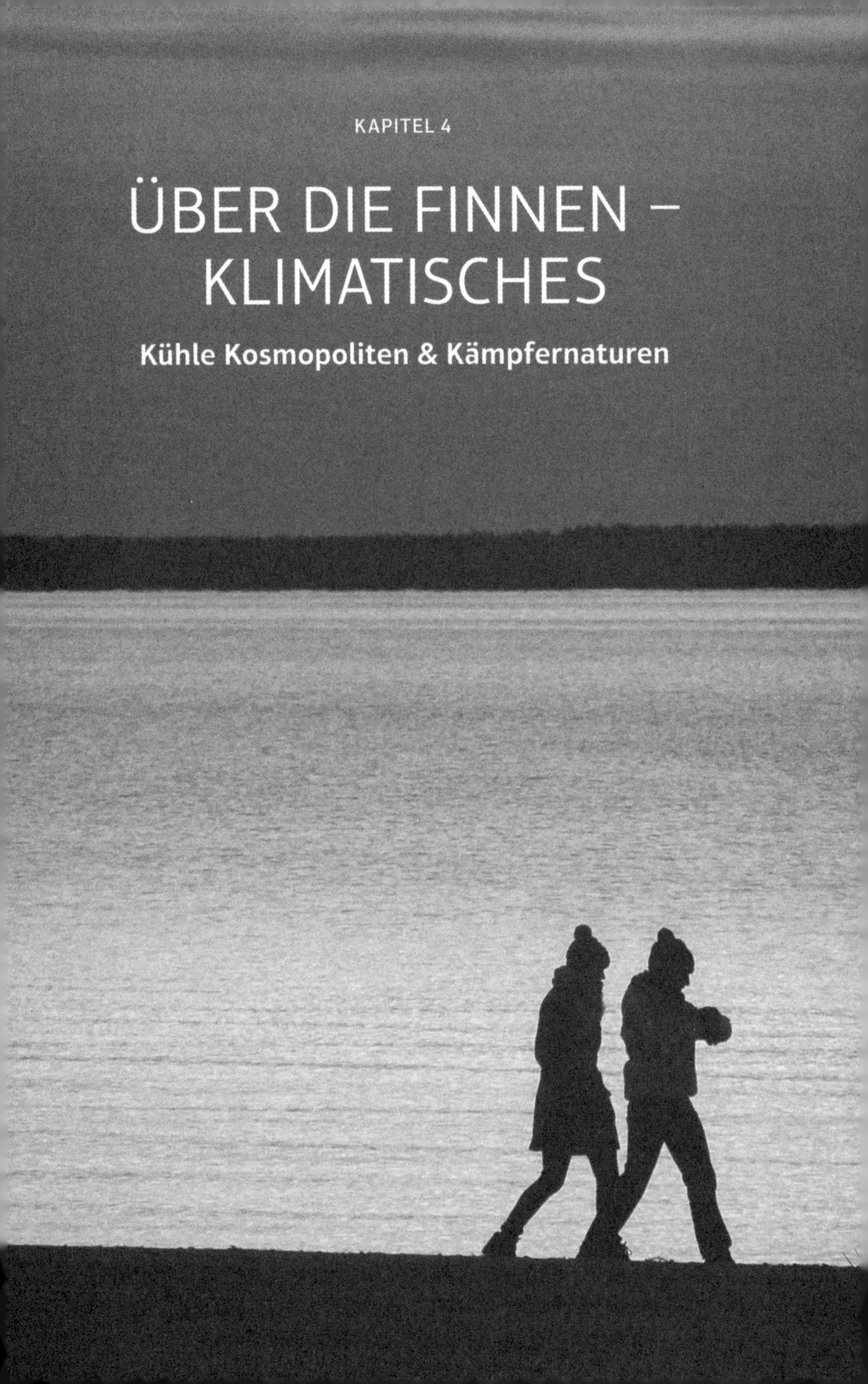

31. GRUND

Weil die Finnen dreifach schweigen können

Schweigen und noch mal Schweigen. Am liebsten schweigen die Finnen. Besagt zumindest das Klischee. Stundenlang können sie einfach nebeneinandersitzen, trinken, schweigen und eine gute Zeit haben. Small Talk ist gar verpönt – Zeitverschwendung. Lieber schaut man ins Feuer oder auf den See. Und hängt seinen Gedanken nach. Ein sehr entspanntes Volk. Sein-Menschen.

Von einem Finnen angeschwiegen zu werden, ist also weder peinlich noch unhöflich. Worte sind zu kostbar, als dass man sie verschwenden dürfte, ist ein geflügelter Ausspruch in Finnland. Ein Wort gleicht einem abgeschossenen Pfeil, so ein anderes Sprichwort. Und man sagt kein Wort, das nicht irgendwann wieder zu einem zurückkommt. Worte sind also viel wert. Die verschleudert man nicht einfach so. Man wählt sie sorgfältig und bewusst, nimmt sie dann behutsam in den Mund, dreht und wendet das ein oder andere Wort sicherheitshalber noch mal mit der Zunge, schluckt vielleicht das eine runter, weil so viel Gelaber ja nun wirklich nicht sein muss, und sagt dann: das Nötigste.

Schweigen ist aber auch eine Form der Höflichkeit. Man will sich bloß nicht aufdrängen. Dem anderen zu nahe treten durch zu viel Gequatsche. Auch darf man nicht immer gleich eine Antwort erwarten. Gut Ding will wohl überlegt sein und braucht in Finnland mehr als eine Weile. Andererseits wird auch nicht drum rum geredet. Man kommt schnell zur Sache, damit man möglichst bald wieder in Ruhe schweigen kann.

Ich kenne kein Volk, das so leise und still sein kann und gleichzeitig so leidenschaftlich still und leise.

Möglicherweise liegt es ja auch an der Sprache. Einer Sprache, die 15 Fälle kennt, die alles als Suffixe ans Wort anhängt, sodass für den Außenstehenden unaussprechlich monströse Wortgebilde entstehen. Nur ein Beispiel: »*Syyttämättäjättämispäätöksensäkö?*« bedeutet so viel wie: »ist es seine oder ihre Entscheidung, etwas strafrechtlich nicht zu verfolgen?« Eine Sprache, die von jedem Nomen mehr als 200 Formen kennt, für *kauppa* (= Laden) lassen sich als Beispiel 2.000 verschiedene Formen bilden. Wer findet da in der richtigen Situation die richtige Abwandlung?

Wobei man einschränkend hinzufügen muss: Das Schweigen bezieht sich nur auf einen Teil der Bevölkerung, vor allem den männlichen. Und da auch nur auf einen gewissen Typus. Und auf bestimmte Situationen. Alle anderen sind normal sprachbegabt und nutzen ihre Talente auch entsprechend. Es gibt sogar Vielsprecher, Plappermäuler und Nonstop-Quassler. Genau wie andernorts auch.

»Der Finne« ist nämlich in Wahrheit ein sehr emotionales Wesen, dessen Gefühle jedoch eingesperrt sind wie ein Löwe im Zoo und der sie so gern rauslassen würde, aber nicht weiß wie. Genügend finnische Frauen beklagen diesen Typ »schweigsamer Finne«. Der kaum ein Wort sagt. Auf jede Frage nur mit einem Wort antwortet. Wenn überhaupt. So nörgelt eine Frau in einem finnischen Witz, dass ihr Mann ihr zuletzt vor 30 Jahren bei der Hochzeit gesagt habe, dass er sie liebe. Er darauf: »Solange sich daran nichts ändert, warum soll ich es wiederholen?«

Das wiederum hängt aber auch damit zusammen, dass *rakkaus* (= Liebe) ein großes Wort ist für die Finnen. Sie kämen nie auf die Idee zu sagen: Ich liebe Spaghetti, oder: Ich liebe diesen Song. Dafür hat das Wort eine viel zu tiefe Bedeutung. Das verwenden sie nicht leichthin. Aber wenn sie es sagen, dann bedeutet es auch genau das. Mit allen Konsequenzen.

Zudem spielen die Finnen auch gern mit den eigenen Vorurteilen und Klischees. Auch wenn sie nicht ganz zutreffend sind, haben sie Spaß daran, solche Geschichten augenzwinkernd über die eigene Identität weiterzutragen. Zum anderen hängt es einfach auch mit der Schüchternheit der Finnen zusammen. Fremden gegenüber sind sie freundlich und höflich, aber auch schüchtern. Dahinter steckt die Angst, sein Gesicht zu verlieren. Das gilt es wie in Japan tunlichst zu vermeiden. Bertolt Brecht war es im Übrigen, der gesagt hat: »Die Finnen sind das einzige Volk, das in zwei Sprachen schweigen kann.« Damit spielt er auf die jahrhundertelange Herrschaft der Schweden an. Finnland ist ja bis heute zweisprachig. Rechnet man die Samen noch hinzu, kann man sagen: dreisprachige finnische Schweigsamkeit.

32. GRUND

Weil die Finnen ein Zauberwort haben

Auf in Finnland produzierten schweren Lastwagen steht vorne am Kühler ein Wort mit vier Buchstaben: SISU. Auch ein finnischer Eisbrecher heißt SISU. Und denselben Namen tragen nicht zuletzt kleine scharfe Salmiakpastillen, die es in jedem Supermarkt an der Kasse gibt.

Sisu ist unübersetzbar. *Sisu* hat man oder hat man nicht. Kaufen kann man es nicht. Erlernen auch nicht. Die Finnen haben es einfach im Blut. Nur mit *Sisu* lassen sich die Härten des nordischen Klimas, die Kargheit, die Einöde und die verheerende Kriege der letzten Jahrhunderte durchstehen und überleben. Nur mit *sisu* kann man immer wieder neu im Fußball oder jeder anderen Sportart gegen die Großen dieser Welt ankämpfen. Und so manchen Sieg nach Hause tragen.

Nur mit *sisu* kann man bei klirrender Kälte durch kilometerlange Wälder mit meterhohem Schnee noch rechtzeitig ein Krankenhaus erreichen. Nur mit *sisu* überlebte man früher schlechte Ernten und aß den ganzen Winter Brot, dem Baumrinde beigemischt war.

Das Wort beschreibt die Hauptcharaktereigenschaft der Finnen. In Lexika findet man Be- und Umschreibungen wie: Zähigkeit, Ausdauer, Mut, Beharrlichkeit, Temperament, Kraft, Durchhaltevermögen, Dickköpfigkeit, Sturheit, Eigensinn, Standhaftigkeit. Aber das trifft es alles nur mehr oder minder genau.

Es dauert, bis sich der Durchschnittsfinne entscheidet. Aber wenn er sich entschieden hat, dann zieht er das auch durch. Gegen alle möglichen Widerstände. Gerade in scheinbar aussichtslosen Situationen tritt *sisu* in Erscheinung.

Der finnische Dichter Juhani Aho (1861–1921) hat das finnische Wesen mal mit einem Wacholderzweig verglichen. Der kann vom Sturm hin und her gewirbelt werden, aber er bricht nicht. Und wenn sich der Sturm legt, dann richtet sich der Zweig wieder munter auf. Der selbst zwischen den härtesten Felsen wächst und gedeiht. Mein wacholdergleiches Volk.[19]

Heute wird *sisu* häufig im Sport beschworen. Hauptsache, man hat *sisu*-gleich gekämpft. Dann darf man ruhig auch verlieren, denn seinen Stolz verliert man dadurch nicht.

Die Salmiakpastillen gleichen Namens vermitteln zumindest geschmacklich eine Ahnung, was *sisu* ist. Knallhart, zäh und superscharf, das einem zunächst die Luft wegbleibt. *Sisu* eben.

33. GRUND

Weil Frauen Power haben

Finnland war das erste Land auf der Welt, das den Frauen das uneingeschränkte aktive und passive Wahlrecht zugestanden hat. Das war 1906. Finnische Frauen gelten als sehr gut ausgebildet, gleichberechtigt und selbstbewusst. Vollzeitarbeit ist für Finninnen ganz normal. Zwei Drittel aller Frauen zwischen 15 und 64 Jahren sind berufstätig, ein Drittel aller Selbstständigen ist weiblich. Im Finnischen Parlament sind über 40 Prozent Frauen.[20]

Im Kampf um Frauenrechte hatte Finnland in Europa eine Vorreiterrolle. Bereits 1885 wurde das patriarchale Ehegüterrecht aufgehoben und die Gütertrennung eingeführt. So behielt die Frau auch in der Ehe das Recht auf ihr Vermögen. Heute vielleicht nur mehr schwer vorstellbar, aber damals revolutionär. In Deutschland übersprang man diese Hürde erst mehr als 70 Jahre später.

Entscheidenden Anteil daran hatte sicher auch Minna Canth (1844–1897), die Frauenrechtlerin und Schriftstellerin, die im 19. Jahrhundert als Finnlandschwedin hochpolitische Texte schrieb. Sie ist die Ikone der finnischen Frauenbewegung. Ihr Geburtstag, der 19. März, ist in Finnland der Tag der Gleichberechtigung. Minna Canth beschreibt in ihren Dramen nicht nur sehr eindringlich das Elend der Arbeiterklasse, sondern fordert auch nachdrücklich das Recht der Frauen auf ein selbstbestimmtes Leben. So vehement sind ihre Forderungen, so realistisch ihre Werke, dass einige ihrer Stücke verboten wurden und nicht mehr aufgeführt werden durften.

Zu der Zeit jedoch war Finnland autonomer Teil des Russischen Reiches. Der Landtag setzte sich aus vier Ständen zusammen – Adel, Geistlichkeit, Bürger und Bauern. Damit waren zwei Drittel der potenziell Wahlberechtigten überhaupt nicht vertreten. Das Februarmanifest 1899, das Zar Nikolaus II. auf Druck unter anderen der Nationalisten erließ, wischte die finnische Autonomie mit einem Federstrich weg und kam einem Staatsstreich gleich. Finnland war plötzlich russische Provinz, das Sagen hatte St. Petersburg. Die Fronten verschärften sich. Generalgouverneur Nikolaj Bobrikow, ausgestattet mit umfangreichen Rechten eines Diktators, wurde 1904 auf den Treppen des Senatsgebäudes erschossen. Der Täter Eugen Schaumann, ein finnischer Nationalist, wollte damit das Augenmerk auf das Unrecht lenken, das dem finnischen Volk zuteil wurde. Er selbst nahm sich danach das Leben. Sein Vater war Jahre zuvor aus dem finnischen Senat entlassen worden, weil er sich offen dagegen gewandt hatte, dass Russisch zum Pflichtfach in allen finnischen Schulen wurde.[21] Die Arbeiterbewegung, die sich 1899 zur Sozialistischen Partei zusammengeschlossen hatte, kämpfte dagegen an zwei Fronten: einerseits gegen die Bürger, andererseits gegen den Zaren. Das Ständeparlament sollte endlich weg, umfassende Reformen müssten her, inklusive Frauenwahlrecht![22] Die Revolution von 1905 in Russland tat ihr Übriges. Es kam zum Generalstreik in Finnland, der Zar musste nachgeben und Reformen versprechen. So bekam Finnland 1906 das modernste parlamentarische System in ganz Europa. Alle Bürgerinnen und Bürger ab 24 Jahre durften nun wählen und sich selbst wählen lassen. Von 200 Abgeordneten zogen 19 Frauen ins Parlament ein. Die Mehrzahl von ihnen war unverheiratet und ohne Kinder.[23] Unter ihnen auch Miina Sillanpää (1866–1952). Sie hatte schon mit zwölf Jahren in einer Baumwollspinnerei gearbeitet, entkam mit 18 der Fron und wurde Dienstmädchen. Sie wurde Vorsitzende der sozialdemokratischen Frauenvereinigung und war 1926 als Sozialministerin die erste Ministerin der Republik Finnland.

Im Vergleich dazu ein Blick auf die deutschsprachigen Länder: In Österreich mussten die Frauen noch bis 1918 warten, in Deutschland durften sie 1919 das erste Mal an die Urnen, und in der Schweiz mussten die Frauen gar bis 1971 warten. Bis es das kantonale Wahlrecht auch für Frauen überall gab, dauerte es allerdings noch bis zum Jahr 1990.[24]

Gendergerechtigkeit ist ein Grundwert in Finnland, verankert in der Verfassung und im Gesetz der Gleichheit zwischen Frauen und Männern. Auch wenn Gesetze noch nichts über gelebte Praxis sagen; mein Eindruck ist, dass Gleichberechtigung in Finnland weiter fortgeschritten und viel selbstverständlicher ist.

Der Global Gender Gap Report belegt das regelmäßig. Der Bericht des Weltwirtschaftsforums stuft Finnland regelmäßig auf den vorderen Plätzen ein, meist vor, neben oder hinter Island und Norwegen. »Die finnische nationale Identität hat ihre Wurzeln im Glauben an Gleichstellung und an das (angenommene und gewünschte) Fehlen von klassen- oder geschlechtsbedingten Unterschieden.«[25]

So ganz haut es dann aber doch nicht hin mit dem Mythos der Gleichstellung als einer unter den Weltbesten. Internationale Statistiken zeigen, dass Gewalt gegen Frauen in Finnland durchschnittlich häufiger vorkommt als in anderen Industrienationen.[26]

Heute führt Finnland die Liste der Frauen an, die in der Wirtschaft in Führungspositionen sitzen. 27 Prozent der Vorstände in Finnland sind weiblich. Und internationale Studien belegen, dass Finnland zu den besten Ländern für Mütter gehört.[27]

Finnische Frauen wissen nicht nur, was sie wollen, sie wissen überhaupt eine Menge. In der Altersgruppe zwischen 25 und 59 haben 42 Prozent einen Universitätsabschluss und 40 Prozent aller Promovierten sind Frauen.[28]

Dass Gleichberechtigung kein Fremdwort mehr ist, hängt vermutlich auch mit der Sprache zusammen, die keine Unterscheidung macht zwischen den Geschlechtern: *Hän* heißt sowohl »er« als auch »sie«.

Frau sollte allerdings auch nicht erwarten, dass Mann ihr die Tür aufhält. Oder den Kinderwagen in den Bus hebt. Kriegst du schon hin – selber groß!

34. GRUND

Weil ein Handschlag zählt

Schon am Flughafen in Zürich höre ich die ersten Brocken Finnisch. Welch Musik in meinen Ohren! Dabei sind wir noch weit vom Gate entfernt. Finnen sind eben überall auf der Welt. Hat man mal ein Auge dafür entwickelt, erkennt man sie überall schon von Weitem, noch lange bevor man einen Laut von ihnen vernimmt. In Ägypten zum Beispiel kam mir mal eine Reisegruppe entgegen, und ich wusste sofort, noch bevor ich sie hören konnte: Das sind Finnen. Dabei weiß ich gar nicht, was es genau ist: das nordisch kühle Aussehen, die hohen breiten Wangenknochen, der klare offene Blick, der entspannte und selbstbewusst-bescheidene Gang.

Vielleicht auch alles zusammen. Finnische Kinder sind noch leichter zu erkennen. Praktisch angezogen, vielfach hell- bis weißblond, häufig ganzjährig mit Mütze, meistens gut erzogen und ebenfalls sehr relaxt.

Früher erkannte man sie auch daran, dass sie bereits damals immer einen Blick auf ihr Handy hatten. Ausgerechnet die, denen man nachsagt, dass sie nicht viel reden, haben mehr Handys als Einwohner. Aber gut, Handys werden ja auch immer weniger zum Telefonieren genutzt als für vieles andere.

Ja, technikfreundlich sind die Finnen seit jeher. Das hängt wohl auch mit ihrer Geschichte zusammen. Der technische Fortschritt rettete im Zweifel das Leben.

So, aber jetzt erst mal ins Flugzeug. Ach ja, das sollte ich noch erwähnen. Bei der finnischen Fluggesellschaft arbeiten im Durchschnitt die ältesten Stewardessen, sagt man ihr zumindest nach. Und offenbar auch die strengsten. Wer es wagt, 30 Sekunden bevor die Lichtzeichen über einem ausgehen, aufzustehen, um kaum merklich mit einem Griff blitzschnell eine kleine Tasche aus dem oberen Fach zu holen, der wird sofort über die Sprechanlage ermahnt, sich wieder hinzusetzen. Sie führen ein wirklich strenges Regiment. Und wer nicht folgt, wird mit strengem Ton geschimpft. Das hat sicher mit der Korrektheit zu tun, die den Finnen eigen ist. Regeln sind dazu da, sie einzuhalten.

Wir trauen uns ja nicht mal, bei Rot über die Ampel zu gehen, sagte mir mal ein Finne. Dieses sture, manchmal gar blinde Sich-an-Regeln-Halten ändert sich langsam. Der ein oder andere Mutige traut sich schon mal bei Rot über die Ampel. Und den ein oder anderen Schwarzfahrer in der S-Bahn habe ich auch schon erlebt. Aber der Großteil lebt tatsächlich sehr regelkonform.

Und weil das alles so ist, machen die Finnen sogar ein *emoji* daraus. Kennt ihr sicher: diese Symbole, mit denen man Textnachrichten aufhübschen kann. Kleine Symbole, die es einem erübrigen, viele Worte zu machen. Die Finnen sind die Ersten, die sich länderspezifische *emojis* gegeben haben. Verpackt in einen Adventskalender. Und schlagen damit gleich mehrere Fliegen mit einer Klappe: ihre Schüchternheit, ihre Schweigsamkeit und ihre Zurückhaltung, ihren Kaffeekonsum, ihre Mentalität. Alles verpackt in kleine Symbolbilder – da muss man nicht mehr viele Worte machen, was ihnen ja entgegenkommt. Und man kann sich gleichzeitig ein wenig über sich selbst lustig machen – was sie ebenfalls gerne tun.

The handshake heißt etwa eines dieser Emotions-Zeichen. Und meint so viel wie: Wir halten uns immer an das Gesetz, wir vertrauen dem anderen, dass er das Richtige tun wird. Ein Handschlag zählt. Ist ein Deal. Den Finnen kann man trauen. Und vertrauen.

Das bestätigt mir auch Jukka, ein Supervisor in Sachen Sicherheit für die Stadt Helsinki. »Du kannst hier den Dingen vertrauen«, sagt er. »Egal, was an neuen teilweise verrückten Ideen von außerhalb ins Land kommt oder von der Regierung. Wir vertrauen einander und gehen fair miteinander um. Das ist das Beste an Finnland.«

35. GRUND

Weil sie Könige der Fantasie sind

Sie messen sich im Handy- und Gummistiefelweitwurf, im Frauentragen und im Schlammfußball. Sammeln Beeren um die Wette und küren den Meister der Luftgitarre. Die spinnen, die Finnen – in der Hinsicht schon: Rund 40 nicht ganz ernst gemeinte Weltmeisterschaften der anderen Art gibt es mittlerweile in Finnland.

Schuld daran sei der lange, dunkle Winter. Denn in dieser Zeit würden sich die Finnen all die schrägen und skurrilen Wettbewerbe ausdenken.

So pflegen sie eine ausgeprägte Spaßkultur: Jux-Meisterschaften, die gleich mal zur WM erhoben werden. Doch so ernsthaft, wie es klingt, ist es nicht – es geht vor allem ums Vergnügen. So fließt beim Handy-Weitwurf nicht nur die Strecke in die Wertung mit ein, sondern auch die Erheiterung des Publikums. Und im Reglement der WM im Frauentragen ist festgeschrieben: »Alle Teilnehmer müssen Spaß haben.« Ob das immer der Fall ist, darf aber beim Dauersitzen auf einem Ameisenhaufen oder bei der Mücken-erschlagen-WM angezweifelt werden.

Internationaler Beliebtheit erfreut sich mittlerweile der Gummistiefelweitwurf. Die Ursprünge sollen bis ins 19. Jahrhundert zurückreichen – also in jene Zeit, als in der Stadt Nokia die Produktion von Gummistiefeln begann. Männer werfen in der Regel mit Größe 43, Frauen mit 38. Der Weltrekord liegt bei 67,31 Metern. Den hält – selbstverständlich – ein Finne. Neben den Gummistiefel-Athleten kommt auch das Publikum auf seine Kosten: Zu bewundern gibt es beim Abwurf die schönsten Anläufe, Techniken, Drehungen und Flugbahnen. Mittlerweile gibt es sogar offizielle Gummistiefelweitwurf-Verbände, auch in Deutschland.

Beliebt sind auch die Wettbewerbe im Tretschlittenfahren, Winterschwimmen im Eisloch oder im Schlammfußball. Das Turnier findet in Hyrynsalmi statt. Die Kunst besteht dabei darin, im Matsch überhaupt auf den Beinen zu bleiben und möglichst nicht seine Schuhe im sumpfigen Untergrund zu verlieren. Wer die meisten Tore schießt, hat gewonnen. Auf Abseits oder ähnliche Regeln wie sonst im Fußball wird großzügig verzichtet.

Wer der König im Handyweitwurf ist, wird jeden Sommer in Savonlinna ermittelt. Antreten kann man in verschiedenen Kategorien, von traditionell bis Freestyle. Dabei ist der Wettbewerb keinesfalls nur auf Handys der finnischen Marke Nokia beschränkt.

Die Sauna-Weltmeisterschaft dagegen wurde nach etlichen Jahren wieder abgeschafft. Dabei ging es darum, wer unter Beachtung eines festgelegten Reglements am längsten in einer 100-Grad-Sauna sitzen kann. Als ein Teilnehmer ums Leben kam, entschied man sich, diesen Wettbewerb einzustellen.

Selbst im Beerenpflücken messen sich die Finnen. Dazu treffen sie sich in Suomussalmi. Wer die beste Technik draufhat, gewinnt. Der Weltrekord liegt bei fast 28 Kilogramm Preiselbeeren in einer Stunde.

Oulu ist mittlerweile zur Hauptstadt der Luftgitarren-WM aufgestiegen. Was für eine kuriose Kunst: die Bühne zu rocken und dabei nur so zu tun, als hätte man ein Instrument in der Hand. Wer bei der Luftgitarren-WM in Finnland die überzeugendste Show abliefert, darf sich als neuer Weltmeister feiern lassen. Fans und Teilnehmer reisen dazu aus der ganzen Welt an.

Ebenfalls in Oulu findet ein Wettbewerb statt, der darin besteht, im tiefsten Winter nur mit Badesachen bekleidet in einem bitterkalten Eisloch zu stehen und, so lange man möchte, über seine eigene Firma reden. Eben so lange, wie man es in diesem frostigen Wasser aushält. *Polar Bear Pitching* nennt sich das und ist wohl weltweit einzigartig. In den Regeln heißt es unter anderem: Du wirst womöglich das Gefühl haben, dass du nicht mehr atmen kannst. Entspann dich, das ist ganz normal und geht vorüber. Letztlich ist es ein Event für Start-up-Unternehmen, die sich auf diese Weise präsentieren und neue Netzwerke knüpfen können.

Oder die Weltmeisterschaft im Frauentragen. Die Aufgabe: seine eigene Ehefrau über der Schulter über einen extremen Hindernisparcours tragen. Dieser Wettbewerb findet alljährlich im Sommer in Sonkajärvi statt und zieht ebenfalls viele Teilnehmer und Begeisterte aus dem Ausland an. Dabei ist der Gewinn ebenso schräg: Der Sieger erhält seine Frau in Bier aufgewogen. Hier versteckt sich auch der Grund für viele schräge Turnierideen. Denn danach lässt sich nach Herzenslust feiern. Und die Sieger und die Verlierer können ihre Erfahrungen offiziell begießen und nachwirken lassen.

36. GRUND

Weil die Finnen Meister der Kontemplation sind

Es gibt doch nichts Anstrengenderes, als mit einem Dutzend extrovertierter und exaltierter Südländer zusammen am Tisch zu sitzen, von denen jeder um maximale Aufmerksamkeit kämpft.

Dann doch lieber in einer schlecht beleuchteten Kneipe mit leicht marodem Charme und wortkargen Nordlichtern, von denen jeder einsam für sich an der Theke sitzt und in seinen Bierschaum starrt. Kaurismäki-Stimmung. Die melancholischen Typen in den Akis-Kaurismäkis-Filmen, immer ein wenig traurig, die nur reden, wenn sie was zu sagen haben. Und die manchmal so schüchtern sind, dass sie sich lieber Zettel über den Tisch schieben würden. Die tiefe Gefühle haben, aber sie niemals an die Oberfläche kommen lassen. Und wenn eines doch mal droht, nach oben zu kommen, dann schnell mit einem Bier oder einem Wodka runterspülen.

Niemand kann so entspannt im Fußball verlieren wie die Finnen. Finnland war noch nie für eine Weltmeisterschaft oder Europameisterschaft qualifiziert, dabei haben sie einige herausragende Fußballer, die in der deutschen oder spanischen Liga spielen. Im Stillen wissen sie, wer gegen Finnland gewinnt, hat sie noch lange nicht besiegt. Und so nehmen sie auch die in steter Wiederkehr erduldeten Niederlagen mit einer Seelenruhe hin, die man anderswo vergeblich sucht. Mit derselben Gelassenheit meistern sie alle unvorhergesehenen Situationen. Drängler und Raser im Verkehr? Fehlanzeige. Ausrasten, weil einer nicht schnell genug an der grünen Ampel loskommt? Unbekannt. Austicken bei einer Kleinigkeit, an der Kasse vordrängeln, weil mans eilig hat? Unnötig.

Diese buddhistisch anmutende Gelassenheit ist symptomatisch und steckt den Finnen in den Genen wie Sauna und Lakritz.

Überhaupt ist die Sauna ihr Tempel der Kontemplation. Wahlweise auch das *mökki*, das Ferienhaus am See, als Oase der Entspannung. Noch besser in Kombination mit Den-Schnabel-Halten. Wenn sie in der Sauna sitzen und es in diesem Moment nichts Wichtigeres gibt, als einfach nur die Hitze zu genießen, wenn sie im Winter an einem Lagerfeuer hocken und stillschweigend in die Flammen schauen oder in den hellen Sommernächten auf einen still daliegenden See. Finnische Meditation. Denn viele von ihnen ziehen jede Art von Kommunikation vor, die nicht verbaler Natur ist. So bleibt man entkrampft und locker.

Schweigende Entspanntheit ist eine finnische Tugend. Ein Idealzustand. Wenn man diesen Level mal erreicht hat, dann kann man mit Finnen herrlich gemeinsam schweigen. Wenn man es denn aushält! Und den Moment genießen, wenn aus dieser gelassenen Stille eine neu gefühlte Ruhe entsteht, eine nonverbale Verbundenheit des Schweigens. Jeder für sich und doch nicht allein.

37. GRUND

Weil Finnen grundehrlich sind

Ich war unterwegs von Lehmäjoki in der Region Österbotten nach Oulu. Als ich nach gut einer Stunde die unbefestigten glatten Lehmstraßen verlassen hatte und auf die E8 kam, gönnte ich mir an einem Rastplatz direkt an einem See einen frischen dampfenden Kaffee.

Ab jetzt wars einfach: gut 300 Kilometer auf dieser Uferstraße bleiben, die am Meer entlangführt, und immer Richtung Norden. Da kann man sich nicht verfahren. Gut für mich. 300 km Landstraße, Winter-Höchstgeschwindigkeit 80 km/h. Die alle auch brav einhalten, weil alle paar Kilometer eine Radarfalle steht. Und jedes Mal, wenn rechts oder links eine Straßenabzweigung in einen kleinen Ort führt, wird man auf 60 km/h runtergebremst. Man muss ständig höllisch aufpassen, dass man nicht zu schnell wird.

Nach drei Stunden lege ich eine Pause ein. Ein kleiner Ort, direkt am Meer gelegen. Ich lass mir den Wind um die Nase wehen und genieße die Aussicht und die Einsamkeit. Kein Mensch am Strand, nur eine Bootshütte und ein verlassenes Ruderboot am Ufer. Auf dem Rückweg zum Auto erinnert mich ein Supermarkt daran, dass mein Kühlschrank in Oulu noch gefüllt werden will. Gedankenreihenfolge: Nein. Du wirst doch nicht. Kannst du so blöd sein? Nein! Nur die Ruhe. Weitersuchen. Er wird hier irgendwo sein. Das darf nicht wahr sein! Doch. Mist.

Mein Geldbeutel ist weg. Und der Gedanke, den man nicht denken will, drängt sich als unausweichliche Gewissheit ins Gehirn: Du hast deinen Geldbeutel beim letzten Rastplatz vergessen! Aber wo war dieser Rastplatz? In welchem Ort? So viele Ortsschilder hatte ich in den vergangenen drei Stunden im Vorbeifahren gelesen, dass ich keine Erinnerung mehr hatte. Ich suche auf der Karte, dann im Internet, schließlich habe ich einen Namen und eine Telefonnummer und rufe auf gut Glück dort an. Sehe mich in Gedanken schon alle Karten sperren lassen, zur Polizei gehen, Verlustanzeige, Ausweis und Führerschein neu beantragen. Ich wische die Gedanken fort. Nein, du bist in Finnland! Da gibts nur ehrliche Menschen! Ernsthaftigkeit und Aufrichtigkeit bekommt man hier schon mit der Muttermilch.

Hatte mir mein Onkel doch erzählt, man habe gerade einen Test gemacht: Welche Nation ist die ehrlichste? Jeweils zwölf Geldbeutel wurden ausgelegt. In 16 Städten auf vier Kontinenten. Mit Kreditkarte, Bargeld, Familienfoto, Visitenkarten, Telefonnummer. Die Geldbörsen wurden in der Nähe von Einkaufszentren, in Parks und auf Bürgersteigen ausgelegt. Dann wurde beobachtet, wie die Menschen in den unterschiedlichen Ländern auf den Fund reagieren. In Spanien wurden zwei Geldbörsen zurückgegeben, in Zürich vier, in Berlin sechs, in Finnland elf.

Ich höre das Freizeichen in der Leitung. Fünf, sechs, sieben Mal. Meine Hoffnung will schon schwinden. Dann nimmt doch noch jemand ab, und ich versuche, mein Anliegen auf Finnisch und Englisch vorzubringen, werde jedoch gleich unterbrochen.

»Hei Tarja!«, sagt der Typ vom Rastplatz am Telefon, als würden wir uns schon ewig kennen. Noch bevor ich fragen kann, fügt er auf Finnisch hinzu: »Du hast deinen Geldbeutel hier vergessen.« Sollte ich es nicht rechtzeitig bis Lokalschluss schaffen, sollte ich mich einfach noch einmal melden. Er würde dann auf mich warten.

Also: umdrehen. Drei Stunden in die Gegenrichtung. Den ganzen Weg zurück. Immer geradeaus. Dafür reißen plötzlich die Wolken auf, ich bekomme noch einen Sonnenuntergang zu sehen, nachdem es den ganzen Tag über bedeckt gewesen war. Um halb vier am Nachmittag. Danach wird es dunkel. Stockdunkel! Genau das hatte ich vermeiden wollen. Aber es hilft ja nichts. Würde mein Benzin überhaupt reichen?, schießt es mir in den Kopf. Aber nach dieser guten Erfahrung mit der Raststätte würde mir eine Tankstelle das Benzin sicher vorschießen, ich käme ja noch mal wieder. Schließlich muss ich nicht nur die drei Stunden zurückfahren, sondern dann auch wieder in der richtigen Richtung antreten. Aber das Benzin reicht.

In dem Lokal werde ich wie eine Bekannte begrüßt. Nach einer kleinen Stärkung und einem Dankeschön für die Kaffeekasse der Mitarbeiter mache ich mich zum zweiten Mal auf. Jetzt kenne ich die Strecke ja schon. Und kann mich noch ausgiebiger an den nicht enden wollenden Wäldern freuen. Trotzdem dauert der Trip elf statt viereinhalb Stunden. Aber ich habe meinen Geldbeutel wieder. Hatte ihn auf dem WC liegen gelassen. Es fehlt nichts. Was nicht anders zu erwarten war.

»Die Finnen sind von Natur aus ehrlich, das ist ein nationaler Charakterzug«, sagte bei der Untersuchung einer der ehrlichen Finder. Dem ist nichts hinzuzufügen.

38. GRUND

Weil sie auf eigene Art sehnsüchtig sind

Kaiho – das könnte sofort in die Top Ten der unübersetzbaren Worte aufgenommen werden. Ein Wort, das Übersetzer sprachlos zurücklässt. Über *kaiho* könnte man ganze Bücher verfassen und käme ihm doch nur immer näher, ohne es je vollständig zu erfassen.

Kaiho, das ist eine unbestimmte Sehnsucht, eine spezielle Form des Weltschmerzes, lässt sich aber mit Sehnsucht, Wehmut oder sanfte Melancholie nur immer annähernd beschreiben. Denn in *kaiho* schwingt auch mit, dass das Leben wunderbar ist. *Kaiho* ist auch ein Zustand von unfreiwilliger Einsamkeit, ein Gefühl, dass etwas fehlt, um sich vollständig zu fühlen, eins zu sein. Man sehnt sich nach etwas Unerreichbarem oder nur sehr schwer und mühsam zu Erreichendem.

Im Englischen gibt es *blue*, im türkischen *hüzün*, aber jede Annäherung bleibt unvollständig, am ehesten lässt sich *kaiho* noch mit dem portugiesischen und galizischen *saudade* vergleichen, das im Fado seinen musikalischen Ausdruck findet. Und doch ist es nicht dasselbe, nicht das Gleiche.

Der an sich schweigsame Finne braucht im englischen viele viele Wörter und Sätze, die er aneinanderhängen muss, beim Versuch zu erklären, was *kaiho* meint, wo es sich abgrenzt, unterscheidet, abhebt. Trotzdem bleibt ein Gefühl von Unvollständigkeit zurück. Es ist beileibe kein an sich negatives Wort, keine negative Stimmung. *Kaiho* wohnt auch eine eigene Kreativität inne, eine Kraft, diese Unbestimmtheit mit etwas anderem zu füllen, sie auszudrücken, sie zu ersetzen oder alles zusammen.

Am ehesten lässt sich *kaiho* als Nicht-Finne noch in der finnischen Musik nachempfinden. Sie kann eine Art Sehnsucht tief im Herzen heraufzubeschwören, ein nostalgisches Gefühl nach etwas Geliebtem, das man verloren oder noch nicht gefunden hat. Die

Musik vermag auch das unbewusste oder unterdrückte Wissen auszudrücken, diese Sehnsucht vielleicht nie oder nie ganz stillen zu können. Es bleibt am Ende unbestimmt. Eine unbestimmte, nie ganz greifbare Sehnsucht, Wehmut, Nostalgie, nach etwas, und auch dieses Etwas bleibt ungreifbar. Je mehr man versucht, es zu bestimmen, desto mehr entzieht es sich einem.

Kaiho ist auch widersprüchlich. *Kaiho* ist verwandt mit, aber nicht dasselbe wie Heimweh, oder Sehnsucht nach seinen Lieben, die weit weg sind, nicht mehr da sind und die man schmerzlich vermisst. *Kaiho* spürt man überall auf der Welt. Nach etwas, was fehlt, noch nicht da ist, noch nicht gefunden ist. Etwas, dem man sich annähern kann, was man empfinden kann, was einen begleiten kann, was aber nie überwunden werden kann, was nicht aufhört, dessen Ziel nie ganz gefunden oder erreicht werden kann.

Vielleicht kommt man *kaiho* näher, wenn man Sehnsucht und Vermissen zusammenmischt, Erinnerungen und Melancholie hinzufügt und noch eine Prise Begehren, Verlangen, Weltschmerz und Suche nach dem Sinn oben drauf gibt. Dann muss man alles in Wasser auflösen. Ja, Wasser – Wasser ist gut, Wasser ist sanft und Wasser mildert den süßen Schmerz, wie Tränen.

Denn *kaiho* ist auch etwas Sanftes. So, wie die kleinen Verletzungen, die wir manchmal haben. Etwas, was manchmal wehtut, aber auch ein beruhigendes Gefühl ist, weil es uns daran erinnert, dass wir tief in unserem Innersten berührt werden, brennen, empfinden können. Ein berühmter Vierzeiler von Fernando Pessoas über *saudade* lässt sich leicht auch auf *kaiho* anwenden:

Kaiho – nur Finnen
können dieses Gefühl kennen.

Weil nur sie dieses Wort besitzen,
um es wirklich beim Namen zu nennen.
Kaiho.

39. GRUND

Weil sie dazu stehen

Wenn Finnland im Eishockey gewinnt, dann freuen sich alle Finnen. Wenn Finnland gegen Schweden im Eishockey gewinnt, dann erst ist es ein richtiger Sieg. Sport mag die wichtigste Nebensache der Welt sein, aber bei Eishockey ist Schluss mit lustig.

Die beiden Länder verbindet so etwas wie eine Hassliebe oder besser Rivalität, so eine Liebe zwischen Bruder und Schwester, die sich nicht immer grün sind, sich doch auch nicht voneinander lossagen können. Beleg für die kulturell-sportliche Rivalität ist der Leichtathletik-Länderkampf zwischen beiden, der so ein bisschen an den Agon der alten Griechen erinnert. Ein uraltes Relikt, das seit 1925 jedes Jahr von Neuem ausgefochten wird und die Hassliebe am Leben hält. Den Schweden wird vorgehalten, sie seien überheblich und schauten auf die Finnen herab.

Der Ursprung liegt in der langen gemeinsamen Geschichte verborgen. Sechs Jahrhunderte unter der Knute Schwedens. Fast 100 Jahre unter der Herrschaft des russischen Zaren. Das hinterlässt Spuren. Tiefe Spuren. So tief, dass sie mittlerweile mit der Muttermilch weitergegeben werden.

Von 1809 an lebten die Finnen unter russischer Regentschaft. 1917 nutzten sie dann die Wirren der Oktoberrevolution, um sich unabhängig zu erklären. Sie verloren dann im Zweiten Weltkrieg Teile von Karelien an Russland. Viele Karelier mussten über Nacht alles Hab und Gut zurücklassen und fliehen. Das hat tiefe Wunden in der finnischen Seele hinterlassen. Später war Russland zwar viele Jahre lang wichtigster Handelspartner der finnischen Industrie, und mit dem Erstarken der russischen Wirtschaft kamen in den vergangenen Jahren auch immer mehr russische Touristen nach Finnland, das bedeutet aber noch lange nicht, dass man sich furchtbar mag. Zumal die Vertreibung der Karelier auch nicht symbolisch wiedergutgemacht wurde. Bis heute nicht. Karelien ist bis heute zwischen Russland und Finnland aufgeteilt.

Die Angst vor Russland hat sich beruhigt, aber nie ganz gelegt. Nachvollziehbar, wenn man bedenkt, dass Finnland mit über 1.000 Kilometern Länge von allen Ländern die längste Grenze zu Russland hat.

So wird auch verständlich, warum auch ein Sieg im Eishockey gegen Russland etwas ganz Besonderes ist. Folgendes geflügelte Wort erklärt sich ohne jeden weiteren Kommentar: Der Russe wird auch nicht besser, wenn man ihn in Butter brät.

Ähnlich verhält es sich mit Schweden: Verlieren kann man gegen jedes Land als Finne bei einem Turnier und trotzdem erhobenen Hauptes vom Feld gehen, wenn man tapfer und mit *sisu* gekämpft hat – es sei denn, es handelt sich um Schweden. Das ist in etwa so, wie wenn Bayern München im Fußball gegen 1860 verliert – die größte Niederlage, die man einfangen kann.

40. GRUND

Weil das Glück in Finnland wohnt

»*Tervetuloa*« = Herzlich willkommen. Gastfreundschaft wird großgeschrieben in dem Land, in dem es mehr Handys als Menschen und mehr Saunen als Autos gibt: Auf zwei bis drei Einwohner kommt eine Sauna, pro Quadratkilometer nur 16 Menschen (Deutschland: 230 Einwohner/Quadratkilometer).

Auch wenn die Finnen auf der Straße oder im Bus vielleicht reserviert und unterkühlt wirken mögen, als Gastgeber sind sie äußerst freundlich und sehr herzlich. Wann immer man zu Besuch auftaucht, ist eine der ersten Fragen: Möchtest du Kaffee?

Ebenso selbstverständlich ist es, dem Gast einen Saunagang vorzuschlagen. Doch wage es niemand, mit Schuhen eine Wohnung zu betreten. Ungeschriebenes Gesetz. Die Finnen lernt man am besten strumpfsockig oder barfuß in der Sauna kennen. Da taut der Finne auf: Hier grübelt man mit dem Nachbarn über den Sinn des Lebens und wird richtiggehend redselig.

Wenn es kein ausgewiesenes Gästezimmer gibt, dann ist es völlig normal, dem Gast das eigene Schlafzimmer zur Verfügung zu stellen. Immer werden die finnischen Gastgeber darauf bedacht sein, dass der Gast sich wohlfühlt. Und in diesem Fall bestätigen Ausnahmen die Regel nicht. Es gibt keine Ausnahmen. Ich kenne zumindest keine.

Vielleicht hängt das auch mit der Tatsache zusammen, dass sie zu den glücklichsten und zufriedensten Menschen in Europa gehören. Das europäische Statistikamt eurostat erhebt regelmäßig die Lebensqualität. Dazu gehören Einkommen, Lebensgefühl, Lebenszufriedenheit und andere Indikatoren. Finnland liegt auf Platz 1![29] Und auch der World Happiness Report der Vereinten Nationen bestätigt, dass Finnland neben Dänemark, der Schweiz und Norwegen zu den glücklichsten Ländern der Welt gehört.[30]

Für das erlebte Lebensglück sind demnach vor allem Lebenserwartung und Gesundheit wichtig, sozialer Rückhalt, Freiheit, keine Korruption, die wirtschaftliche Lage sowie die Großzügigkeit der Gesellschaft. All das trifft auf Finnland zu. Zusammen mit Dänemark, Schweden und der Schweiz. Finnland ist (noch) eine relativ homogene Gesellschaft; Gleichberechtigung hat einen hohen Stellenwert, auch was gleichberechtigte Chancen im Leben angeht.

Familie ist wichtig und zeigt sich selbst in der Sprache: Für viele Verwandtschaftsverhältnisse gibt es eigene Wörter. Wo jemand sozusagen in der Familienaufstellung seinen Platz hat, zeigt oft schon die Bezeichnung. So heißt Schwester eigentlich *sisar* – will man jedoch ausdrücken, dass es sich um die jüngere Schwester handelt, sagt man *pikkusisko*. Onkel mütterlicherseits heißt *eno*, ist es jedoch der Bruder des Vaters, sagt man *setä*.

Bildung steht allen offen, unabhängig von Status und Einkommen, und es gilt der Grundsatz: Keiner wird zurückgelassen. Es gibt eine breite Mittelschicht, und der Staat macht vieles richtig. Ich habe oft den Eindruck, der finnische Staat lässt sich nicht so sehr von Anlässen treiben, sondern überlegt, bevor er handelt, und lässt die Bevölkerung bei Gesetzesvorlagen sogar zum Teil schon per Internet mitmachen. Bürger können etwa aktiv Vorschläge für Gesetzesänderungen machen. Zudem habe ich den Eindruck gewonnen, dass der finnische Staat ein wohlmeinender Staat ist, der es gut meint mit seinen Bürgern. Keiner, der seinem Volk von vornherein misstraut. So ist auch umgekehrt das Vertrauen in den Staat relativ hoch. Zusammen mit den Dänen weisen die Finnen europaweit das höchste Vertrauen in ihre Behörden auf. Beim Vertrauen in die Mitmenschen liegen die Finnen auf einer Skala von 1 bis 10 bei 7,4, Deutschland bei 5,5, Frankreich bei 5.[31]

Wenn es allen ungefähr gleich gut geht, gibt es auch keinen Nährboden für Neid. Oder im Sinne von eurostat gesprochen: glücklich, wer als Finne zur Welt kommt!

KAPITEL 5

KOSTBARKEITEN

Von Lappland bis an die Küste

41. GRUND

Weil Samen nicht jagen, sondern Essen holen

Auf den ersten Blick sieht man ihm seine Herkunft nicht an. Jeans, T-Shirt, Turnschuhe. Der Kopf kahl rasiert. Zarte helle Haut, breite Wangenknochen, kleine Hände. Eher klein als groß. Zurückhaltend im Auftreten. Schweigsam. Nur sehr vorsichtig kommen wir ins Gespräch. Als Erstes entdecke ich seine hellblau-wässrigen Augen, so tief und so klar wie der Inari-See.

Pekka ist Same. Er gehört zum letzten Urvolk Europas, das sich über vier Staaten erstreckt. Finnland, Schweden, Norwegen, Russland. Das letzte indigene Volk, trotz weitreichender zugesicherter Minderheitenrechte durch viele äußere Faktoren vom Aussterben bedroht. Pekkas Stimme verändert sich, sobald er von seiner Heimat spricht. Sie wird weicher und sanfter. Und sehnsüchtiger. Pekka kommt aus dem Gebiet um Ivalo.

Da oben im Norden gehen die schnörkellosen eintönigen Straßen kilometerlang geradeaus, schlagen eine Schneise in den endlos scheinenden Wald, Birkenwälder aus Weiß und Grün, Fichten und Kiefern, die jedem Wind trotzen, abgelöst manchmal von glasklaren Seen, in denen sich jeder Baum und jeder Halm spiegelt. Im Winter eine einzige Formenlandschaft aus Weiß. Begraben unter metertiefem Schnee – dem sich jedes Leben, jedes Grün unterzuordnen hat. Sich der klirrenden Kälte und dem eisigen Wind ergibt.

Doch Pekka ist Hunderte Kilometer weit weg. Jetzt gerade auf der Fähre zwischen Helsinki und Stockholm. Denn er muss seine Familie ernähren. Das geht besser da, wo Arbeit ist. In Norwegen oder Schweden oder Südfinnland. Wenn er von seiner Heimat erzählt, spürt man sein Heimweh fast körperlich. Seine rechte Hand wandert zu der Stelle, wo sein Herz ist, und seine hellblau-wässrigen Augen werden noch wässriger. »Ja, ich vermisse meine Heimat, mein Haus und meine Rentiere.« Man spürt das Ziehen, das seinen Körper durchfährt, man fühlt die Sehnsucht und den Schmerz.

Seine Rentiere hat er seinem Cousin verkauft, weil er nicht genug Zeit hat, sich um sie zu kümmern.

»Jeder Same hat Rentiere«, sagt er gleich darauf. Sie gehören zu ihnen wie die Wellen zum Meer, wie es keinen Frieden ohne Freiheit gibt, kein Weihnachten ohne *Joulupukki*.

Wenn er es manchmal gar nicht mehr aushält, dann setzt er sich einfach ins Auto und fährt los. Fährt 800 Kilometer meist über endlos scheinende Landstraßen ohne Abwechslung bis zu seinem Zuhause. Die Sehnsucht stillen. Und sei es nur übers Wochenende.

Pekka arbeitet im Wald – aber noch lieber ist er Fischer. Vergangenes Jahr hat er sich sein eigenes Fischerboot gebaut. Und im Winter will er ein großes Netz knüpfen.

Wald und Wasser. Das ist sein Zuhause. Da kennt er sich aus. Eine viel stärkere Verbundenheit mit der Natur, als wir es kennen. Sie ist spürbar und gleichzeitig so selbstverständlich. Pekka ist irgendwie näher dran. Als gäbe es zwischen ihm und den Bäumen, dem Boden, dem Wasser Verbindungslinien, nicht greifbare Wellen, unsichtbare Stränge, die sie mit ihm vernetzen, verknüpfen, verbinden. Über 30 Kilometer Holzbohlen hat er mit seinem Team in einem sumpfigen Wald in einem der großen Nationalparks verlegt. »Das war viel Arbeit«, sagt er, und aus seinen Worten hört man die Zufriedenheit. »Da kann man nicht mit großen Maschinen arbeiten. Da muss man sich zu helfen wissen.« Wissen, wie viel Last der Boden zu tragen vermag, ohne allzu gefährlich einzusinken.

Aber auch für Nokia hat er mal fünf Jahre gearbeitet. Für einen Imagefilm ist er in Afrika als Same in traditioneller Tracht aufgetreten. Natürlich hat er auch schon mit dem Weihnachtsmann zusammengearbeitet. Und als Vierjähriger, da saß er beim damaligen finnischen Präsidenten Urho Kekkonen auf dem Schoß, als der eine Delegation wichtiger politischer Vertreter nach Lappland eingeladen hatte. Der Kekkonen, der bei der Konferenz über Sicherheit und Zusammenarbeit in Europa 1975 die Neutralität Finnlands sicherte.

Seine Hände reden dabei mit, unterstreichen wichtige Worte und drehen kurz ihre Innenflächen nach oben, um dann schnell wieder in den Jackentaschen zu verschwinden. Als hätten sie schon zu viel verraten. Aber mit der Zeit wächst das Vertrauen, und Pekka macht bereitwillig die Türen auf zu seiner Heimat, seinem Denken, seiner Familie. Nein, er verwendet lieber das Wort »Stamm«. Denn die Familienbande gehen weit über Vater, Mutter und Geschwister hinaus.

»Wir gehen nicht jagen. Wir gehen Essen holen. Früher hat meine Mutter zu mir gesagt: ›Geh und hol Fleisch.‹« Der Unterschied war mir bisher nicht so bewusst gewesen. Pekka zeigt ihn mir auf. Mit einfachen Worten. Schlichten Sätzen ohne Schnörkel und relativierenden Schnickschnack. Weisheiten im Quadratisch-praktisch-gut-Format. Standpunkte, die keiner weiteren Worte bedürfen.

Seine Mutter hat Lappland nach dem Tod ihres Mannes verlassen. »Sie musste es verlassen, zu sehr schmerzten die Erinnerungen.« Alles gesagt. Die Hände wandern schnell wieder zur Kaffeetasse, umschließen sie, als hätten wir draußen tiefsten Winter und müssten uns an irgendetwas wärmen, oder einfach nur, um wieder irgendwo Halt zu finden. Er besucht seine Mama regelmäßig zusammen mit seinem siebenjährigen Sohn, und dann spielen sie zusammen, und die Großmama erzählt ihrem Enkel von den Rentieren und samische Märchen und Mythen.

Fast schon nebenbei zeigt er mir Porvoo, die zweitälteste Stadt Finnlands, im Süden des Landes. Da, wo er auch schon einige Jahre gelebt und gearbeitet hat. Pekka ist ein Reisender. Als würde das Nomadenhafte der Sami immer noch in ihm wirken. Heute ziehen die Samen nicht mehr mit ihren Herden, sie leben in normalen Holzhäusern mit Fernsehen und Internet. Aber etwas Ruheloses scheint Pekka weiterhin in sich zu tragen.

Er bietet an, mir seine Heimat, sein Lappland, zu zeigen. Nächstes Jahr vielleicht. An Marjanpäivä, einem der höchsten Feiertage der Samen, wenn die Stämme aus allen Ländern zu einem mehrtägigen Fest zusammenkommen. Oder im Sommer, wenn die Mücken die Rentiere auf die Sommerweiden treiben, oder zum Viehscheid, wenn all die Hirten zusammenkommen, um ihr Vieh zu zählen, zu markieren und zu sehen, wie viele Jungtiere auf die Welt gekommen sind. Dann würde er mir auch den Heiligen Platz seines Stammes zeigen, wo sie gemeinsam die Heilige Trommel spielen und *joiken*, dieser einzigartige Gesang, der an eine Mischung aus Jodeln und indianischen Gesängen erinnert. Einzige Bedingung: Ich dürfe nicht verraten, wo dieser Platz liegt. Fotos seien okay, aber nur mit einer Kamera ohne GPS-Funktion, denn sonst könne jeder anhand dieser Daten den Ort ausfindig machen. Diesen geheimen Ort, der untrennbar mit Akmeeli verknüpft ist, der den alten Geschichten nach der berühmteste und wohl mächtigste Zauberer weit und breit war; ein Schamane, der sich in einen Wolf singen konnte oder in einen Vogel verwandeln, und der Überlieferung nach an diesem Heiligen Ort begraben ist. Dann wendet er den Blick ab und schaut in die Ferne. Seine Hand wandert stillschweigend wieder zu seinem Herzen, vermutlich ohne es selbst bewusst wahrzunehmen. Ja, da liegt sein Herz. Wir lassen das wortlos so stehen und stehen schweigend am Porvoonjoki, dem Fluss, der Porvoo mit dem Finnischen Meerbusen verbindet, und schauen auf das langsam vorbeiziehende Wasser, hier und da eingefärbte Herbstblätter forttragend.

Als wir später durch die Hauptstadt Helsinki schlendern, orientiert er sich nicht wie ich an Straßenschildern, Straßennamen oder Gebäuden. Sich in einer fremden Umgebung zurechtzufinden und die Orientierung nicht zu verlieren, ist im Gegensatz zu mir für ihn überhaupt kein Problem. Er orientiert sich am Himmel, an einem großen Kran, der alle Gebäude des Viertels überragt, und an den Bäumen. Und verrät mir so nebenbei, wie man sich am besten im Wald orientiert. Auf welche Bäume und welche Äste man achten muss. Da, wo die Äste länger sind, ist immer Süden. So einfach ist das. Das hat in der Stein- und Asphaltumgebung mit all den Autos, Brücken, Unterführungen und Rolltreppen um uns herum schon etwas Merkwürdiges, und ich muss schmunzeln. Doch Pekka bleibt ernst. Gemeinsam lachen wir erst wieder, als er seinen Lieblingswitz über die Samen zum Besten gibt:

Was macht ihr Samen eigentlich im Sommer? – Fischen und Liebe machen. Und was macht ihr im Winter? – Da fischen wir nicht.

42. GRUND

Weil Lady Aurora zum Tanz bittet

Glaubt mir: Es gibt nichts Magischeres, nichts Mystischeres. Es ist zum Niederknien: Polarlichter – in der Fachsprache Aurora Borealis. Finnland hat einen Logenplatz dafür.

Das Kribbeln beginnt schon Stunden vorher. Wenn man im Internet die nüchternen Grafiken und Kurven studiert, die die Wahrscheinlichkeit vorhersagen, die Hoffnung nähren und die Vorfreude beflügeln. Sicherheitshalber lade ich schon mal alle Akkus, packe die Ausrüstung zusammen, lege Handschuhe und Taschenlampe bereit, falls es bald losgeht.

Draußen sinkt die Dunkelheit vom Himmel wie Sirup und deckt alles ein. Zum Kribbeln im Bauch gesellt sich augenblicklich ein flaues mulmiges Gefühl. Will ich wirklich da raus? Bei minus 25 Grad? In diese schwarze Finsternis? Ganz alleine? Ich, der ich seit Kindertagen eine irrationale Angst vor der Dunkelheit habe?

Aber wie ich es auch drehe und wende, ich muss da raus, wenn ich Polarlichter mit eigenen Augen sehen will. Überall, wo noch Straßenlaternen und Häuser in der Nähe sind, verhindert zu viel Bodenlicht eine gute Sicht. Noch dazu einen guten Platz finden, der mir ungehinderte Aussicht auf den Himmel erlaubt. Also nehme ich all meinen Mut und meine Sachen zusammen, atme tief durch und verlasse mein kleines gemietetes Holzhäuschen in Haukipudas. In null Komma nichts gefriert gleich mal meine Nase zu. Die Kälte beißt erst mal so richtig ins Gesicht. Meine Augen brauchen eine ganze Weile, bis sie sich an die Dunkelheit gewöhnt haben. Das Licht der Taschenlampe weist mir den Weg. Die Bäume wirken mit einem Mal viel bedrohlicher als tagsüber, als würden sie sich mir entgegenneigen. Der Schnee knirscht lauter als sonst, meine Schneehose raschelt überlaut. Angestrengt lausche ich der Finsternis. Zwischendurch ein hektischer Blick zum Himmel, ob schon Lichter zu sehen sind. Mein Herz pocht ganz schön. Ich fühle mich wie sechs, und die Angst wächst unkontrolliert zu einem Dunkelmonster heran. Meine Zellen bibbern, wie wenn man das erste Mal auf dem Dreimeterbrett steht und springen soll. Ich versuche, mich zu beruhigen. Was soll denn schon passieren? Hier ist weit und breit niemand! Und außerdem: Böse Menschen sehen im Dunkeln auch schlecht. Ich kämpfe mich weiter durch den Schnee. Versinke immer wieder bis zu den Knien. Nur noch ein paar Hundert Meter, denke ich, dann müsste diese Lichtung kommen, die ich vor ein paar Tagen entdeckt hatte.

Ich versuche, mich einfach nur auf das Laufen zu konzentrieren. Endlich am Ziel, merke ich, wie verkrampft ich bin. Die Angst ist bis in jede Zelle vorgedrungen. Ich baue das Stativ auf, suche einen festen Standplatz und montiere die Kamera. Große Blende, lange Belichtungszeit und manuell auf unendlich scharf stellen. Dann Taschenlampe aus. Jetzt ist wieder alles schwarz um mich herum. Meinen Augen kann ich jetzt nicht mehr trauen. Direkt vor mir könnte jemand stehen, ich würde ihn nicht sehen. Auch am Himmel kann ich noch nichts entdecken. Ich bin mucksmäuschenstill und lausche. Nichts. Keine Gefahr.

Jetzt heißt es Warten. Geduld haben. Hoffen. In der Nacht sind alle Katzen grau. Es knackt und zischt um mich herum. Unbekannte

Geräusche lassen mich zusammenschrecken. War da was? Ist da jemand? Die Angst kriecht schon wieder hoch.

Unwillkürlich schießen mir Bilder in den Kopf, wer oder was sich hinter diesem oder jenem Baum verstecken könnte, um mich dann aus dem Hinterhalt anzugreifen. Aber die gespannte Vorfreude auf ein einzigartiges Naturspektakel ist stärker, ich versuche, die Bilder in mir zu verscheuchen. Und Lady Aurora ist so nett und hilft mir dabei, indem sie ein erstes Leuchten schickt. Ich fasse es kaum. Mir bleibt die Luft weg. Das ist wie von einem anderen Stern. Ich richte die Kamera neu aus und drücke den Fernauslöser. 20 Sekunden können wirklich eine Ewigkeit sein. Klack – das Display zeigt ein erstes Bild. Festhalten, was die Augen kaum und der Verstand noch weniger fassen können. Glücksgefühle strömen auf mich ein, überwältigen mich geradezu und überdecken die Angst, die mich bis gerade eben noch in ihrer Gewalt hatte.

Schwach grünleuchtende Bögen und Bänder ziehen sich wie in Zeitlupe über den sattschwarzen Himmel, wiegen sich sanft hin und her, wie zu einer für uns unhörbaren Musik. Verschwimmen, verschwinden und tauchen an anderer Stelle wieder auf. Es ist zum Niederknien.

Sprachlos staunend schaue ich in den Himmel, vergesse das Atmen, es ist so unfassbar magisch und so betörend schön. Die Kälte vergessen, die Angst zumindest für diesen Moment besiegt, sauge ich die tanzenden Lichter auf. Hineinkatapultiert in eine mystische Welt, berühren mich die Polarlichter in meinem tiefsten Inneren.

Auch wenn wissenschaftlich längst geklärt ist, woher Polarlichter kommen, wie sie entstehen, warum wir sie manchmal sehen und manchmal nicht. Den Zauber, der davon ausgeht, berührt das nicht. Für mich bleibt es Magie.

Unberechenbar, unbeschreiblich, unwirklich.

43. GRUND

Weil Rentiere in der Überzahl sind

Gelb-rote Schilder am Straßenrand warnen immer wieder: Achtung: *Poro*! Vorsicht: Rentiere!

Die können einem im hohen Norden überall begegnen, auch auf der bekannten Via Karelia, der Straße der Lieder und der Grenze, die an der russisch-finnischen Grenze entlang bis nach Lappland führt. Denn sie leben zum Großteil in freier Wildbahn. Aus dem Auto zu steigen und für ein gutes Foto näher ranzugehen ist allerdings mit Vorsicht zu genießen. Mein Herz klopft zumindest bei solchen Aktionen immer ganz schön laut. So Auge in Auge mit einem Rentier, unwissend, ob es einem wohlgesinnt ist. Schließlich sind sie wild oder halb wild.

Das Jungtier, das mir gegenübersteht, scheint jedoch eher wohlgesinnt zu sein. Also wage ich mich näher ran. Vorsichtig und leise.

Plötzlich am Waldrand ein *poro* mit großem Geweih. Ein Platzhirsch, würde man vielleicht in Bayern sagen. Ein imposantes Tier auf jeden Fall. Ich hatte es nicht bemerkt, wie es aus dem Wald kam. Es kommt auf mich zu. Ziemlich zielstrebig, habe ich den Eindruck. Will es das Junge beschützen? Jetzt klopft mein Herz richtig. Hätte ich vielleicht nicht aussteigen sollen? Wie komme ich jetzt zu meinem Auto?

»*Hullu poro*«, kommt mir in den Sinn. »Verrücktes Rentier« – sagen die Finnen, wenn die Rentiere anfangen zu spinnen. Gerade jetzt, im Herbst, wenn die Brunftzeit so richtig im Gange ist. Da können die schon mal richtig unangenehm werden. Ist er sauer? Oder nur interessiert – so wie ich? Ich versuche es mit ein paar vorsichtigen seitlichen Schritten, weg von der Straße in den gegenüberliegenden Wald. Er bleibt wachsam – ich auch. Ich mache weiter Fotos, auch von den anderen Rentieren da im Wald, und versuche, alle irgendwie im Blick zu behalten. Sie scheinen mir nichts Böses zu wollen. Doch die Anspannung weicht erst, als ich 50 Fotos später wieder im Auto sitze.

In Lappland leben tatsächlich mehr Rentiere als Menschen. Schätzungen gehen von 160.000 bis 200.000 Exemplaren aus. Der jährliche Umsatz durch Fleisch, Leder, Fell oder den Tourismus liegt laut Rentierzuchtverband bei insgesamt rund 860 Millionen Euro.

Für viele Samen in Lappland gehören Rentiere immer noch zum Hauptbestandteil ihrer Kultur. Die Herden können frei umherwandern, die Menschen folgen ihnen. Einmal im Jahr werden die Tiere zusammengetrieben, um die Kälber zu markieren oder ausgewählte Tiere zu schlachten. Das Zusammentreiben großer Herden wird heute teilweise mittels Hubschraubern und Motorschlitten erledigt.

Heutzutage bieten viele Rentierzüchter Ausfahrten für Touristen an. »Seid nicht so laut, wenn wir jetzt zu den Rentieren gehen. Und macht keine wilden, hektischen Bewegungen. Rentiere sind halbe Wildtiere. Auch wenn sie den Umgang mit Touristen gewohnt sind, bleiben es wilde und sehr scheue Tiere«, sagt Johanna. Sie ist Rentierzüchterin aus dem Raum Levi. Halb Finnin, halb Samin.

Zusammen mit ihrem Ehemann Janne schirrt sie die Rentiere an. Sie erklärt, wie man die Rentiere führt, wie man den Schlitten lenkt und bremst. Und schon gehts los. Johanna rennt los, neben dem Rentier, und springt dann auf den Schlitten auf – auf den Knien hockend lenkt sie das Leittier, ein Auge immer wieder auf den »Track« gerichtet, ob alle anderen Rentiere folgen. Fast lautlos geht es durch den verschneiten Wald. Denn die Hufe der Rentiere sind besonders breit. Das sorgt für besonders festen Stand und verhindert allzu tiefes Einsinken im Schnee.

Rentierschlitten sind neben den Hundeschlitten das traditionelle Transportmittel in Lappland. Zwar sind Motorschlitten im Alltag praktischer, die Schlitten dafür zunehmend beliebte Touristenattraktion, um das Land hautnah erleben zu können. Ausgelegt sind die Schlitten mit Rentierfellen – hier gibt es nichts Besseres, um Kälte und Feuchtigkeit abzuhalten. Als Zugtiere werden momentan nur die männlichen Tiere herangezogen, denn die Weibchen sind trächtig. Neun Monate beträgt die Tragezeit. Mit fünf Jahren sind Rentiere ausgewachsen und können bereits ein Gewicht von bis zu 300 Kilo erreichen. Ihre Lebenserwartung beträgt etwa zwölf Jahre.

Finnland hat vermutlich auch das einzige Polizei-Rentier: Arthur heißt es und hat vor allem Public-Relations-Aufgaben. Arthur wird meist von einer netten Polizistin begleitet und sensibilisiert so Groß und Klein für die Gefahren im Straßenverkehr.

Neuerdings bringt man die Rentiere sogar zum Leuchten. Jedes Jahr passieren im Schnitt 4.000 Unfälle, in die Rentiere verwickelt sind. Also haben schlaue Leute eine schlaue Idee gehabt: Wenn man das Geweih der Rentiere, die ja das ganze Jahr über in freier Wildbahn leben, mit Leuchtfarbe anmalt, dann erkennt man sie besser, wenn sie insbesondere in der dunklen Jahreszeit irgendwo auf der Landstraße stehen. So versucht man nun herauszufinden, ob die Unfallzahlen verringert werden können. Mancher wird jetzt wieder sagen: Die spinnen, die Finnen. Aber ausprobieren schadet ja nicht.

Das Geweih dient ja an sich dazu, um im tiefen Schnee nach Essbarem zu graben. Auf der Suche nach Futter legen die Rentiere in großen Herden weite Strecken zurück. Hunderte Kilometer trennen die Sommer- und Winterplätze. Damit sind Rentiere die mobilsten Landsäugetiere der Welt. Ihre Hauptnahrung besteht je nach Saison aus Blättern, Kräutern, Beeren, Pilzen und Flechten, die sie in den weiten Ebenen Lapplands im Sommer reichlich finden. Im Winter riechen sie selbst bei einer zwei Meter dicken Schneedecke noch die Moose.

Alles vom Rentier wird verwendet: das Fleisch, die Milch, das Fell, das Geweih. Besteck, Kleidung, Accessoires und andere Alltagsgegenstände werden daraus gefertigt genauso wie Kunst und Souvenirs.

Auf unserer Ausfahrt legen die Rentiere gewaltig an Tempo zu. Völlig problemlos ziehen sie zwei Personen im Schlitten, und es erinnert ein bisschen an Geisterbahnfahren, wenn die Rentiere im Galopp den Schnee hochwirbeln und uns so eine Schneedusche der besonderen Art bescheren.

Immer wieder werden die endlos scheinenden Waldflächen unterbrochen durch Freiflächen; kleine Seen im Winterschlaf vielleicht, seit Monaten zugefroren. Schließlich halten wir an einer *kota* – einer sechs- oder achteckigen Holzhütte mit spitz zulaufendem Dach, ähnlich einem Zelt, mit einer offenen Feuerstelle.

»Rentiere sind alles für mich. Sie ernähren mich. Sie halten mich warm. Sie bringen mich überallhin.« Janne, der Rentierzüchter, macht nicht viele Worte. Er sitzt am Feuer und beobachtet den Lachs, der, auf Holzbrettern angebracht, langsam am Feuer gart. *Loistelohi* = Flammlachs ist eine finnische Spezialität, bei der der Lachs einige Stunden vorher eingesalzen wird und dann auf Holzbrettern am Feuer geräuchert wird.

Wie viele Rentiere Janne besitzt, frage ich nicht. Es wäre unhöflich. Etwa so, als ob man jemand in Deutschland nach seinem Kontostand fragt. »Jedes Rentier hat seine eigene Persönlichkeit, einen eigenen Kopf«, sagt Johanna. »Aber wenn man täglich mit ihnen arbeitet, lernt man, wie sie ticken. Es ist unsere traditionelle Art zu leben. Und jeden Tag harte Arbeit. Reich wird man damit nicht. Aber es ist es wert.« Natürlich habe sich die Bedeutung der Rentiere in Lappland im Laufe der Zeit verändert, heutzutage sind sie vor allem für den Tourismus wichtig. »85 Prozent unserer Gäste, die Rentiere sehen wollen, kommen aus dem Ausland.«

Gefahren drohen den Rentieren in Lappland neben dem Verlust ihres Lebensraums durch den Menschen vor allem durch Raubtiere wie den Wolf oder den Vielfraß. Den Rentieren ist derzeit fast zu warm. Wir haben so um die null Grad. Die Wohlfühltemperatur der Rentiere beginnt so bei minus 15 Grad. Nach getaner Arbeit bekommen die Rentiere ihre Lieblingsspeisen: Flechten und Moose.

Und es fühlt sich an, als seien wir schon fast Freunde geworden. Der Oberclou: zum Abschluss erhält jeder Teilnehmer einen Rentierschlitten-Führerschein! Prüfung bestanden!

44. GRUND

Weil Huskys mit einem Schlitten fahren

Okay – zugegeben – Huskyschlittentouren sind eine touristische Attraktion. Aber auch nicht ausschließlich. Schließlich wurden Huskys schon vor 4.000 Jahren in Sibirien zur Fortbewegung und zum Transportieren von Lasten genutzt. Die Nomaden erkannten sehr schnell, dass die Huskys mit ihrem rudelähnlichen Verhalten hervorragend geeignet sind, vor Schlitten gespannt zu werden. Auf ihren ausgedehnten Wanderungen brachten sie die Tiere und die Art der Nutzung auch in andere arktische Regionen.

Heute bieten zahlreiche Huskyfarmen in finnisch Lappland ein- und mehrtägige Huskyschlittentouren an – häufig sibirische oder arktische Huskys. Dass man sich einer solchen nähert, hört man in der Regel schon von Weitem, denn die Hunde können gemeinschaftlich Heulgesänge anstimmen, als ob ein Rudel wilder Wölfe zum Angriff bläst. In der Tat ist ihr Verhalten häufig wolfsähnlich oder wolfsgleich. Doch in Wahrheit können sie es kaum erwarten zu zeigen, was sie können.

Doch bevor es durch die klirrend kalte Winterlandschaft geht, ist erst einmal eine ausführliche Sicherheitseinweisung fällig. Päivi führt zusammen mit ihrem Mann Ari eine Hundefarm am Rand des Nationalparks Pallas Ylläs, gut 200 Kilometer nördlich des Polarkreises. »85 Hunde haben wir, davon sind rund 50 Arbeitshunde«, erklärt Päivi. Welchen Stellenwert die Hunde hier haben, erfährt man gleich im zweiten Satz, typisch finnisch verknappt, aber umso deutlicher. »Hunde sind mir wichtiger als jeder Mensch. Folgt meinen Anweisungen oder ich cancel euch die Tour.« Was wie ein Befehl eines Gefängniswärters klingen mag, ist in Wahrheit typisch finnische Offenheit und Pragmatismus. Man hält sich nicht mit oberflächlichem Gesäusel auf oder gibt sich furchtbar Mühe, Anweisungen freundlich zu verpacken. Trotzdem sind sie nicht unfreundlich gemeint. Man spart sich einfach nur alle unwichtigen Füllwörter wie »bitte«, »müsste«, »wäre ich gezwungen« etc.

Dann folgen wichtige Sicherheitshinweise, wie man den Schlitten hält, lenkt und bremst. Oberstes Gebot dabei: Egal, was passiert, man darf den Schlitten nicht loslassen, sonst sind die Hunde samt Schlitten schneller im Wald verschwunden, als man gucken kann.

Wie man sich verhalten soll, wenn der stehende Hintermann vom Schlitten fällt und der sitzende Passagier sozusagen führerlos ist, will einer der Teilnehmer wissen.

Päivis knappe Antwort: »Pray.« Dann hilft nur noch Beten. Und so, wie sie es sagt, ist es wohl nicht als Scherz gedacht. In der Reisegruppe wird es vorübergehend etwas ruhiger. Aber nur so lange, bis die Hunde endlich angeschirrt werden.

Die Hunde sind unruhig und manche bereits so übermütig und voller Vorfreude, dass es für Päivi enormer Kraft bedarf, um die Hunde ins Geschirr zu bringen. Alphatiere kommen in die erste Reihe, die klassischen Mitläufer nach hinten. Sobald sechs Hunde in Zweierreihen vor dem Schlitten stehen, beginnt das Gerangel. Einer will weiter nach vorne, der andere zieht zur Seite, der dritte fängt mit seinem Nachbarn an zu streiten. Es dauert keine Minute, da sind die unterschiedlichen Leinen heillos verdreht und verheddert. Päivi muss noch mal nachbessern, einen Hund austauschen. Dann kehrt etwas Ruhe ein in der Gruppe. Ruhe ist in diesem Stadium relativ. Hundegebell erfüllt die gesamte Umgebung. Die, die jetzt gleich los dürfen, heulen und bellen ebenso wie die, die sich im Gehege beschweren, dass sie dableiben müssen.

Die Aufregung der Hunde ist eine ganz andere als meine. Meine führt zu schnellerem Puls und leicht schwitzigen Händen, obwohl es weit unter minus zehn Grad sind.

Bremsen los! Das reicht als Kommando, augenblicklich setzt sich der Tross in Bewegung. Päivi treibt die Hunde des ersten Schlittens zusätzlich mit Rufen an. Wir nehmen Fahrt auf und gleiten zügig durch den Schnee. Die Hunde finden schnell ein gemeinsames Tempo. Ich bin erstaunt über die gemeinsame Zugkraft der Tiere. Wie scheinbar mühelos sie über den Schnee dahingleiten. In den Kurven neigt sich der Schlitten gefährlich zur Seite, fällt aber entgegen meinen Befürchtungen nicht um. Die Hunde haben sichtlich Spaß an der Geschwindigkeit. Ich dagegen konzentrier mich lieber darauf, mit den Füßen nicht von den Kufen abzurutschen, genügend Abstand zum Vordermann zu halten, und helfe bei leichten Steigungen, indem ich kurz abspringe und mitlaufe. Doch mit jeder Minute gewinne ich mehr Sicherheit und kann zunehmend auch die Landschaft drum herum wahrnehmen, genießen, einsaugen.

Die Luft ist rein und klar und gleichzeitig so was von affenkalt, dass man glaubt, die eigene Nase friert nicht nur zu, sondern demnächst auch ab. Trotzdem ist es atemberaubend. Zwischendurch schert mal ein Hund aus, versucht auszubrechen, besinnt sich dann aber wieder und reiht sich brav ein. Es geht durch kleinere Wälder und über ausgedehnte Freiflächen schließlich zu einem Rastplatz – einer Holzhütte an einem Waldrand, vermutlich am Ufer des jetzt zugefrorenen Sees. Die Tiere dürfen verschnaufen. Schnee fressen. Und gestreichelt werden.

Irgendeine nette Fee hat Suppe, Kaffee und Tee für uns vorbereitet. Trotz Schneeanzug, Fleecehaube unter der Mütze und dicken Handschuhen ist es angesichts des Fahrtwindes doch einigermaßen frisch auf dem Schlitten. Ich habe das Gefühl, als habe mein Gesicht eine Eisschicht bekommen. An manchen Bärten meiner Mitfahrer haben sich eigentümliche Eisformationen gebildet.

Kaum spürt man seine Finger wieder, geht es auch schon weiter. Die Hunde werden unruhig. Wollen weiter. Sich verausgaben. Die Rücktour durch andere Wälder mit Steigungen und Senken ist jetzt nur noch purer Genuss. Die Hunde keuchen, rennen und arbeiten sich am Schnee ab. Wollen nicht gebremst werden. Bellen, wenn man zu lange auf die Bremse steigt. Man spürt ihre Muskelkraft bei jedem neuerlichen Anfahren. Zurück auf der Farm helfen alle beim Abschirren. Jeder fasst mit an, wenn es darum geht, die Hunde zurück zu ihrem Platz zu bringen, Futter anzurühren und Schüsseln bereitzustellen.

Alte Tiere, die nicht mehr für Ausfahrten genutzt werden können, die keinen Profit mehr bringen, werden übrigens nicht aussortiert, sondern bekommen ihr Gnadenbrot auf der Farm. Sie können durch ihr Verhalten immer noch Vorbild sein und für eine entspannte Atmosphäre sorgen.

Alles in allem eine bleibende Erinnerung. Und die blauen durchdringenden Augen der Hunde sowieso: Die sind unvergesslich.

45. GRUND

Weil die Samen das letzte Urvolk in Europa sind

Sie sind stärker verwurzelt mit der Natur, sie leben mit und von den Rentieren, kennen geheime Plätze und sprechen ihre eigene Sprache: die Samen – die Ureinwohner Finnlands und insbesondere Lapplands. Die letzten Ureinwohner in Europa – Nomaden, Jäger, Fischer, Rentierzüchter.

Sie denken noch in Stämmen, pflegen ihre Bräuche, wissen, wo man Beeren pflücken kann und wo man sie besser stehen lässt. Sie geben ihr Wissen seit Generationen weiter. Eine innige Verbundenheit mit der Natur, gepaart mit einer alten Kultur voller Mythen, Geister und den fremdartigen Klängen der Joikgesänge.

Tiefer eintauchen in die samische Kultur kann man im samischen Museum in Inari und auch in Rovaniemi. Sie öffnen eine Tür zu Leben, Denken und Traditionen der Sami.

Im Siida-Museum in Inari erfahre ich, dass finnisch-samisch schon 3.000 vor Christus gesprochen wurde – dass 1557 das erste samischsprachige Wörterverzeichnis erstellt, 1925 dagegen erst die Landstraße nach Inari fertiggestellt wurde. Ich staune. Schon vor über 10.000 Jahren bewohnten die Vorfahren der Sami die eisigen Regionen in Nordeuropa. Heute leben noch knapp 70.000 der Ureinwohner in Norwegen, Schweden, Finnland und Russland. Schon im frühen 16. Jahrhundert begannen die Sami mit der Herdenbildung und Rentierzucht. Mit ihren großen Herden zogen sie zwischen den jahreszeitlich wechselnden Weidegebieten hin und her.

Im Winter blieb man an einem Ort: *siita*, was so viel wie Markt, aber auch Winterdorf bedeutet. Ein temporäres Dorf, um den Winter zu überstehen. Um zu überleben. Da gabs keinen überflüssigen Nippes, keinen Schnickschnack – Kleidung, Transportmittel, Behausungen, alles gut durchdacht, pragmatisch und handlich. Gleichzeitig nutzten sie die Zeit, um Handel zu treiben und religiöse und gerichtliche Angelegenheiten zu regeln.

Klare Farben – Grundfarben für die Kleidung: Blau, Gelb, Rot. Keine Mischfarben, aber hier gönnte man sich wenigstens was für die Augen. Aufwendig verzierte Borten, Silberschmuck, Silberschnallen. An den Verzierungen des Gürtels kann man ungefragt und nonverbal erkennen, ob ein Mann verheiratet, ledig oder gerade auf der Suche ist. Praktisch für ein Volk, das nicht gern viele Worte macht.

Ich laufe durch das Freiluftmuseum, das *kotas* und jahrhundertealte Häuser, Scheunen, Werkstätten, ja sogar ein Gerichtsgebäude an einem Ort versammelt. Ich frage mich, wie man so ein komfortables Haus nach dem Winter wieder durch ein Zelt ersetzen konnte. Auf allen Komfort verzichtete. Freiwillig?

Pekka Aikkio, langjähriger Präsident des Samen-Parlaments, hat mal gesagt:

»Die samische Lebensart ist durch eine enge Verbindung zu der Natur geprägt. Vom Vater lernte ich schon früh als Kind im Wald zu leben, und er zeigte selbst ein gutes Beispiel: Hinterlasse keine Spuren; störe nicht das andere Leben des Waldes; behalte deine Sinne wachsam; höre zu und schaue, was um dich geschieht; sei selbst unsichtbar und unhörbar; verschwende nicht die Gaben des Waldes. Es gab kein Geld, und Flauten kannte man nicht. Unser Leben war, um es kurz zu fassen, fürstlich – wir hatten Essen, Kleidung, Licht und Wärme.«[32]

Die Rentierzucht ist bis heute geblieben. Ein harter, wenn auch einträglicher Job. Keine Touristenattraktion, selbst wenn mittlerweile Besuche auf der Rentierfarm mit Lassowerfen und Rentierschlitten-Ausfahrt angeboten werden. Über Wochen hinweg begleiten die Hirten ihre Herde, halten sie zusammen, vertreiben den Vielfraß und andere Feinde, heutzutage zwar bequemer mit Motorschlitten und Handy, aber von westlichen Komfortmaßstäben sind die *kotas* (nach oben spitz zulaufende Holzhütten) ohne Strom und Wasser, mit kleinen schmalen Bänken und einer Feuerstelle in der Mitte auch heute noch weit entfernt. Trotzdem wollen immer mehr junge Samen zurück zu ihren Wurzeln und Rentierhirten werden, sodass sich die EU mittlerweile gezwungen sieht, die Obergrenzen für Rentiere jährlich neu festzulegen, damit die Balance der Naturkreisläufe gewahrt bleibt.

Manche Familien nennen Tausende Rentiere – *poros* auf Finnisch – ihr Eigen. Über die genaue Zahl spricht man nicht. »Ich frage doch auch nicht, wie viel du auf deinem Konto hast«, entgegnet Samuli charmant, ein Rentierhirte aus Näkkälä. Ein Dorf in der finnischen Tundra, in dem 30 samische Familien leben, ein Dorf, zu dem bis in die 70er-Jahre nicht einmal eine Straße führte. Und so werden meine Fragen häufig mit einer kurzen Gegenfrage beantwortet, über die ich dann selber nachdenken darf. Und so geht von den Samen, die ich kennenlerne, eine selbstbewusste und zugleich bescheidene Weisheit aus. Auch wenn Samen heute sesshaft sind, ihre Rentierherden mit Motorschlitten kontrollieren und bewachen, und keiner mehr in der Einsamkeit der lappländischen Wälder auf das Handy und Internet verzichten mag, so hat sich das Volk der Samen trotzdem eine große kulturelle Eigenständigkeit bewahrt. Aber sie ist durch viele äußere Faktoren auch bedroht.

Berühmt ist die samische Musik für ihren charakteristischen Gesang, das Joiken. Früher war der Joikgesang Teil des samischen Schamanentums und wurde als Heilgesang und aus spirituellen Gründen gesungen. Der Pastor Lars Levi Laestadius hat im 19. Jahrhundert einen radikalen Feldzug gegen das Joiken, den Alkohol und das Denken der Samen geführt. Er brandmarkte es als heidnisch, vermochte es aber trotz seines weitreichenden Einflusses doch nicht ganz auszurotten.

»Joiken ist kein Erzählen, ist auch kein Gesang. Es ist beides zusammen, und es ist dadurch viel mehr. Es ist die Sprache der Seele«, heißt es im Roman *Joiken* von Henning Boëtius.[33]

Tuomo, der Joiker aus Enontekiö in Lappland, sagt: »Joik ist Bestandteil unseres schamanischen Glaubens. Man joikt nicht über etwas, man joikt die Dinge selbst, sodass sie anwesend sind.« Vorfahren etwa oder Tiere kann man so joiken und sie dadurch in seine Nähe holen und gleichzeitig die Verbundenheit zu ihnen ausdrücken. Tuomo joikt regelmäßig, auf den Treffen der Sami, aber auch für Touristen. Dann steht er mit seiner Tracht in der *kota*, in deren Mitte nur ein Feuer Licht und Wärme spendet, während die Touristen auf den Bänken rundherum sitzen und lauschen. Zwischen den Gesängen erzählt er, wovon die Lieder handeln, und man spürt in jedem Wort die Ernsthaftigkeit und Bedeutung.

Mari Boine hat die Joikgesänge über die Grenzen hinaus getragen, ja vielleicht sogar weltberühmt gemacht. Heute gibt es immer mehr junge Samen, die sich auf ihre Traditionen besinnen und am

Leben erhalten. Sami-Popmusik hört man oft in Lappland. Für meine Ohren eine sehr beruhigende, meditative Art von Musik.

Nicht nur in der Musik, auch in den mündlich überlieferten Sagen und Mythen geht es meist um die Natur. Wilde Rentiere, die die Welt erschaffen, die zwischen Menschen- und Tiergestalt wechseln, Wölfe und Bären, und Göttinnen. Die Sonne als Vater, die Erde als Mutter und die Lebewesen ihre Kinder. Die Grenzen zwischen Geistern, Menschen, Tieren und dem Tod sind nicht fest, sondern fließend.

Trotz der Christianisierung der Sami klingt das alte Wissen bis heute nach. Ganz verloren gegangen sind die »anderen« Vorstellungen vom Entstehen der Erde, vom Wirken der Kräfte und vom Übersinnlichen deshalb nicht. Ich habe nicht nur einen Samen getroffen, der sagt, er vereint beides in sich: das Christentum und die samische Religion. Für sie sei es kein Widerspruch. Beides existiert nebeneinander.

Sápmi bezeichnet nicht nur das, was den Samen zum Samen macht. Es umfasst auch alles, was den Samen von anderen Menschen unterscheidet: seine Sprache, seine Denk- und Lebensart, seine Traditionen.

Das traditionelle Leben eines Rentierzüchters zu leben ist angesichts harter klimatischer und ökonomischer Bedingungen sicher nicht leicht. »Das Schönste daran, Rentierzüchter zu sein, ist die totale Freiheit, die man genießt«, hat mir mal ein Same gesagt. »Niemand sagt dir, was du zu tun und zu lassen hast. Der einzige Boss ist die Natur. Und die Natur ist ein angenehmer Boss: Wenn es kalt ist, ist es kalt, wenn es warm ist, ist es warm, und wenn es regnet, dann regnets. Es gibt keinen Grund, sich dagegen aufzulehnen.«

Weil Rentier-Warnschilder keine Touristenattraktion sind

Man lernt ja nicht aus. Gerade in einem fremden Land. Manche Sachen sind einfach anders in anderen Ländern. Man kommt nur nicht immer gleich drauf. Und kleine Missgeschicke machen einen hoffentlich klüger. Ich hab schon einige Nachhilfestunden genossen:

Dabei könnte ich auf die eine oder andere Erfahrung durchaus verzichten, denn sie ist entweder ärgerlich, verzwickt, gefährlich oder schmerzhaft. Drum hier in loser Reihenfolge ein paar Tipps für das Reisen in Finnland:

Frei nach dem Motto »merke!«:

- Vertraue nicht immer deinem Navi. Selbst dieses neunmalkluge Gerät kennt viele Stellen und Straßen und Wege nicht. Insbesondere *in the middle of nowhere.*
- Fahre nicht in einen Waldweg, ohne dir vorher zu überlegen, wie du wieder rauskommst. Die meisten sind so schmal, dass Wenden unmöglich ist. Oder man ist plötzlich zwischen zwei Bäumen eingekeilt, und es geht gar nichts mehr.
- Wenn du in einem Lokal was zu trinken oder zu essen willst, hols dir an der Theke. Wenn du wartest, bis ein Kellner an deinen Tisch kommt, bist du verhungert oder verdurstet.
- Halte ausreichend Abstand – Finnen mögen es nicht so nah.
- Merke dir den Weg, den du gehst, sonst findest du vielleicht nicht zurück oder nicht mehr raus.
- Sei vorsichtig mit Lebensmitteln im Supermarkt, deren Aufschrift du nicht wirklich verstehst.
- Wenn du Moorpflanzen fotografierst, bedenke, dass es im Umkreis ziemlich schlammig sein könnte.
- Schaue dich in jedem Laden und jeder Behörde nach einem Wartenummer-zieh-Gerät (wie heißen diese Dinger?) um und zieh eine Nummer, sonst kommst du nie dran.

- Hab immer Mütze und Handschuhe dabei ... IMMER.
- Hab am besten auch im Hallenbad dein Wörterbuch dabei, damit du all die Regeln, die dort angeschlagen sind, beherzigen kannst.
- Rentier-Warnschilder sind keine Touristenattraktion.

47. GRUND

Weil Trolle auf Inseln leben

Wer sich reif für die Insel fühlt, sollte unbedingt Vartiosaari besuchen. Schon der Wasserweg auf die Insel ist es wert. Rund 330 Inseln sind Helsinki vorgelagert, immer geht's irgendwo am Ufer entlang.

Vartiosaari ist mit 82 Hektar die viertgrößte Insel Helsinkis und befindet sich zu einem Großteil im Besitz der Stadt. Die Insel beeindruckt vom ersten Moment an: natürlich, ursprünglich, einzigartig. Die Landschaft, Flora und Fauna der Insel konnten in den vergangenen Jahrzehnten so gut wie unverändert erhalten werden. Farn wächst hier so üppig wie in einem Urwald. Immer wieder schafft es die Sonne, sich durch die Bäume hindurch einen Weg bis zum Farn zu bahnen und einzelne Blätter anzustrahlen. Farn, Moos, Flechten und Wald, Wald, Wald, bis zum Ufer. Felsen noch aus der Eiszeit, Hügel, Erhebungen. Und einsam. Nur zwei Menschen begegne ich hier innerhalb von fünf Stunden.

Ein paar wenige Villen stehen verstreut zwischen den Bäumen auf der Insel, aus dem 18. und 19. Jahrhundert, den sogenannten »Goldenen Zeiten«, einige von ihnen von Künstlern bewohnt. Und obwohl es sonst an jedem Eck ein *kahvila* gibt, man wirklich überall und zu jeder Zeit einen Kaffee bekommt, selbst an Stellen, an denen man es nicht vermuten würde ... hier: Fehlanzeige. Nicht ein einziges Café, auf der ganzen Insel nicht. Ungewöhnlich.

Mit der Idylle könnte es bald vorbei sein: Zwar haben Naturschützer und engagierte Bürger jahrelang versucht, eine Bebauung mit weiteren Privathäusern zu verhindern, haben Unterschriften gesammelt und Petitionen eingebracht. Doch die Stadt hat endgültig entschieden, dass dort gebaut werden darf. Zumindest erzählt mir das Kati, die ich zusammen mit ihrem Mann auf dem Schiff dorthin kennengelernt habe. Sie war jahrelang im Stadtparlament tätig. Ihr Mann schreibt politische Fachbücher. Ein interessantes Paar und wir finden schnell viele Themen, wofür die Überfahrt ruhig hätte länger dauern dürfen.

Eine Besonderheit der Insel ist sicher die *Tonttukirkko*, die Trollkirche auf Vartiosaari. Eine Freiluftkirche mit einem Kreuz aus krummen Ästen und kleinen Bänken, die sich im Halbkreis drum herum gruppieren. Zu klein für Menschen, gerade gut für Trolle. Ein mystischer Platz, mit einer kleinen Steinklippe, offenbar die Uferlinie vor geschätzten 4.000 Jahren. Die unglaublichen Eismassen, die Finnland damals bedeckten, haben derartigen Druck ausgeübt, dass sich das Land bis heute nicht endgültig davon erholt hat und immer noch weiter »wächst«.

Von Trollen jedoch keine Spur. Sie schätzen offenbar keinen Besuch und schon gar keine Fotos. Kaum zücke ich die Kamera, beginnt es zu regnen. Als ich mich davon nicht gleich vertreiben lasse, wird der Regen stärker, so lange, bis ich das Feld freiwillig räume und weiterziehe. In der Hoffnung, einen Baum zum Unterstellen zu finden.

Da die Insel nur zweimal am Tag angefahren wird, bin ich echt froh, nicht noch Stunden auf die nächste Fährverbindung warten zu müssen, sondern mit einem privaten Ruderboot übergesetzt zu werden. Ein Mann namens Ilari, wie ich kurze Zeit später erfahre, rudert zufällig am Ufer vorbei und fragt mich, ob er mich zur nächstgrößeren Insel rudern soll. Einfach so. Weil er weiß, dass man nicht so leicht von der Insel runterkommt. Und weil es hier nicht so ungewöhnlich ist, einem Fremden einen Gefallen zu erweisen.

Als ich wieder »festen« Boden unter den Füßen habe, bin ich um freundliche Begegnungen und viele schöne Eindrücke im Kopf reicher und ungefähr einen halben Liter Blut ärmer, den die Mücken mir frecherweise abgeknöpft haben.

48. GRUND

Weil man sich über den ersten Schnee freut

Ich stapfe durch den unberührten Schnee. Pulverschnee. Flockig, fluffig, locker. Er gibt nach. Es fühlt sich ein bisschen an, als würde man auf Wolken spazieren gehen. Kein Knirschen, sondern nur ein sanftes Zischen gibt der Schnee von sich, während ich durch die Landschaft streife. Schöne Muster zaubert die Sonne in das Weiß, Licht- und Schattenspiele, die erst der Schnee möglich macht. Nichts riecht besser als frisch gefallener Schnee. Große reinweiße Flächen, die hier und da durch Schatten, die Bäume werfen, durchbrochen werden. Der erste Schnee kam über Nacht! Und legte sich ohne Ausnahme über alles, deckte alles zu. Die Welt war über Nacht zweifarbig geworden. Gleichzeitig beendet der erste Schnee die *kaamos*-Zeit, die dunkle Jahreszeit, denn der Schnee hellt den Tag unglaublich auf. Die Kinder toben draußen herum, fahren die kleinsten Hügel mit dem Schlitten runter und bauen Schneemänner.

Wir freuen uns über den Schnee, wenn seine Zeit gekommen ist, habe ich mal in einem Reiseprospekt gelesen. Ich freu mich auch und stapfe weiter durch den Wald bei Haukipudas im Norden des Landes, wo ich ein kleines rotes Holzhäuschen mitten im Wald, an einem Fluss gelegen, gemietet habe.

Die Vielfarbigkeit des Sommers ersetzt durch Weiß und Blau. Mit einem Mal nimmt man die Formen der Natur ganz neu, ganz anders wahr. Hier eine Welle im Boden, da eine Erhebung. Und ab und zu ein Rätsel: Was da wohl unter dem Schnee verborgen ist? Ein Stein, der vorwitzig rausragt? Oder nur eine Schneewehe?

Die Sonne blendet und lässt den Schnee wie Diamanten glitzern, Abertausende ungezählte winzig kleine Kristalle, die von weither aus allen Richtungen zusammengefunden haben und nun gemeinsam einen einzigen weißen Teppich bilden. Es riecht nach Kälte und frisch geschlagenem Holz.

Still ist es im Wald, ich höre nur mehr meine eigenen Geräusche. Doch ich bin alles andere als allein. Erst jetzt entdecke ich bei diesem Winterwetter all die Schneespuren: von Vögeln, Hasen, Hunden, vielleicht sogar Füchsen. Spuren, die uns sonst verborgen bleiben. Wege, die uns sonst verborgen bleiben. Ein zickzacklaufendes Durcheinander verschiedenster Pfoten und Tatzen, als hätten alle miteinander Verstecken gespielt. 42.000 verschiedene Arten von Tieren, Pflanzen und Pilzen kommen in Finnland vor. Neben dem Rentier und dem Elch auch der Braunbär, der Wolf, der Vielfraß, der Polarfuchs, der Marder und der Biber. Ein ganz besonderes Exemplar ist der Eurasische Luchs. Rund 1.500 dieser wilden Luchse leben im Grenzgebiet zu Russland. Mir ist allerdings noch keiner begegnet. Wer hier jetzt allerdings seine Tapsen hinterlassen hat, weiß ich nicht so genau – vielleicht nur ein paar Eichhörnchen, Raben und Hunde.

Der immense Vorteil dieser Spuren wird mir erst beim Zurückgehen klar: Anhand meiner eigenen Abdrücke finde ich auch wieder raus aus diesem winterlich verschneiten Wald und nach Hause. Oder wie sagte schon der chinesische Schriftsteller Lin Yutang:

»Reisen ist besonders schön, wenn man nicht weiß, wohin es geht. Aber am allerschönsten ist es, wenn man nicht mehr weiß, woher man kommt.«*

* *Lin Yutang: Weisheit des lächelnden Lebens. Übersetzt von W E. Süskind. Reinbek bei Hamburg 1960. S. 47.*

49. GRUND

Weil manche Plätze besondere Kraft besitzen

Die Kirche von Pielpajärvi ist ein ganz besonderer Ort. 1752–1760 erbaut, gehört sie zu den ältesten Gebäuden in ganz Nordlappland. Und die will ich sehen. Eine Kirche mitten im Wald. Trotz Regen mache ich mich auf den Weg. Kilometer über Kilometer geht es durch endlose Wälder, durchsetzt mit Felsen, die verstreut zwischen den Bäumen liegen, als hätten Riesen mit Murmeln gespielt.

Der Weg geht im wahrsten Sinn des Wortes über Stock und Stein. Hier wurde kein Wanderweg angelegt. Kein einziger Mensch weit und breit. Mir begegnet niemand. Das Einzige, was ich höre, sind die Regentropfen, wenn sie auf meiner Kapuze landen. Und das Klacken des Auslösers des Fotoapparates. Denn die herbstliche Stimmung in diesem stillen, unfassbar großen Wald ist einnehmend schön.

Die Kirche liegt rund zehn Kilometer von Inari entfernt, inmitten – und wenn ich sage inmitten, dann meine ich genau das! – unbewohnter Wildnis. Einödkirche wird sie auch genannt. Sie entstand im Zuge der Christianisierung der samischen Bevölkerung Inaris. Das Winterdorf rund um die Kirche wurde irgendwann aufgegeben, als die Sami sesshaft wurden.

Immer wieder beschleicht mich der Gedanke umzudrehen. Warum tust du dir das eigentlich an? Hier im Regen durch den Wald zu stapfen? Schnapsidee. Mutterseelenallein in diesem Wald. Doch irgendwas zieht mich dorthin. Ich will diese Kirche sehen, will sehen und spüren, ob von ihr eine besondere Stimmung ausgeht. Mittlerweile bin ich ziemlich durchnässt. Ich weiß nicht, wie weit es noch ist. Meine Laune sinkt. Ich wundere mich, warum ich niemandem begegne. Bin ich wirklich die Einzige hier?

Ich komme an kleineren Seen vorbei. Schöne Ausblicke, selbst im Regen. Aber von einer Kirche ist weiter nichts zu sehen. Hab ich mich etwa verlaufen? Ich höre einen Specht. Sonst nichts. Immer wieder geht es um Biegungen herum, kleine Anhöhen rauf und runter. Der Anblick, der Ausblick ändert sich mit jedem Schritt. Die Schuhe geben den Widerstand gegen die Nässe auf. Ich habe jetzt kalte und nasse Füße. Und Hunger. Aber irgendwas zieht mich unaufhörlich weiter.

Endlich! Nach einer gefühlten Ewigkeit des Kraxelns über Felsen, Steine und unzählige Wurzeln, Flechten und Moose erblicke ich rechts vor mir ein Holzgebäude. Einen schlichten Holzbau in der Form eines griechischen Kreuzes. Mit einem Zaun drum herum. Ich räume die Steine vor der Tür der Kirche weg und öffne sie vorsichtig. Die Fensterläden sind geschlossen. Nur durch die Tür kommt ein wenig Licht in die Kirche. Weiße Bänke, Holzboden und wieder diese Ruhe. Stille. Unfassbare Stille.

Um die Kirche herum befanden sich ursprünglich Kirchenstuben, in denen die weit angereisten Kirchenbesucher untergebracht wurden, ein Pfarrhaus und andere Gebäude, die allesamt nicht erhalten geblieben sind. Einen Friedhof gab es dagegen nicht, weil die Samen die Verstorbenen traditionell auf Inseln im Inarisee bestatteten. Heutzutage finden hier nur noch an Mittsommernacht und am Karsamstag Gottesdienste statt.

Der Regen hört auf, und wenige Sekunden später zeigt sich völlig unverhofft und unerwartet die Sonne. Klettert über die Bäume, hangelt sich am Dach der Kirche entlang, gleitet über die alten ausgeblichenen und verwitterten Holzbalken und lässt die Kirche in einem ganz anderen, neuen Licht erstrahlen.

Meine schlechte Laune, mein Missmut, meine Zweifel sind wie weggeblasen, als hätte der Regen sie mitgenommen. Die Sonne zaubert ein Lächeln in mein Gesicht. Dieser Ort hat seinen eigenen Zauber. Die letzten Regentropfen fallen vom Dach, so laut in diese Stille hinein, dass man fast aufschreckt. Aufschreckt vor kleinen Tropfen, die in einer Pfütze Blasen bilden.

Ich setze mich auf einen Stein und lass mich von der Sonne wärmen.

Weil es unentdeckte Schätze bereithält

Weit und breit nichts als Wälder und eine einzige schnurgerade Straße. Und plötzlich macht der endlos scheinende Wald Platz. Und das Auge erblickt Vogelscheuchen. Eine neben der anderen. Friedlich und stumm stehen sie da in Eintracht neben- und hintereinander auf einer ansonsten flachen Ebene. Hunderte, mit T-Shirts, Mützen, Hosen, manche mit Handschuhen und Schals, andere im luftigen Frühlingskleid, das der Wind hin und her weht. Jede anders.

Hiljainen Kansa, das stille Volk, nennt Reijo Kela sein Werk.

Sie stehen einfach so da. Still und stumm. An die 1.000 Vogelscheuchen stehen da. Alle in dieselbe Richtung blickend. Direkt an der Fernstraße E5, etwa 30 Kilometer nördlich von Suomussalmi. Je nach Tageszeit und Wetter erzeugen sie eine unheimliche Stimmung. Machen nachdenklich. Irgendwie mahnend.

Sind Parallelen beabsichtigt?, frage ich mich. Die Finnen, die ja als schweigsam gelten. Oder ist das nur ein Vorurteil, ein Klischee?

Da hab ich nun so viele Fragen. Aber das stille Volk bleibt stumm.

Auch Reijo Kela, der geistige Vater des stillen Volkes und eigentlich Tänzer und Choreograf, gibt keine Antwort auf die Frage, was das stille Volk bedeuten soll. Jeder muss selbst seine Antwort für sich finden.

Die Torfköpfe werden zweimal im Jahr aufgefrischt und neu eingekleidet. Das Material für die Köpfe kommt direkt von der Wiese. Die Kleider stammen aus extra organisierten Kleidersammlungen. Wenn das stille Volk entkleidet wird, bleiben 1.000 Kreuze stehen.

KAPITEL 6

KULINARISCHES

Finnland für Genießer

51. GRUND

Weil der Kitt der Gesellschaft koffeinhaltig ist

Es tut mir wirklich leid um alle Teetrinker, aber Kaffee ist das absolute Getränk Nummer eins in Finnland (und weil das so ist, muss Kaffee auch mehrfach Erwähnung finden). Kaffee ist Lebenselixier, Türöffner, Seelentröster, Pausengetränk, Muntermacher, ja Anfang und Ende. Der Tag beginnt und endet mit Kaffee. Beziehungen beginnen mit Kaffee, Beerdigungen enden mit Kaffee. Für Kaffee ist immer Zeit.

Die Finnen haben längst begriffen, dass Kaffee – regelmäßig getrunken – nicht nur ein Genussmittel ist, sondern positive Effekte für die Gesundheit hat. So zeigen Studien, dass Koffein dem Gedächtnis auf die Sprünge helfen kann. Kaffee steigert das Erinnerungsvermögen, und bei mehr als drei Tassen täglich verläuft der geistige Abbau langsamer. Eine finnisch-schwedische Langzeitstudie unter Kaffeetrinkern hat außerdem ergeben, dass Kaffee vor Demenz schützt. Drei bis fünf Tassen Kaffee täglich senken das Risiko, an Demenz zu erkranken, um zwei Drittel. Auch die körperliche Leistungsfähigkeit steigt nach Kaffeekonsum. Und eine Harvard-Studie hat mal ergeben, dass Frauen, die vier oder mehr Tassen Kaffee pro Tag trinken, weniger häufig an Depressionen erkranken. Regelmäßiger Kaffeekonsum soll außerdem das Risiko für Darm- und Rachenkrebs vermindern. Auch schützt er den Darm vor Entzündungen und Zellschäden. Mehr als vier Tassen des schwarzen Muntermachers sollen das Leberkrebsrisiko um 75 Prozent senken.[34] Und Vitamine wie B 2 und B 5 sind auch enthalten. Schenkt man all diesen Untersuchungen Glauben, muss Kaffee ein wahres Wundermittel sein. Auf jeden Fall vertrauen die Finnen drauf und trinken wann immer geht Kaffee.

Früher öfter anzutreffen: Kaffee aus einer Kanne an der Tankstelle, gleich neben der Kasse, der seit Stunden auf der Warmhalteplatte vor sich hinschmort, leicht eingekocht und bitter – ungefähr so lecker wie gesalzene Milch. Aber mit der Zeit gewöhnt man sich selbst an den leicht metallischen Geschmack.

Nein, diese Variante ist eher vom Aussterben bedroht, tatsächlich gibt es Kaffee in allen Varianten – Filterkaffee am liebsten, aber mittlerweile auch alle Spezialvarianten von Latte macchiato bis zu Espresso und alles dazwischen.

Presidentti (Präsident) oder *Kulta Katriina* (Katriinas Gold) heißen die beliebtesten Sorten und werden zu jeder Tages- und Nachtzeit getrunken. Paulig, eine der größten Kaffeeröstereien des Landes, würde vermutlich sofort einen Generalstreik auslösen, wenn er die Produktion einstellen würde.

Kaffee-Entzug ist unmöglich, undenkbar in Finnland, diese Krankheit existiert hier nicht, würde vermutlich auch sofort unter Strafe gestellt. Kaffee gibt es an jeder Ecke, auch der kleinste Marktstand bietet frischen Kaffee an. Wen wundert es da, dass die Finnen Weltmeister im Kaffeetrinken sind. Der Durchschnittsfinne verbraucht zwölf Kilo Rohkaffee pro Jahr (Deutschland 6,7 Kilo), das ist weltweit Spitze.

Kaffee, das ist in Finnland so was wie der Kitt der Gesellschaft. Wann immer man irgendwo zu Besuch kommt, wird einem als Erstes Kaffee angeboten. Wenn die Situation verfahren scheint, wird erst einmal Kaffee gekocht. Wenn die Situation entspannt ist, auch. Wenn man nicht weiterweiß, kann man immerhin Kaffee kochen. Und zur Feier des Tages sowieso.

Dazu kann man überall und zu jeder Tageszeit die bereits erwähnten *pulla* essen, oder *munki*, eine Art Berliner oder Krapfen. *Kahvileipä* nennt sich das sehr charmant. Übersetzt: Kaffeebrot. Damit man kein schlechtes Gewissen haben muss, wenn man sich mal wieder ein paar Tausend Kalorien reinpfeift.

52. GRUND

Weil Ohrfeigen gefährlich lecker sind

Der ehemalige französische Präsident Jacques Chirac hat mal gesagt: »Nach Finnland ist Großbritannien das Land mit dem schlechtesten Essen.« Und Silvio Berlusconi, der ehemalige Ministerpräsident Italiens, hat sich ebenfalls mal lautstark über die finnische Küche beschwert. Sie sei schrecklich und in keiner Weise mit der italienischen vergleichbar.

Die Finnen rächten sich auf ihre Art. Kotipizza, eine finnische Pizzakette, kreierte eine Roggenpizza mit geräuchertem Rentierfleisch und nannte sie Berlusconi. Genau diese Pizza wurde zur »Besten Pizza der Welt« gekürt – und ließ alle italienischen Pizzen weit hinter sich.[35]

Aber nicht nur seit diesem Erfolg befindet sich nordische Esskultur im Aufwind. Finnland hat mittlerweile eine florierende Gourmet-Szene. Fünf Michelin-Sterne schmücken die kleine Hauptstadt. Eintauchen in die leckeren Spezialitäten des Landes kann man neben den Gourmet-Tempeln besonders gut in den zahlreichen Markthallen. Sie sind die Oasen des Genusses und locken mit allerlei Köstlichkeiten von Fisch über Fleisch bis hin zu Käse, Kuchen und anderen süßen Versuchungen.

Auch kann man in Helsinki Elchburger, Rentier- und Bärenfleisch probieren, für Vegetarier bieten sich eine Eiscremefabrik oder eine Whiskydestillerie an. Echte Feinschmecker sollten sich den Restaurant Day im Kalender eintragen. Eine finnische Erfindung, die mittlerweile Anklang in der ganzen Welt findet. Die Idee: jeder darf an diesem Tag sein eigener Wirt sein und bei sich zu Hause sein eigenes Restaurant für Gäste öffnen.

Meine persönlichen absoluten Favoriten und der Inbegriff für »Sich-in-Finnland-Fühlen« sind *pulla* und *piirakka*. *Pulla* ist für mich das weltbeste Gebäck! Ein Stück vom Himmel! Da kommt es meinem Gaumen sehr entgegen, dass es *pulla* zu jeder Tages-, Nacht- und Jahreszeit gibt. *Korvapuusti* ist die offizielle Bezeichnung, was so viel heißt wie Ohrfeige oder Ohrschnecke. Ein Hefegebäck mit Zimt, Zucker und Kardamom, das ein bisschen an eine Ohrmuschel erinnert. Daher der Name. Weltklasse! Muss man probiert haben. Am besten mit Kaffee runterspülen! Das Rezept meiner Mama dafür findet ihr auf meinem Blog (www.tarjasblog.de).

Karjalanpiirakka ist eine typische Spezialität aus Karelien, eine Pirogge aus Roggenteig mit einer Reisfüllung. In Abwandlung auch als Roggenteigtasche mit Kartoffelfüllung. Am besten angewärmt und mit *munavoi* oben drauf, also einer Mischung aus Butter und einem gekochten Ei. *Karjalanpiirakka* sind das Beste, wenn man sich gerade nach einem Leckerbissen sehnt. Auch wenn sie ursprünglich aus Karelien kommen, haben sie sich nach dem Zweiten Weltkrieg in ganz Finnland ausgebreitet und sind vom Speiseplan nicht mehr wegzudenken. So werden die *karjalanpiirakka* als kleine Mahlzeit zwischendurch, aber auch schon zum Frühstück und genauso bei festlichen Anlässen serviert. Mittlerweile gehört diese Köstlichkeit zu den von der EU geschützten Lebensmitteln und hat es sogar als Motiv auf eine Briefmarke geschafft. Sie ist Teil der Norden-Markenserie, die 2016 erschienen ist, an der alle nordischen Länder teilnehmen und die das Thema nordische Esskultur behandelt. Gründe genug, sie mal zu probieren!

53. GRUND

Weil es nicht wurstegal ist

Wird man nach typisch finnischer Küche gefragt, schwingt da häufig gleich so ein mitleidiger Ton mit. Ja, die Armen da oben. Da wächst ja nichts. Bestimmt haben die eine ganz einseitige, geschmacksarme, öde Küche. Das mag auf die Küche vor Hunderten

Jahren sogar zutreffen. Doch darf man dabei nicht vergessen, dass es in Finnland pure Naturgenüsse zuhauf gibt: Aus den heimischen Wäldern, Feldern und Seen kommen Süßwasserfische, Gemüse, Beeren, Pilze, Nüsse, Kräuter. Die ursprüngliche finnische Küche besticht durch einfache Gerichte mit einer gewissen Raffinesse. Auf den Tisch kommen neben Fleisch und Fisch Karotten, Kartoffeln oder Rote Beete, oft zusammen mit süßen oder herben Beerenmarmeladen. Nicht zu vergessen eine ungeheure Auswahl an Joghurt und Käse, Brot und Backwaren. Das typisch finnische Roggenbrot gehört zu Finnland wie der weiß-blaue Himmel. Am besten mit Käse, der genauso rund ist wie das Brot, dann steht nichts über. Finnischer Pragmatismus. Eintöpfe, Suppen, Pasteten und Aufläufe gibt es in allen Varianten. Lachssuppe zum Beispiel, die mit Milch, Kartoffeln und Dill zubereitet wird. Oder die typische Sommersuppe *kesäkeitto*, bestehend aus Gemüse, frischen Kräutern und ebenfalls mit Milch zubereitet. Oder der berühmte *kalakukko*, das erste Konservenessen der Waldarbeiter. Denn der Fischkuchen wird im Brotteig gebacken und eignet sich gut zum Mitnehmen.

Am besten erkundet man die finnische Küche bei einem Besuch auf dem Markt, oder man probiert mal ein finnisches Buffet. Viele Lokale bieten ein preisgünstiges Mittagsbuffet an (*lounas*).

Die bodenständige finnische Hausmannskost aus Kartoffelgerichten mit Fleisch oder Fisch hat sich in den vergangenen Jahren der modernen europäischen Küche angepasst. Den Italiener um die Ecke findet man hier ebenso wie Tapas- und Sushibars sowie Einflüsse der Nachbarländer Schweden und Russland. Immer mehr Kulinariker entdecken Finnland aber auch als Schatz an regionalen Köstlichkeiten und neuartigen Variationen. Und immer mehr Spitzenköche machen die neue finnische Küche in der Welt bekannt.

In einem Land mit 188.000 Seen darf Fisch natürlich bei den nationalen Köstlichkeiten nicht fehlen: gebraten, am offenen Feuer gegart, im Ofen gebacken oder geräuchert. Sei es Wildlachs, Hecht, Strömling, Zwergmaräne, Zander, Barsch oder Renke, am besten selbst gefangen. Als Delikatesse gelten Fischrogen und Flusskrebse. Eine typische Spezialität ist *graavi lohi*: gebeizter Lachs mit viel frischem Dill und hauchdünn geschnitten. Oder *muikku*, die kleine Maräne, am besten in Mehl gewendet und schön kross rausgebraten. Eine absolute Besonderheit ist *liekkilohi*, Flammlachs. Dabei wird der Lachs gesalzen und auf Holzbretter genagelt senkrecht am Feuer geräuchert. Ich dagegen steh mehr auf *poronkäristys*: Rentiergeschnetzeltes mit Kartoffelbrei und Preiselbeermarmelade.

Die Finnen sind Spezialisten darin, immer eine Gelegenheit zu finden, Würstchen zu essen. Kein Spaziergang, keine Wanderung im Wald, keine Langlauftour ohne anschließendes Würstchengrillen über offenem Lagerfeuer. Egal, ob Sommer oder Winter. Ohne *lenkkimakkara*, die Fleischwurst im Ring, kann kein Finne sein. Man kann sie auch in die Sauna mitnehmen und dort während des Schwitzens garen. Das kulinarische Motto findet sich selbst in einem finnischen Sprichwort wieder, das da sagt: Der Mensch ist nie so satt, als dass er nicht noch etwas Wurst essen könnte.

54. GRUND

Weil Beeren bärenstark sind

Beeren sind der absolute Renner in Finnland. Kleine Schätze der Natur. Blaubeeren, Brombeeren, Preiselbeeren, Moltebeeren. Das Gute daran: Die gibt es je nach Saison nicht nur frisch auf dem Markt, sondern in jedem Wald. Zum Selberpflücken, Selberernten, Selberessen. Jedermannsrecht! (Siehe Grund »Weil jedermann Jedermannsrecht genießt«, S. 61) Moltebeeren sind orangene Beeren, die vor allem in den borealen Wäldern wachsen, vergleichbar im Aussehen mit Brombeeren, aber mit eigenem Geschmack. Die Moltebeere, auch Torfbeere oder Sumpfbrombeere genannt, ist eines der Wahrzeichen Lapplands. Vor allem steckt sie voller

Vitamine. Die Samen sagen, sie brauchen keine Orangen im Winter. Ihre Waldbeeren haben mehr Vitamin C. Ihr Geschmack ist bitter-säuerlich und ihr Ertrag gering. Daher ist sie die teuerste unter den Waldbeeren, und die Nachfrage ist immer größer als das Angebot. Aus ihnen macht man neben Gelee und Marmelade auch den berühmten Lakka-Likör. Und so nennt man die Lakka-Beere auch das Gold Lapplands.

Preiselbeeren und Heidelbeeren gibt es, so viel das Herz begehrt. Rund 500.000 Tonnen Beeren wachsen angeblich in den finnischen Wäldern. Dass jeder sie pflücken darf, stört niemanden. Trotz kommerzieller Ernte gehen Schätzungen davon aus, dass jedes Jahr nur drei bis zehn Prozent aller Beeren geerntet werden. Es gibt sogar eine Weltmeisterschaft im Preiselbeerpflücken in Suomussalmi. Jeder bekommt eine Nummer auf den Rücken und einen Eimer, und dann geht es in einen vorher geheim gehaltenen Teil eines Waldes. Der Weltrekord liegt bei 28 Kilogramm Beeren in einer Stunde!

Bis heute kauft die Beerenindustrie die Ernte auch von Privatleuten. So können sich manche ein schönes Zubrot verdienen. Man braucht nur einen geschmeidigen Rücken, flinke Finger und Geduld.

Die Beeren landen schon beim Frühstück auf den Tisch, um den Frühstücksbrei *puuro* etwas farbiger und süßer zu gestalten. Oder werden zu leckerem Saft oder noch besser Kuchen verarbeitet. *Mustikkapiirakka*, Blaubeerkuchen, ist der absolute Hit in jedem Café, das etwas auf sich hält. Beliebt sind im Sommer aber auch *kiisseli*, erfrischend fruchtige Kaltschalen als Nachtisch.

Die Beeren sind wahre Alleskönner: Aufgrund ihrer Inhaltsstoffe sollen sie Alzheimer und Krebs abwehren, das Immunsystem stärken und vor Alterungsprozessen schützen. Kein Wunder, dass auch die finnische Kosmetikindustrie die Beeren längst für ihre Zwecke entdeckt hat.

Mein absoluter Favorit ist *vispipuuro*! Eine Nachspeise aus Preiselbeeren, die es bei uns früher nur zu Weihnachten gab. Vielleicht hat sie sich deswegen bei mir so ins Hirn gebrannt. Für mich eine absolute Delikatesse.

Doch bevor ich noch mehr Worte mache und mir das Wasser im Mund zusammenläuft, hier einfach das Rezept. Im Übrigen von einer (Schul-)Freundin meiner Mama: Rakel macht *vispipuuro* seit mehr als 60 Jahren und somit fast schon im Schlaf. Sie hat es mir gezeigt, und es ist denkbar einfach nachzumachen:

Zutaten:
1 Deziliter Wasser
3 Deziliter Preiselbeeren
½ Deziliter Grieß
1 bis 1½ Deziliter Zucker
½ Teelöffel Salz

Die Preiselbeeren werden im Wasser gekocht, dann fügt man den Grieß hinzu und lässt das Ganze noch einmal circa zehn Minuten köcheln. Erst dann kommen Zucker und Salz hinzu. Das lässt man ein bisschen abkühlen. Dann schlägt man die Masse so lange, bis sie hellrot wird. Das kann schon mal eine halbe Stunde dauern. Je nach Geschmack kann man noch Vanillezucker hinzugeben. Diese wunderbar geschlagene Creme kann man dann mit ein bisschen Milch, Sahne oder Schlagsahne genießen!

55. GRUND

Weil Finnland ein Lakritzplanet ist

Mögt ihr Lakritz? Wenn ja, dann ist Finnland das Süßwaren-Paradies für euch! Diese einzigartige Versuchung aus dem Wurzelextrakt des Süßholzes, in Hunderten Sorten, von sauer über süß bis scharf, von Weiß bis Schwarz alle Farben, alle Formen, als Schnüre,

Stangen oder Drops, mit Zuckerguss oder mit Salz überzogen – schlicht: ein Schlaraffenland für Lakritz-Liebhaber. Regalweise in den Supermärkten. Egal, was ihr euch auch in euren kühnsten Träumen vorstellt – in Finnland wird es wahr, in allen Verpackungsgrößen und sämtlichen Varianten. Ein Traum, was sag ich, ein Lakritzplanet aus schwarzer Versuchung!

Salmiakki ist die Verschärfung von Lakritz und gehört untrennbar zum finnischen Dreiklang »Sauna, Sibelius und Samiakki«. Oftmals kleine höllisch scharfe, schwarze Bonbons, denen gegenüber Chilischoten so harmlos wirken wie Babyschnuller in warme Honigmilch getaucht.

Für mich ein Teil der Kleinigkeiten, die es nur in Finnland gibt. Die mich in die Kindheit zurückkatapultieren. Kleine Beweise dafür, dass ich wirklich da bin. Das schwarze Gesicht mit den kullerrunden weißen Augen auf den Lakritzpackungen, das sich in 40 Jahren nicht verändert hat. Die kleinen Xylitol-Kaugummi-Packungen an der Kasse im Supermarkt, die Türgriffe an den Eingangstüren aus Holz, die Kaffeekannen an der Kasse an der Tankstelle, die bunt gestreiften Webteppiche, die knarrenden Stufen aus Holz im Eingangsbereich der Mehrparteienhäuser – Gerüche und Geschmäcker, die es nur in Finnland gibt. Man möchte sie alle einsammeln und einzeln ins Poesiealbum kleben. Als lebender Beweis, was man vermisst hat in all den Jahren, ohne es zu wissen.

Und selbst, wenn ihr kein Lakritz mögt. DAS ist DIE Gelegenheit für euch, es noch einmal zu versuchen. Es gibt ganz gewiss auch die Sorte von Lakritz oder Salmiak für euch! Und sei es das abgefahrene schwarze Lakritz-Eis. Oder Lakritzkekse, Lakritzlikör oder Lippencreme mit Lakritzgeschmack.

Probiert es einfach aus!

56. GRUND

Weil alles eine Frage der Relation ist

Alkohol und die Finnen – das ist immer noch ein gängiges Klischee, das immer gleich aus der Tasche gezogen wird, wenn die Sprache auf Finnland kommt. Da gibts doch total viele Alkoholiker, heißt es dann.

Fangen wir mal ganz vorne an: Dünnbier gibt es schon sehr lange, und immer noch – aus Wasser, Malz, Zucker und Hefe hausgebraut – wird es häufig auch in Hotels zum Abendessen angeboten. Eine Spezialität, die ihren Ursprung in der Prohibition hat, die von 1919 bis 1932 galt. Damals stimmte die Mehrheit für die Aufhebung der Prohibition. Seitdem hat der Staat das Monopol auf den Verkauf von Getränken mit einem Alkoholgehalt von mehr als 4,7 Prozent. Dünnbier schmeckt häufig herb, manchmal bitter – aber keines schmeckt wie das andere. Die Rezepte dazu werden geheim gehalten.

Das Verhältnis der Finnen zum Alkohol ist bestimmt durch den Wechsel von Helligkeit und Dunkelheit, von Kälte und Wärme und von den Wochentagen. Viele halten sich die ganze Woche zurück und trinken nur am Wochenende Alkohol. Dann aber so viel und so lange, wie man bei Bewusstsein bleiben kann. Ein altes Sprichwort besagt: Ein halber Rausch ist rausgeschmissenes Geld. Euphemistisch ausgedrückt, verstehen die Finnen sich aufs feuchtfröhliche Feiern, anderseits soll hier auch nicht verschwiegen werden, dass der Umgang mit Alkohol aufgrund der geschichtlichen und gesellschaftlichen Entwicklung teilweise auch ein problematischer ist. Schon allein wegen der beschränkten Zugangsmöglichkeiten durch die staatlichen Alkoläden ist Alkohol gerade für junge Menschen natürlich noch interessanter und verlockender.

Wenn man schon die ganze Woche verzichtet, dann will man wenigstens den Alkohol spüren, den man am Wochenende in sich hineinschüttet. Möglichst schnell, möglichst viel. Sonst spürt man es ja womöglich nicht. Das macht anschließende Gespräche mitunter ein wenig mühsam, aber häufig nicht weniger unterhaltsam. Beliebt sind nach wie vor die Schiffsausflüge nach Schweden und nach Estland. Das liegt nicht so sehr an den reizvollen Städten, sondern mehr am billigen Alkohol an Bord. Und am Tag darauf kann man sich dann ausführlich der Pflege des Katers widmen.

Nicht umsonst haben die Finnen eine ganze Vielzahl von Wörtern mit unterschiedlichsten Nuancen, die den Zustand am Tag danach beschreiben. Es gibt sogar ein eigenständiges Wort für den Zustand, wenn man sich allein, daheim, ohne Grund, nur in der Unterhose bekleidet, betrinkt: *kalsarikännit*. Womit gleichzeitig mal wieder bewiesen wäre: Die Finnen können in einem einzigen Wort beschreiben, wofür wir einen ganzen Satz brauchen.

Mittlerweile ist der Erwerb von Alkohol ein wenig liberaler geworden: Bier und Apfelwein werden auch in Supermärkten verkauft – allerdings nur bis 21 Uhr, dann werden diese Regale verschlossen, während alle anderen Produkte bis weit in die Nacht hinein verkäuflich sind. Für alle anderen Alkoholika gibt es die staatlichen Läden mit dem Namen Alko – und für manches Produkt werden da tatsächlich Spitzenpreise aufgerufen. Da tränen einem schon mal die Augen. Spezialitäten sind Beerenweine und -liköre, insbesondere der aus Moltebeeren hergestellte *Lakka*-Likör, den man unbedingt mal probiert haben sollte. In ihm stecken das ganze Licht und die Wärme des lappländischen Sommers. Wer auf ganz exotische Gaumengenüsse steht, der kann sich ja mal am *Tervasnapsi* aus Oulu versuchen, einem Holzteer-Schnaps mit feinem Teer-Aroma. Ich finde, er schmeckt wie verfaulter Aal, aber es soll Menschen geben, die tatsächlich darauf schwören.

Relativ neu ist dagegen die Herstellung von Whisky und Gin. Kleine Destillerien machen sich über die Ländergrenzen hinweg mit hervorragender Qualität einen guten Namen bei den Kennern.

Böse Zungen meinen, der Verkauf in den Supermärkten werde nur deswegen so früh am Abend eingestellt, damit es die Menschen in die Kneipen treibt, wo der Alkohol erheblich teurer ist. Was den Kabarettisten Urban Priol bei einem Auftritt in der Deutschen Schule in Helsinki zur Bemerkung brachte: »Ich wollte eigentlich nur ein Glas Rotwein, nicht den ganzen Laden kaufen.«

Aber wer meint, Alkohol sei teuer in Finnland, dem rate ich, mal in Helsinkis Innenstadt zu parken. Ja, so ist das mit den Klischees im Kopf – die ganze Welt ist der festen Überzeugung, dass Alkohol in Finnland völlig überteuert ist. Für ein Bier in der Kneipe zahlt man schon mal 6,80 Euro. Wenn man Pech hat, auch 7,80 Euro. Ich finde das günstig. Denn ich habe geparkt in Helsinki – in einer Tiefgarage, ein paar Stunden. Zunächst glaubte ich an einen Fehler, als ich das Ticket in den Automaten schob. Ich bat einen anderen Autofahrer um Hilfe. Auch er schaute ungläubig. Dann zog der Automat die Karte auch noch ein. Ich rief den Automatenservice an. Wenig später hatte ich mein Ticket wieder. Kein Computerfehler, kein Missverständnis, keine Touristenabzocke – ganz normale Realität in Helsinki:

32 Euro! Für ein paar Stunden Parken! Seitdem zahle ich gern sechs oder sieben Euro für ein Bier. Was ist das schon? Seitdem nehme ich übrigens meist die Metro. Oder die Straßenbahn. Oder geh zu Fuß.

57. GRUND

Weil der finnischen Morgen süß is(s)t

Karkkipäivä ist der finnische Süßigkeitentag. Weil ständiger Genuss ja bekanntlich der Gesundheit und den Zähnen abträglich ist, gibt es für Kinder in Finnland den *Karkkipäivä*. Häufig ist das der Samstag. Dann dürfen sie all die süßen Sachen essen, die sie sich unter der Woche verkniffen haben. Ich kann mir zwar nicht vorstellen, wie und ob es immer funktioniert. Wenn ich bedenke, dass ich als Kind 100 Prozent meines Taschengeldes in Süßes investiert habe. Ein paar Pfennigstücke in der hohlen Handfläche und auf die Lippen beißend am Überlegen, wie ich die paar Groschen jetzt möglichst gewinnbringend einsetze.

Aber für Kinder in Finnland scheint das eine ganz normale Geschichte zu sein. Da bin ich grad froh, dass der finnische Morgen in die süßliche Richtung tendiert: Denn so schmeckt der finnische Morgen: *puuro ja kahvia* – eine Art vorsintflutliches Müsli – aus in heißem Wasser gekochten und aufgequollenen Weizenflocken. Gesüßt mit Marmelade und kandierten Nüssen. Dazu heißer, starker Kaffee. Und davon viel. Herz, was willst du mehr?

Das Ganze gibt es in vielen finnischen Haushalten jeden Morgen. Der große Vorteil: Es wärmt und hält lange satt. Als Kind fand ich, diese Art Frühstück komme einer Folter gleich. Heute esse ich es am liebsten jeden Morgen!

In Helsinki kann man dieses Frühstück sogar manchmal an einem kleinen Stand auf der Straße kaufen. Da kann ich nicht widerstehen, auch wenn ich schon gefrühstückt habe. Dann gibt es zum zweiten Frühstück eben noch mal dasselbe.

Dazu eine noch wärmende Sonne und ein derartig strahlend blauer Himmel, als wollte er die Wolken vom Vortag wieder gutmachen. *By the way*: Es ist exakt das Blau der finnischen Fahne. Die Sonne wärmt meinen Rücken, obwohl wir schon Ende September haben, und insbesondere meinen Nacken, der vom Kamera- und Stativschleppen sowie schlechten Kissen in der Nacht ziemlich beleidigt ist.

Um mich herum höre ich Russisch, Japanisch, Amerikanisch und das ständige Klicken von Kameras. Selfiestangen sind bei Asiaten sehr beliebt. Alle paar Meter fotografieren sie sich selber. Ich sitze am Dom, dem Wahrzeichen Helsinkis, sauge einfach auf, beobachte, schaue dem Treiben zu.

Die, die zur Arbeit gehen, mit dem Becher in der Hand – erwähnte ich schon den exorbitanten Kaffeekonsum der Finnen –, die Aktentaschentypen, die auf ihrem Weg telefonisch hektisch Termine ausmachen. Die Sportlichen, die aussehen, als führten sie Selbstgespräche, da man die Stöpsel in den Ohren nicht gleich sieht, das Pärchen auf der Bank, sie telefonierend mit Bier in der Hand, er seine tätschelnd auf ihrem Oberschenkel und in der anderen etwas Hochprozentiges.

Die scheinbar nur in Gruppen existierenden Asiaten. Die reichen Russinnen, mit Pelz und Stöckelschuhen, die elegantes Gehen auf dem ständig wechselnden Kopfsteinpflaster absolut unmöglich machen. Die Pferdekutsche, mit Bierfässern beladen, die über selbiges rumpelt. Die Sonne genießen auch die Polizisten im Freiluftcafé auf dem Markt, schwer bewaffnet und martialisch aussehend, aber dann doch nur harmlos Kaffee schlürfend.

Die Meisen, die neuesten Krümel aufpickend; die Möwen kreischend über den Marktständen; der Fischer, der direkt aus dem Boot seinen Fang von heute früh feilbietet. Farben, Rot und Gelb und Grün, leuchten mir entgegen, Preiselbeeren, Pilze und Bohnen, aufgeschichtet zu imposanten Türmen, die sich nur literweise verkaufen lassen, in metallenen Bechern abgewogen.

Die imposanten klassizistischen Gebäude, zum Teil aus der Zarenzeit, deren Fassaden von der Sonne beleuchtet werden, dass sie auch als italienische Stadt durchgehen würden, an diesem Vormittag in Helsinki. Die Markthalle aus roten Klinkern, frisch renoviert, mit all den Köstlichkeiten von Fisch über Gemüse bis hin zu süßen Kalorienbomben.

Und dann ist ja auch schon bald *lounas*, der finnische Mittagstisch, der schon um elf Uhr beginnt.

Der Hopp-on-hopp-off-Bus, der auf Kundschaft wartet.

Und später die Stille im Dom, der Lärm bleibt draußen. Wenigstens für diese paar Minuten Innehalten.

Zurück auf dem Senatsplatz: Das Paar mit der Sofortbildkamera, das gebannt auf das Papier starrt, immer wieder schüttelt und die Entdeckung nicht abwarten kann. Die Anzugträger und jungen Leute, die den Weg auswendig kennen und im Gehen SMS schreiben, nicht wahrnehmend, was um sie herum geschieht. Die vorbeibimmelnde Straßenbahn, die in ihren Schienen rattert und quietscht, wenn es um die Kurve geht, Richtung Katajanokka, da, wo die großen Fähren anlegen und in ihrem Bauch all die Container und Autos aufnehmen. Der Tourist, der die einzige McDonald's-Tüte auf dem großen Platz aufsammelt und zum Papierkorb bringt. Und immer wieder die klickenden iPads, iPhones und Fotoapparate. Die Kindergartengruppe, die in Zweierreihen über den Platz geführt wird. Und das alte Ehepaar, die wie zwei Frischverliebte einander Hände suchen und sich finden – neu und doch so vertraut. Das Glockenspiel des Doms kurz vor zwölf Uhr.

Ich kann mich kaum losreißen von dieser Stadt, dieser Atmosphäre, dieser wunderbar klaren Luft, die vom Meer her weht. Der alte Mann, der mir in die Kamera winkt. Er lächelt, und ich lächele zurück. Im Wissen, immer wieder gerne hierher zurückzukommen.

58. GRUND

Weil Käse quietscht

Es gibt sie mit viel, wenig, selbst mit gar keinem Fett, mit und ohne Laktose, bio oder konventionell, als zwei oder fünf Deziliter, ein oder zwei Liter, in blauen, hellblauen oder roten Tüten. Allein bei einer Marke habe ich 43 verschiedene Artikel im Supermarkt gezählt: Milch (*maito*) – das Nationalgetränk der Finnen.

Seit Jahren stehen sie mit an der Spitze der Milchtrinker weltweit. 130 Liter beträgt der Pro-Kopf-Verbrauch! Nimmt man alle Milchprodukte zusammen, kommt man auf 250 Kilogramm pro Einwohner.

Zum Schulessen gibts Milch, in der Mensa ist beim Menü ein Glas Milch dabei. Zu jeder Mahlzeit wird Milch gereicht. Kinder wie Erwachsene. Dabei haben viele eine Laktoseunverträglichkeit. Manche sagen, das liege an der ursprünglich mongolischen Abstammung. Wie auch immer.

Die Kühlschränke sind auf jeden Fall voll mit Milch. In manchen Familien hat gar jeder seine eigene Lieblingsmilch. Viele trinken zum Essen gerne *piimä*, eine Mischung aus Buttermilch und Dickmilch, oder *viili*, eine Art Dickmilch, die mich eher an dieses Spielzeug von früher erinnert: Slimy nannte man das. Gut, *viili* ist weiß, aber die Konsistenz ist die gleiche.

Auch Erwachsene trinken ganz selbstverständlich zum Essen Milch. Auch am Abend. Unter der Woche zumindest. Freitag und Samstag mag das etwas anders sein.

Aus Milch wird übrigens auch *leipäjuusto* gemacht, übersetzt Brotkäse. Wobei es mit Brot nichts zu tun hat. Ist eher so eine Art Quietsche-Käse. Ja, er quietscht tatsächlich beim Essen.

Er kommt ursprünglich aus Nordfinnland. *Leipäjuusto* wird gebacken, gegrillt oder flambiert, dadurch erhält er seine eigentümliche braune oder angekohlte Zeichnung an der Oberfläche. In der Region Österbotten wird *leipäjuusto* »*juustoleipä*« genannt. Auf jeden Fall eine typisch finnische Spezialität, die man probiert haben muss!

Zudem haben sie seit Jahren den höchsten Eisverbrauch pro Kopf europaweit. Speiseeis! Zwölf Liter verzehrt jeder statistisch gesehen pro Jahr. Was einerseits – bei der Kälte – ein Wunder sein mag, andererseits auch wieder nicht, schaut man sich die Auswahl in den Supermärkten an. Die Tiefkühlregale für Eis sind länger als die für Gemüse und Pizza zusammen. Allerdings auch mit sehr schrägen Mischungen mit Lakritz oder Salmiak.

59. GRUND

Weil es Kultgerichte gibt

Kultgetränk in Finnland ist nicht nur Kaffee. Absoluter Kultdrink seit über 60 Jahren ist *Lonkero.* Ein Drink, den sich die Finnen als Willkommensgetränk zu den Olympischen Winterspielen 1952 in Helsinki ausgedacht haben. Sie wollten eine Besonderheit anbieten – etwas, was frisch schmeckt wie die reine Luft in Finnland und kalt ist wie der finnische Winter. So entstand *Lonkero*, ein Mixgetränk aus Gin und Grapefruitsaft. Bis heute Kult und in jedem gut sortierten Fachgeschäft, sprich Kneipe, zu finden.

Weihnachten ist kein Weihnachten ohne den traditionellen gepökelten und im Ofen gebackenen Weihnachtsschinken und den Karotten-Reis- sowie Steckrübenauflauf.

Genauso wie das Osterfest kein richtiges ist, wenn nicht auch *mämmi* auf den Tisch kommt. Ein Gericht, wofür man Geschmacksnerven braucht, die schon seit Generationen darauf geeicht worden sein müssen. Denn dieser gebackene Malzpudding besteht neben Braumalz aus Roggenmehl, Zuckersirup und Bitterorange und erinnert äußerlich an etwas, bei dem man nicht unbedingt an Essen denkt, sondern eher an dessen Endprodukt nach den üblichen Verdauungsprozessen. Geschmacklich erinnert es an eine Mischung aus Guinnessbier und starkem Roggenteig. Vielleicht ist das der Grund, warum viele Finnen das Traditionsgericht *mämmi* in Sahne oder Vanilleeis ertränken.

Absoluter Kult ist auch *hernekeittö* – Erbsensuppe. In fast allen Kantinen des Landes gibt es donnerstags *hernekeittö* und als Nachtisch *lette* – kleine süße Pfannkuchen. Warmes Mittagessen in den Schulen ist seit Jahrzehnten eine Selbstverständlichkeit – ebenso selbstverständlich wie die Tatsache, dass das Essen für die Kinder kostenfrei ist. Weil Bildung und Schulessen gratis, aber nicht umsonst sind. Ich hielt das mit der Erbsensuppe lange Zeit für eine Art Stadtlegende, eine Anekdote aus alter Zeit. Aber eine Schulkantine wollte ich doch mal von innen sehen. Gegessen wird da im Schichtbetrieb. Die Kleinsten kommen bereits um 10.30 Uhr zum Mittagessen, die Größeren dann jeweils im Abstand von einer halben Stunde. Zufällig war gerade Donnerstag, und aus den Töpfen duftete: na klar: Erbsensuppe. Also fragte ich die Chefköchin, ob das wirklich stimmt, dass die Kinder jeden Donnerstag Erbsensuppe vorgesetzt bekommen. »Nein«, sagte Inari, »erstens setzen wir ihnen nichts vor, sondern jeder kann sich am Buffet nehmen, was und wie viel er will. Und Erbsensuppe gibt es auch nicht jeden Donnerstag. Aber wenn, dann donnerstags.«

60. GRUND

Weil man sich strumpfsockig kennenlernt

»Hunde kommen, wenn man sie ruft. Gute Gäste ungeladen.« So lautet ein finnisches Sprichwort. Gastfreundschaft hat in Finnland einen hohen Stellenwert. Zwar würde sich niemand anmerken lassen, wenn ein Gast sich danebenbenimmt, dennoch kann es nicht schaden, unnötige Fettnäpfchen auszulassen. Daher ein paar Anmerkungen, wie man sich bei einer Einladung zum Essen an finnischen Tischen benimmt, ohne Minuspunkte einzusammeln.

Absolutes No-Go sind Schuhe unterm Tisch – also gleich am Eingang ausziehen. Schuhe ausziehen ist so selbstverständlich wie Handschuhe ausziehen. Wobei man sich in Finnland selten die Hände schüttelt zur Begrüßung. Ein »*Hei*« reicht völlig aus. Außerdem kann man so den Abstand, den die Finnen zu ihrer eigenen Sicherheit brauchen, einhalten.

Begrüßungsgeschenke werden nicht erwartet. Man kann eine Kleinigkeit mitbringen, das ist aber nicht Pflicht. Leuten, die man besser kennt, kann man gern etwas aus dem Supermarkt mitbringen. Kaffee etwa (den kann man immer gebrauchen) oder exotische Früchte.

Der Gast wird beim Essen meist aufgefordert anzufangen. Berufliche Themen sollte man am besten meiden, es sei denn, der Gastgeber fragt ausdrücklich danach.

Religion ist als Gesprächsthema beim Essen wie in vielen anderen Ländern besonders heikel. Da gibt es in Finnland eine unsichtbare Grenze, die man nicht überschreiten sollte. Denn Religion und Glaube werden als sehr privates, fast schon intimes Thema angesehen, sind Privatsache und werden als solche respektiert und ausgeklammert.

In vielen Gegenden ist es darüber hinaus bis heute üblich, ein wenig vom Essen auf dem Teller zu lassen. Isst man ihn ganz leer, bedeutet das, man ist noch hungrig.

Bis nach dem Dessert und Kaffee bleibt man am Tisch sitzen. Vorher aufstehen würde als unhöflich empfunden. Kinder, die noch nicht so lange still sitzen können, müssen fragen, bevor sie aufstehen dürfen.

Auch ist es Usus, dass man sich nicht bedienen lässt. Wenn der Tisch abgeräumt wird, ist es selbstverständlich und unausgesprochen, dass jeder seine Sachen in die Küche bringt.

Überhaupt ist fast überall im Land Selbstbedienung (*itsepalvelu*) angesagt. Auch in Restaurants gibt man häufig die Bestellung direkt an der Theke auf und zahlt dort auch gleich. Das spart Personalkosten, und jeder räumt seinen Dreck selbst weg. Es muss nur erst in den Kopf rein. Keine Ahnung, wie oft ich schon im Café saß und mir die Augen aus dem Kopf gestarrt habe nach einer Bedienung, die nicht existiert. Bis es mir dann wie Schuppen von den Augen gefallen ist, dass ich mich selbst in Bewegung setzen muss. Andere Länder, andere …

KAPITEL 7

KURIOSES

61. GRUND

Weil sie spinnen, die Finnen

Die spinnen, die Finnen. Bei minus 15 Grad und geschlossener Schneedecke joggen gehen. Oder Schneediving in Badehose. Mit Schmetterlings-Schwimmbewegungen sich durch den Pulverschnee pflügen. Wie verrückt ist das denn?

Dafür mitten im Sommer eine Eisloch-Weltmeisterschaft durchführen! Als wäre nicht lang genug Winter! Oder den Pessimismustag in Puolanka feiern und sich den ganzen Tag nach Herzenslust miserabel fühlen. Oder der Typ, der mit seiner hydraulischen Presse Barbiepuppen, Kameras und Eishockeypucks zerquetscht und dessen Internet-Videos eine millionenfache Fanschar haben. Im Übrigen auch wegen seines finnischen Akzents im Englischen und seines abtrusen Humors. Einmal habe ich im TV-Morgenprogramm einen gesehen, der gerade den Weltrekord im Klimmzüge-Machen gebrochen hatte: 16 Stunden nonstop! Wer kommt auf solche Ideen?

Oder die durchgeknallten Typen, die offenbar zu viele Horrorfilme geschaut haben und mit Drohne und Motorsäge auf Schneemannjagd gehen. Eine laufende Motorsäge an einen ferngesteuerten Ocotcopter anbinden und dann – natürlich rein zu Testzwecken – Schneemänner köpfen. Wobei sie eigentlich dazu dienen soll, um große Eiszapfen oder Baumwipfel in großen Höhen abzuschneiden. Oder die Jungs, die aus Jux und Dollerei eine Unterwasser-Sauna bauen.

In die Kategorie »die spinnen« gehört auch die Pitching Challenge in Oulu: Junge Start-up-Enthusiasten frieren sich die Zehen und wer weiß was in einem Eisloch ab, von dem aus sie so lange über ihre Idee philosophieren dürfen, wie sie es im Eiswasser aushalten. Während die Zuhörer in dicken Daunenjacken und mit kuschelig warmer Mütze am sicheren Ufer stehen und gar nicht so aussehen, als würden sie mitleiden.

Wer danach fragt, woher diese Ideen kommen, bekommt fast immer dieselbe Antwort: »Die Winter sind lang.« Vielleicht liegt es ja auch ganz einfach daran, dass sie als Babys im Kinderwagen zum Mittagsschlaf in die Eiseskälte gestellt wurden. Das ist seit den 40er-Jahren des vergangenen Jahrhunderts gängige Praxis. Soll das Immunsystem stärken. Aber vielleicht ja auch das Verrücktheits-Gen.

Als Kaffeetrinkernation Nr. 1 gibt es auch den vergnüglichen und ausnahmsweise mal völlig harmlosen und gefahrlosen Zeitvertreib, in einer frisch eingeschenkten Tasse Kaffee die kleinen Bläschen an der Oberfläche zu verfolgen. Drehen sie sich im Kreis und wandern langsam in deine Richtung, kommt das Geld zu dir, sagt eine alte Überlieferung. Wandern die Bläschen jedoch von dir weg, dann ist auch dein Geld bald weg. Und alle lachen dich aus. Versichern dir aber zugleich, Geld sei ohnehin nicht wichtig. *That's life*.

Um den 1. April herum wird jedes Jahr der beste Lügner Finnlands in Kauhava ermittelt. Und am 29. Februar ist sowieso alles anders. Ein Tag, den sich Single-Frauen gleich mal im Kalender notieren können. An diesem Tag, dem *karkauspäivä* (Schalttag), hat es sich über die Jahre eingebürgert, dass Frauen ihrem Liebsten einen Heiratsantrag machen können! Wenn der Angebetete das großzügige Angebot nicht annehmen mag und der Frau einen Korb gibt, dann darf dieser nicht leer sein. Als Trostpflaster muss er der wollenden Braut dann wenigstens Stoff für ein Kleid schenken. Angeblich hat der finnische Präsident Urho Kekkonen in den 70er-Jahren mal 20 solcher Anträge am 29. Februar erhalten. Da war er selbst schon weit über 70. Ich vermute mal schwer, da wollte sich ein eifriger Handarbeitskurs mit dem Kauf des teuren Marimekko-Stoffes nicht die Vereinskasse belasten. Aber das ist wie gesagt nur eine Vermutung.

Sicher ist dagegen, dass die Finnen einen ganz eigenen Sinn für Humor haben. Sie können lachend ernsthaft sein und umgekehrt. Ihr schräger Humor ist vielleicht am ehesten mit dem britischen oder dem jüdischen Humor vergleichbar. Er darf auf jeden Fall ruhig mal schwärzer ausfallen. So kann man bei einem Radiosender in Helsinki jeden Sommer darauf wetten, wie viele Menschen an Mittsommer ertrinken werden. Oder es wird natürlich nicht der schönste oder lustige, nein, der traurigste finnische Song aller Zeiten gesucht. Über die ihnen zugeschriebenen Eigenarten – schweigsam und depressiv zu sein – können sie selbst am besten lachen. Sie spielen mit ihren Klischees, selbst dann, wenn sie nicht unbedingt der Wahrheit entsprechen. Mit einer guten Portion Selbstironie. Und das darf ruhig mal bis in die Groteske überschwappen.

Finnland ist das Land der Melancholie, das Land der düsteren Musik? Okay, machen wir ein Markenzeichen daraus. Entwickeln wir ein *emoji* mit einem Headbanger. Unabhängig vom Wahrheitsgehalt solcher Aussagen.

Oder: Was ist der Unterschied zwischen einem introvertierten und einem extrovertierten Finnen? Der introvertierte Finne schaut beim Sprechen auf seine eigenen Schuhe, der extrovertierte auf die seines Gegenübers.

Finnen haben im Gegensatz zu den Deutschen überhaupt kein Problem damit, sich selbst zum Affen zu machen. Sei es beim Karaoke, beim Trockenschwimmen im Schnee oder mit roten Bommel-Zipfelmützen im Dezember beim Weihnachtsbummel. Wer jetzt noch nicht genug hat, lese einfach noch einmal das Kapitel über die verrückten Wettbewerbe. (ab Seite 120)

62. GRUND

Weil die Finnen rekordverliebt sind

Die Finnen stehen auf Rekorde, sind vernarrt in Superlative. Vor allem, wenn es um sie selbst und ihr Land geht. 1.783 Rekorde allein unter dem Stichwort »Finnland« sind im *Guinness Buch der Rekorde* verzeichnet. Deutschland hat 1.895, nur unwesentlich mehr, aber knapp 20-mal mehr Einwohner! Aber keine Sorge, ich zähle jetzt nicht alle einzeln auf.

Sie sind Weltmeister beziehungsweise Europameister im Kaffeetrinken, Eisessen, Milchverbrauch. Auch sportlich können sie mit einer Menge Rekorde aufwarten:

Sie haben die meisten Medaillen bei Olympischen Spielen. Bis 2012 haben sie 85 olympische Medaillen pro eine Million Einwohner geholt. Das sind zehnmal mehr Medaillen als die USA.

Finnen messen sich gern und überschreiten gern Grenzen. So haben sie im finnischen Lohja mit 350 Meter Tiefe den längsten Testschacht der Welt. Dort bauen sie die längsten Aufzüge der Welt, für die höchsten Gebäude der Welt.

Weniger lustig ist dieser Europarekord: Jeder achte Finne besitzt legal eine Waffe. Damit ist Finnland in Europa führend. Und hat zugleich auch die meisten Schusswaffentoten europaweit.[36]

Ihr merkt schon, mit finnischen Rekorden ließe sich locker eine Großraumsauna füllen. Keine wirkliche Herausforderung für einen Finnen, denn sie haben auch die größte holzbeheizte Sauna der Welt: Es ist die Sauna der Marineschule vor Helsinki auf der Insel Suomenlinna gelegen. Sie hat Platz für 200 Schwitzfreudige. Dort wurde auch gleich noch ein Weltrekord aufgestellt: 76 Nationalitäten schwitzten gleichzeitig auf den Holzbänken der Sauna.[37]

Um diesen Rekord zu erreichen, hatten Studenten aus aller Herren Länder der Helsinkier Fachhochschule Haaga-Helia mitgeholfen. Jeder musste seinen Pass vorzeigen und als Gruppe fünf Minuten im Dampf ausharren. Studenten der Aalto Universität in Espoo bauten im Gegenzug 2016 mit 310 Quadratmetern die größte Sauna der Welt für insgesamt 300 Personen. Die Finnen haben auch den einzigen Saunabus der Welt in Ruka und die einzige Sauna in einer Seilbahngondel in Yllästunturi.

Auch nennen die Finnen das längste Palindrom der Alltagssprache, also Wort, das man vor- und rückwärts lesen kann, ihr

Eigen: Saippuakivikauppias (Specksteinverkäufer). Dabei fällt mir ein, dass ich im lappländischen Nirgendwo mal einen Rentner kennengelernt habe, dessen Hobby ist es, Palindrome zu sammeln. Hunderte habe er bereits zusammengetragen, Wörter, aber auch ganze Sätze, in verschiedenen Sprachen. »Wie kommt man auf so ein Hobby?«, fragte ich ihn. »Nun ja, die Winter hier sind lang«, sagte er. »Die muss man irgendwie rumkriegen.« Und fügte dann hinzu: »Nein. Ich liebe einfach die Sprache. Ich mag zum Beispiel Latein, weil es so eine logische Sprache ist. Ich lese gern Gedichte, und die Palindrome sind so etwas wie die Logik der Buchstaben.«

Nicht nur mit Buchstaben können Finnen eine Menge anfangen – siehe ihr Verschleiß an gelesenen Büchern und die Verbreitung von Bibliotheken –, auch mit Geschwindigkeit:

Toni Nieminen war der erste Mensch, der im Skisprungzirkus die magische 200-Meter-Marke übersprang. Janne Ahonen ist mit fünf Siegen bei der Vierschanzentournee finnischer Rekord-Skispringer. Janne Laitinen erreichte die höchste jemals erzielte Geschwindigkeit mit einem Auto auf einer Eisstrecke. Mit 335 Kilometern pro Stunde, mit handelsüblichen Winterreifen, schoss er auf dem Eis des Bottnischen Meerbusens dahin.[38] Nicht umsonst gibt es im Rallyesport das geflügelte Wort der »fliegenden Finnen«. Eine Hommage an die große Rennfahrernation mit herausragenden Fahrern und zahllosen Rekorden. Allein bei der Rallye Finnland erzielten die finnischen Überflieger jahrzehntelang immer neue Bestmarken und Rekorde. Zusammen mit Frankreich führt Finnland die ewige Sieger-Statistik der besten Rallye-Fahrer-Nation an.

Den Weltrekord im Gummistiefelweitwurf halten natürlich auch – welch Überraschung – Menschen mit finnischem Pass: Antti Ruusuvirta mit 68 Metern bei den Männern und Elina Uustalo mit knapp 50 Metern bei den Frauen.

63. GRUND

Weil es mehr Handys als Menschen gibt

Auch wenn Nokias Glanz am Handyhimmel etwas abgeblättert ist, der Technikbegeisterung der Finnen hat es keinen Abbruch getan. Sie hängt seit jeher auch damit zusammen, dass sie viel Hirnschmalz darauf verwenden mussten, um die teils unwirtlichen Verhältnisse ein wenig erträglicher und behaglicher zu machen. Und weil die Einsamkeit dazu zwingt, sich gegenseitig zu helfen.

Das Telefon ist da eine großartige Erfindung, wenn der nächste Nachbar kilometerweit entfernt wohnt. Aber auch für die Samen ist das Handy (*kännykkä* oder *matkapuhelin*) ein Segen, wenn sie in der Wildnis unterwegs sind und ihre Herden suchen. Oder wenn man den Sommer im *mökki* verbringt und trotzdem nicht ganz abgeschlossen sein will von der Außenwelt.

Pro 1.000 Einwohner haben die Finnen zwar nur mehr 117 Festnetzanschlüsse, dafür aber auf ebenfalls 1.000 Einwohner 1.397 Mobiltelefonanschlüsse und 924 Internetnutzer. Eine Internet-Verbreitung von annähernd 100 Prozent.[39] Damit ist auch klar, dass vieles in Finnland digital abgewickelt wird: Zahlungen aller Art sowieso, Buchungen, Tickets, Arzttermine, aber auch viele Dienstleistungen wie bei uns auch und allgemein die Kommunikation. Was dem Finnen an sich ja entgegenkommt. Dann muss er nicht reden.

Die Begeisterung für Technik muss aber auch mit der Neugier und dem Forscherdrang der Finnen zu tun haben. Ein Forschungsprojekt der Forstlichen Versuchsanstalt Metla beschäftigt sich etwa mit der Frage, wann die beste Zeit ist, um im Wald nach Beeren oder Pilzen zu suchen. Die Wissenschaftler erarbeiten ein System, mit dessen Hilfe sie vorhersagen können, wann sich die Ernte am meisten lohnt.[40]

Gut ausgeklügelte Technik hilft natürlich auch im Winter. Etwa die Steckdosen an vielen Parkplätzen, an denen man die Motorheizung anschließen kann, damit das Auto auch nach dem Einkauf, dem Besprechungstermin oder dem Spaziergang wieder anspringt.

Ausländische Besucher sind oft erstaunt, dass in Finnland auch beim unwirtlichsten Winterwetter alles funktioniert. Das wiederum ist auch dem fortschrittlichen Finnischen Meteorologischen Institut FMI geschuldet, das nicht nur eines der ältesten nationalen meteorologischen Institute ist, sondern auch vorbildlichen internationalen Ruf genießt.

720 Menschen arbeiten da, und zu den vielen Spezialgebieten gehören etwa Wetterprognosen für die Schifffahrt, die Überwachung der Schnee- und Eisverhältnisse, die Unterstützung des finnischen Winterdienstes. Das FMI widmet sich aber auch Projekten, wie die weltweit erhobenenen Wetterdaten besser genutzt werden können, um Prognosen und Warndienste bereitzustellen, von denen alle profitieren.[41]

Und was man nicht vermuten würde: Sie beschäftigen auch Ökonomen, die ausgerechnet haben, dass nationale Investitionen in Wetterdienste einen fünf- bis zehnmal höheren wirtschaftlichen Gewinn abwerfen können, weil durch bessere Wetterdaten und bessere Frühwarnsysteme anderweitig viel Geld gespart werden kann. Größtes Thema aber ist der Klimawandel, dessen Auswirkungen zu einem gewissen Grad bereits in der Arktis zu spüren sind. Auch hier setzt das FMI an und forscht an besseren Dienstleistungen für erneuerbare Energieträger wie Solar-, Wind- und Wasserkraft.

Das ist auch Thema für den finnischen Klimaführungsrat, der aus Forschern und führenden Unternehmen besteht, die nach klugen Antworten auf den drohenden Klimawandel suchen. Denn Klimaschutz ist nicht ein Gebot der Stunde, sondern auch eine Geschäftschance und die Möglichkeit für Finnland, sich mit seinem Know-how auf dem Weltmarkt zu positionieren. Denn zu Finnlands Stärken gehören nicht nur neue Technologien und Wissen über Energieeffizienz, sondern auch enormes Fachwissen über die nachhaltige Nutzung von Wäldern und Energieerzeugung aus erneuerbarer Biomasse aus den Wäldern.

Forscher der Aalto Universität in Helsinki haben sich dagegen für die Frage interessiert, ob das Zehnfingersystem auf der Tastatur das schnellste ist. Wer dieser Technik zusammen mit mir nicht mächtig ist, wird sich freuen, dass die Anzahl der Finger auf der Tastatur nicht die Tippgeschwindigkeit bestimmt. Angesichts von immer neuen Computerprogrammen mit verschiedenen Tastenkombinationen sei das Zehnfingersystem einfach nicht mehr vorteilhaft.[42] So kann ein vermeintliches Manko zum Vorteil werden.

Bei einem anderen Forschungsvorhaben untersuchen Insektenforscher jedes Jahr, wie viele Mücken schätzungsweise im Sommer über die Menschen und Rentiere herfallen werden. Sie beobachten bestimmten Moorteiche und rechnen dann die Population für ganz Finnland hoch. Wie schlimm es dann tatsächlich wird, hängt davon ab, wie schnell es warm wird und wie viele Larven schlüpfen. 2015 sollen es 21 Milliarden Mücken gewesen sein.

Selbst wenn wir noch die Touristen dazurechnen und von drei Monaten Sommer ausgehen und der Tatsache, dass nur die weiblichen Tiere stechen, dann wären das zumindest rein rechnerisch immer noch 11.111 Mücken pro Tag, die was von einem wollen.

64. GRUND

Weil es 300 Worte für Schnee gibt

Neun Uhr morgens: Draußen ist es immer noch dämmrig – das Thermometer zeigt minus 27 Grad. Wir wollen mit Schneeschuhen die Gegend um Ylläs erkunden – und wenn das Wetter es zulässt, eine nahe gelegene Rentierfarm besuchen.

Die vier Lagen Kleidung sind mittlerweile Standard – Matti drängt zum Aufbruch. Die Luft draußen beißt einem zunächst in der Nase – so kalt, so frostig, so durchdringend. Von der Sonne noch weit und breit nichts zu sehen. Um uns herum nur drei Dinge: Schnee, Kälte, Stille.

Der Schnee knirscht unter unseren Schuhen. Krsch-kkkrsch. Ich frage Matti, wie sie diese Art Schnee nennen – Schnee, in den man einsinkt, der aber nicht an den Schuhen kleben bleibt.

Bekomme genau ein Wort zur Antwort: *lumi*.

Typisch – diese wortkargen Finnen können einem manchmal ganz schön auf den Zeiger gehen. Aber ich bleibe geduldig. Zur Belohnung erfahre ich im Laufe unseres Fußmarsches über den zugefrorenen See und durch den dicht verschneiten Wald, dass die Finnen und insbesondere die Samen 300 verschiedene Wörter für Schnee kennen. 300! Damit lässt sich Schnee in jeder Konsistenz, Alter, Beschaffenheit beschreiben. Selbst für den Schnee, der es Rentieren schwer macht, ihn zu durchschreiten, gibt es ein Wort. Oder Schnee, auf denen Skier nicht gut gleiten. Selbst für Schnee, der sich noch in der Luft befindet, also gerade am Fallen ist, gibt es feine Unterscheidungen, je nachdem, wie viel Feuchtigkeit sich in den Kristallen befindet, wie groß die Flocken sind oder ob es sich mehr um Graupel handelt.

0-Grad-Schnee hat einen eigenen Namen genauso wie der, der sich zum Schneebälleformen eignet. Oder das Wort für eine dünne Schicht Schnee auf dem Eis, Schneeschauer mit Wind, oder Eis mit vielen verschiedenen Schichten. Oder *mora*, was in Lappland so viel bedeutet wie unkompakter Schnee, auf dem man nicht Ski fahren kann. Und dann gibt es noch wunderbare lautmalerische Begriffe für das Laufen im Schnee – wie *nirskua*, *narskua*, *kirskua*, *nitistä* und *narista*.

Nicht zu vergessen die verschiedenen Dialekte: Linguisten haben angeblich Hunderte von solchen Wörtern gesammelt. Interessantes Detail: ein Verb für Schnee, also »schneien«, kennen die Finnen nicht. Sie sagen: Es regnet Schnee (*sataa lunta*), oder: Es kommt Schnee (*tulee lunta*).

Fragt man jemanden nach den Wetteraussichten für den nächsten Morgen, muss man sich jedoch nicht wundern, wenn man keine befriedigende Auskunft bekommt. In Lappland habe ich mal einen Experten gefragt: Mika. Einen, der tagelange Touren in der Einöde macht, im Zelt übernachtet und alles weiß über die Natur und die Jahreszeiten. Der fast verschmolzen ist mit der lappländischen Erde. Seine Antwort: »Du wirst es wissen, wenn du morgen aufstehst.« Kurz und bündig, Und doch steckt alles drin.

Selbst Liebeslieder haben mit Schnee zu tun. So besingt die bekannte Band Yö (= Nacht) in einem finnischen Hit etwa die Liebe als *lumivalkoinen*, also schneeweiß. Etwas, was sehr schnell vergehen kann, so wie der Schnee. Einfach in der Sonne schmilzt.

Und da ist sie wieder, die finnische Melancholie – diese Eigenart, immer das schlimmste zu erwarten. Oder nur dann glücklich zu sein, wenn man dabei auch ein bisschen traurig sein darf.

65. GRUND

Weil die Finnen Benzin im Blut haben

Ja, das klingt vielleicht seltsam, aber die Finnen haben Benzin im Blut. Wenn es um Geschwindigkeit geht, kennen sie kein Halten mehr.

Finnland ist seit jeher motorsportbegeistert und hat für die geringe Zahl an Einwohnern überproportional viele bekannte Rennfahrer hervorgebracht. In der Rennsportgeschichte fahren die Finnen schon immer in der Pole-Position mit. Die »Rallye der 1000 Seen« gehört zum festen Weltmeisterschaftsprogramm. Vielleicht sind es genau diese Schotterstraßen, die die Finnen auf die Idee gebracht haben. Für Rallyes in Finnland gibt es zahlreiche Möglichkeiten, um sich auszutoben. Im Winter eignet sich Lappland dafür. Lappland, das ja vor allem für Natur und Weite und Stille steht. Aber es gibt auch noch ein anderes Lappland: ein aufregendes, lautes, den Puls hochjagendes, Glückshormone ausschüttendes Lappland. Das Lappland der PS und des Adrenalins!

Ice Karting, also so was wie Gokartfahren auf Eis. Die Reifen haben kleine Spikes, und man kann schön sliden und driften. Die passende Wärmebekleidung, angefangen von Thermoanzügen bis hin zu Helm und Handschuhen, gibt es praktischerweise gleich beim Anbieter.

Und der ist nicht irgendwer – er ist Doppel-Europameister, Achter bei der Weltmeisterschaft und finnischer Meister im Gokartfahren. Janne ist einer dieser Turbofinnen: motorsportbegeistert, ein Verrückter, wenn es um Motoren, PS und Powersliding geht. Und seine Freunde haben so bekannte Namen wie Mika Häkkinen oder Kimi Räikkönen. Janne wollte auch in der Formel 1 fahren, hat aber den Absprung nicht geschafft. Sein Kollege erzählt, es lag am fehlenden Geld, um groß einzusteigen. Janne hat dafür diese Ice-Kart-Bahn. Und viel Spaß damit. 50 Zentimeter dickes Eis zum Sliden.

Als Einstieg gut geeignet. Die Geschwindigkeit ist überschaubar, wenn man sich um seine eigene Achse dreht, wird einem nicht gleich schlecht und man verliert nicht die Orientierung. Alle anderen sind selbstverständlich schneller als ich. Aber immerhin: Ich falle nicht raus. Ist doch schon mal was.

Aber großen Jungs reicht das natürlich nicht. Große Automarken haben hier Testgelände. Keijo ist Test- und Rallyefahrer. Er weist angehende Rennfahrer ein, die hier für ein paar Stunden das Fahren auf Eis und Schnee hautnah erleben wollen.

Die Autos haben mehr Spikes als normale Winterreifen: 8 mm lang, 350 Stück pro Reifen. Wer einen Unfall verursacht, ist mit 600 Euro Eigenbeteiligung dabei. Keijo erklärt anhand von Skizzen, wie die ideale Linie beim Fahren aussieht, an welcher Stelle man am besten bremst und warum der kniffligste Part das Driften ist.

Sehr gelassen und ruhig geht jeder der Piloten an den Start. Ganz cool. Selbstverständlich. Einer ruft noch hinterher: »Gib Gummi!«

Und dann geben sie Stoff: Die Motoren jaulen auf, rutschen, sliden, driften, der Schnee spritzt nur so hoch in den Kurven, die Autos aus der Spur, drehen sich seitlich in den Kurven. Adrenalin und Endorphin geben sich die Klinke in die Hand. Wenn die Piloten dann wieder aussteigen, dann blitzt es in ihren Augen. Dann sind aus den großen starken Männern kleine Jungs geworden, die aus einem heißgeliebten Spielzeug aussteigen. Leuchtende Augen, strahlende Gesichter, breites Grinsen. »Genial!«, prustet Bernd, als er sich freudestrahlend aus dem engen Sitz schält.

Die selbst gedrehten Runden bieten viel Stoff für die anschließende Auseinandersetzung, wenn die schwierigsten Kurven noch einmal detailliert mit der richtigen Portion Humor und ausreichender Menge Selbstironie nachbesprochen und analysiert werden.

Seppo ist wie Keijo Rallyefahrer und zeigt uns, wie ein Profi über diese Strecke fegt. Gut, dass die Gurte so festgezurrt werden, dass Bewegen unmöglich und flaches Atmen nur noch eingeschränkt möglich ist.

Das Cockpit ist eng. Und heiß. »Don't touch anything, otherwise we land in the forest,« (Nichts anfassen, sonst landen wir irgendwo im Wald), ermahnt mich Seppo verschmitzt. »And now just relax and enjoy!« (Und jetzt entspann dich und genieß es) – Ha, leichter gesagt als getan.

Mit Vollspeed brettert Seppo über die Eisstrecke, die mehr Kurven als Geraden hat. 225 PS, Höchstgeschwindigkeit 160 km/h auf diesem Rundkurs. Der Benzingeruch ist so intensiv, als würde man ihn direkten Weges inhalieren. Ich habe das Gefühl, wir bewegen uns mehr seitlich vorwärts, und der Schnee spritzt gegen die Fensterscheiben. Ich komme mir vor wie im Eiskanal, wären da nicht die vielen Bäume am Rand der Strecke. Das ist Nervenkitzel pur.

Seppo rast und wechselt schneller zwischen Gas und Bremse, als ich schauen kann. Das Lenkrad dreht er schneller hin und her als ein Kreisel sich um seine eigene Achse. Eine Achterbahnfahrt auf dem Freimarkt ist ein Klacks dagegen.

Möchte nicht wissen, was da in wenigen Minuten durch die Spritleitungen gejagt wird. Später erfahre ich, es sind schätzungsweise 70 Liter auf 100 Kilometer. Gegen Ende sind noch zwei, drei Hügel eingebaut, und wir fliegen durch die lappländische Winterlandschaft, beim Aufprall knackt es dermaßen laut, dass ich fest davon überzeugt bin, jetzt bricht das Auto auseinander. Meine Aufregung legt sich erst, als ich längst wieder festen Boden unter den Füßen habe.

Bei einer späteren Fahrt bricht tatsächlich die Hinterachse, und ein Reifen steht seltsam seitlich ab. Unfreiwilliger Boxenstopp. Totalausfall für diesen Nachmittag. Seppo steigt aus, lacht und steigt einfach ins nächste Auto ein, das er dann quält.

Nach zehn ansonsten unfallfreien Runden steigt er zufrieden grinsend aus. Schweißperlen rinnen seine Stirn herunter, und als er den Helm abnimmt, raucht sein Kopf in der kalten Winterluft Lapplands, so, als käme er direkt aus der Sauna.

66. GRUND

Weil man in den Saunahimmel schwebt

Mikko trägt einen knallroten Schneeanzug mit gelben Leuchtstreifen und einem großen gelben Kreuz, auf dem *Snowpatrol* steht. Unter der schwarzen Wollmütze blitzen hellblonde Haare hervor, dazu hellblaue Augen und leichter Dreitagebart, Smartphone und Funkgerät. Mikko gehört zur örtlichen Seilbahngesellschaft, die hier mit 38 Kabinen und zwei Kilometer Länge die längste Seilbahn Finnlands betreibt, aber arbeitet häufig noch zusätzlich für die Pistenrettung. Wir treffen uns ganz oben auf dem Ylläs-Fjäll, nahe der schwedischen Grenze – 718 Meter hoch und vermutlich jetzt im Winter aufgrund des vielen Schnees noch ein paar Meter mehr. So viel Schnee und Eis und Nebel und noch mehr Wind ist hier oben, dass alle Schilder und Gebäude sich in bizarre Schneefiguren verwandelt haben. Aus jedem Hinweisschild wachsen Dutzende weiße Zacken, unzählige kleine überlagerte Eis- und Schneeplatten reihen sich aneinander wie bei einem Federkleid und lassen sie aussehen wie weiße Aliens. Man muss sich regelrecht gegen den Wind stemmen, so stark bläst es hier oben.

Ich bin hier mit Mikko verabredet, weil er zusammen mit seiner Familie diese verrückte Idee hatte. »2008 war das«, erzählt er, »als wir diese Seilbahn gebaut haben. Da haben wir der österreichischen Herstellerfirma Doppelmayr erzählt, wir hätten da noch eine Idee.« Es sei nicht so einfach gewesen, weil es ja das erste Mal war, aber schließlich habe man es dann doch hinbekommen. Die Rede ist von der einzigen Saunagondel der Welt.

Und die fährt abends über den Ylläs. Hebt sich von allen anderen Gondeln vor allem dadurch ab, dass sie aus hellem Holz ist – selbstverständlich. Und mit einer bekannten Bierwerbung auf der Außenseite. Darin kann man während einer 20-minütigen Fahrt so richtig ins Schwitzen kommen.

Abends, wenn die Lifte regulär schließen, wird einfach eine reguläre Gondel abgehängt und die Saunagondel angehängt. Vorher muss allerdings der Ofen zwei Stunden vorgeheizt werden, erzählt Mikko. Vier Personen haben darin Platz. Insgesamt drei Runden lang oder über 430 Höhenmeter hinweg kann man schwebenderweise ins Schwitzen geraten. Insgesamt können also zwölf Personen damit fahren und nackig-triefend-schwitzend den großartigen Blick über den Fjäll genießen.

Doch was, wenn einem zu heiß wird und man bereits nach fünf Minuten am liebsten aussteigen möchte? »Das geht nicht«, sagt Mikko trocken. »Aber man kann ein Fenster öffnen und ein bisschen frische Luft reinlassen.« Für Notfälle ist natürlich auch ein Funkverkehr eingerichtet, und sollte die Gondel mal ein technisches Gebrechen erleiden und stehen bleiben, dann gibt es wie bei allen anderen auch einen Ausstieg nach oben. Bis jetzt habe es aber noch keinen einzigen Zwischenfall gegeben, versichert Mikko.

Während die einen gerade fahrend schwitzen, können sich die anderen im »Café Gondola« auf der Bergstation die Zeit vertreiben: in einer stationären Sauna, oder im Kaminzimmer oder im Whirlpool draußen, dessen Wasser 38 Grad hat. Der blubbert hier bei einer Außentemperatur von minus 20 Grad brav vor sich hin. Während wir bald ebenfalls zu solch komisch weißen Aliens werden wie die Eismonsterschilder, wenn wir hier draußen noch lange weiterplaudern. Also nichts wie wieder rein in die Gondelhalle.

Ganz billig ist der weltweit einzigartige Spaß nicht. 1.350 Euro kostet ein Abend für das Dutzend Schwitzwütiger. Rund 30-mal wird sie jede Wintersaison gebucht. Auch Mikko gönnt sich das manchmal. »Es ist einfach eine einmalige Erfahrung. Es ist sehr still in der Saunagondel. Und manchmal kann man von da aus sogar Polarlichter sehen. Das ist sehr nett«, sagt er mit typisch finnischem Understatement.

Ich hätte es gern mal ausprobiert. Aber wie heißt es so schön beim Fußball: Elf Freunde sollt ihr sein. Doch genau die waren gerade mal kurz 3.000 Kilometer weit weg.

67. GRUND

Weil die Sterne aus Eierschalenstückchen bestehen

Dass es in Finnland Frühling wird, merkt man schon allein daran, dass plötzlich alle Social-Media-Kanäle voll sind von Fotos von Vögeln. Zum einen sind sie der Ausdruck für das Versprechen, dass der lange Winter nun vorbei ist, zum anderen gibt es eine Reihe von Vogelarten, die es anderswo in Europa nicht gibt.

Kein Wunder, dass es passionierte Vogelbeobachter regelmäßig im Frühling nach Finnland zieht. Rund 450 Vogelarten gibt es insgesamt, darunter der Schwarzspecht, der Buntspecht, der Sperlingskauz, aber auch die Schneeeule, der Seeadler, Steinadler, Merlin, die Lapplandmeise, der Auerhahn und und und. Raubvögel wie der Milan oder der Habicht sausen genauso durch die finnischen Lüfte wie Adler und verschiedene Falkenarten, aber auch diverse Eulenarten und natürlich der elegante Singschwan, der Nationalvogel Finnlands. Wenn er nach dem Winter zurückkehrt und an vielen Seen die romantischen Balztänze zu beobachten sind, hält es viele nicht mehr hinterm Ofen. Dann werden die Objektive gezückt und die schönsten Treffer in die Welt gepostet. Exotischere Exemplare sind etwa der Blauschwanz, der Wanderlaubsänger, der Hakengimpel oder die Zwergammer. Im Mai lassen sich vor allem die beeindruckenden Wanderungen sehr gut beoachten, wenn Tausende von Vögeln an der Küste, aber auch im Binnenland zusammenkommen. Viele der Zugvögel ziehen dann bis Ende Juni weiter nach Lappland.

Ich könnte jetzt noch weitere Dutzend Vogelarten aufzählen, die sich in den borealen Nadelwäldern, den offenen Landschaften, in den Mooren oder am Wasser wohlfühlen, aber das erfasst ja nicht die rätselhafte Faszination, die offenbar die Finnen ergreift.

Wer sonst käme auf die Idee, 1.000.000 Vogelhäuschen zu bauen, aufzuhängen und in einem Kataster zu registrieren? Die Finnen haben das gemacht. Allein in den ersten vier Wochen der Aktion wurden bereits 500.000 Vogelhäuschen registriert. Ein Freund von mir baute gleich ein Dutzend Häuser und hängte sie im weiteren Umkreis auf. Der Hintergrund der Aktion: Die Vogelpopulation weltweit ist in den vergangenen 30 Jahren um 420 Millionen zurückgegangen.

Es gibt noch einen weiteren, nicht so offensichtlichen, aber vielleicht wichtigsten Grund, der mit der finnischen Mythologie zusammenhängt, in der Vögel eine große Bedeutung haben. Demzufolge ist die Welt aus sieben Enteneiern entstanden. Diese Eier kullerten vom Knie der *Ilmatar*, der Göttin der Lüfte, und zerbrachen im Urmeer. Aus den Eierschalen wurden die Himmelskuppen und das Land, aus dem Eigelb die Sonne und aus dem Eiweiß der silberne Mond. Und aus weiteren klitzekleinen Eierschalenstückchen bildeten sich die Sterne. Dieser Mythos muss sich irgendwie über die Gene in die finnische Seele eingepflanzt haben, denn die Verzückung beim Anblick der Himmelsgleiter zieht sich durch alle Schichten, Regionen, Klassen.

Aber der Vogel-Mythos geht noch weiter: Denn am Ende der Welt soll das sagenumwobene *Lintukoto* sein, die Heimat der Vögel. Eine Region, in der es warm ist und wohin sich die Vögel im Winter zurückziehen. Nach *Lintukoto* gelangten die Vögel über die Milchstraße, die bis heute *linnunrata*, also der Weg der Vögel, heißt.

Lintukoto ist so was wie das Ende der Welt, ganz am Rand, oder noch weiter weg. Heutzutage wird das Wort aber auch für den besten Platz der Welt benutzt, für seinen ganz persönlichen paradies-gleichen Lieblingsplatz, an dem man sich am sichersten und wohlsten fühlt. Für manche ist es das eigene *mökki*, das Ferienhaus am See, für andere ein besonderer Platz im Wald. Insofern wüsste ich, was mein persönlicher *lintukoto* ist. Ich hoffe, du auch.

Lintukoto hat auch Eingang in die Musik gefunden: Der finnische Komponist Einojuhani Rautavaara hat eine Orchesterfantasie mit dem Titel verfasst und auch die Folk-Metal-Band Kultasiipi (Goldflügel) hat einen Song mit dem Titel *Lintukoto* verfasst. Eine Band übrigens, die sehr finnisch klingt, ihre Texte aus finnischen Gedichten und alten Volksliedern bezieht, auf Finnisch singt, aber ansonsten aus lauter Nicht-Finnen besteht, die von sich selber behaupten, sie kämen aus der südlichsten Stadt Finnlands, nämlich Berlin.

Darüber hinaus gibt es die Vorstellung, und damit kommen wir der besonderen Beziehung zwischen Mensch und Vogel in Finnland vielleicht am nächsten, dass die Vögel dem Menschen bei der Geburt seine Seele bringen. Und wenn ein Mensch stirbt, dann holen die Vögel die Seele auch wieder ab. Um seine Seele im Schlaf zu beschützen, stellt man am besten eine Vogelfigur aus Holz auf das Nachtschränkchen. Dieser Seelenvogel, *Sielulintu*, verhindert nämlich, dass die Seele in den Träumen verloren geht.

Vor diesem Hintergrund ist klar, warum die Piepmätze es den Finnen so angetan haben.

68. GRUND

Weil knietief nicht reicht

Es ist noch finster draußen, aber irgendetwas hat mich geweckt. Als ob der See mich ruft. Der See, der gleich gegenüber der Straße beginnt. Seit Monaten zugefroren, hat er dennoch nichts von seiner Faszination eingebüßt. Ich bin in Ylläsjärvi in Lappland. Und der See scheint mich zu rufen.

Ich habe mir das System 5 x 2 zu eigen gemacht: zwei Paar Socken, zwei Hosen, zwei Pullis, zwei Jacken, zwei Paar Handschuhe. Wobei die rechten meist in der Tasche sind, weil ich freie Hand brauche zum Fotografieren. Anfangs war die rechte Hand deswegen ziemlich beleidigt, aber inzwischen hat sie sich fast an die Kälte gewöhnt und macht relativ brav ihren Job.

Eigentlich bin ich hundemüde, und es gibt keinen Grund, im Urlaub so früh aufzustehen. Aber irgendwas zieht mich nach draußen. In den stillen Morgen, an den stillen See. Also stapfe ich hinaus. Der See ist nur wenige Schritte entfernt. Es ist kurz vor Sonnenaufgang. Krrruussch – krrrusssch … Schnee knirscht hier anders, lauter und intensiver. Vermutlich, weil es das einzige Geräusch ist, hier, heute Morgen, auf dem unter dickem Eis scheinbar schlafenden See.

Licht gibt es hier in Lappland nach der langen dunklen Zeit, *kaamos* genannt, schon wieder mehr als ausreichend. Rund elf Stunden Tageslicht sind es mittlerweile. Und jeden Tag kommen rund acht Minuten dazu.

Das Auge hat Platz – wandert über den großen See, über die große Schneefläche, bis zum Horizont. Da, wo ungezählt viele Kiefern und Birken wie ein Scherenschnitt Land und Himmel voneinander trennen. Der Himmel zeigt nur ein paar scheue Schleier kurz über dem Horizont, und auf der anderen Seite des Sees geht der Mond gerade in einem Orange unter, das jedem Straßenkehrer Konkurrenz machen könnte. Die Kälte der Nacht ist noch da und pirscht sich langsam an mich heran, umhüllt mich langsam und unentrinnbar. Bodennebel zieht auf. Der Schnee ist tiefblau. Blaue Stunde. Die Luft ist kalt, klar und fast hygienisch rein.

Diese tiefgefrorene, ja unbewegliche und zugleich unbeugsame Landschaft zusammen mit der atemberaubenden Stille erlaubt ein unbeschreibliches Gefühl von Frieden. Ich lasse mich einfach einhüllen, berühren und einfangen von dieser friedlichen Ruhe. Sie hüllt mich ein wie eine warme weiche Decke. Keine Erwartungen. Kein Lärm. Kein Druck.

Ich sinke ein in den Schnee, in den Frieden und in die Zeitlosigkeit. Und die Stille sickert ein in mich und breitet sich aus und lässt meine Gedanken ganz still werden und schließlich ganz verstummen.

Ich genieße die Ruhe, die Weite – lasse meine Gedanken treiben, meine Augen schweifen und freue mich an den vielen Formen, die der Schnee – auch auf so einer auf den ersten Blick einheitlichen glatten Fläche – zu erzeugen vermag – zusammen mit Kälte und Wind –, entdecke immer neue Formationen, Linien und Gebilde. Der Schnee bekommt jetzt fast eine blaue Farbe durch das mystische Morgenlicht. Eine Landschaft wie ein Gemälde.

Schneetiefe Erfahrungen mache ich hier immer wieder aufs Neue. Eigentlich sollte ich es ja nun langsam wissen: Wege, die nicht ausdrücklich und klar als solche erkennbar sind, sind keine Wege. Die kann man nicht betreten, sollte es nicht mal versuchen. Auch kann man nicht einfach mal ein paar Meter in den Wald stapfen, um dort ein besonderes Motiv einzufangen. Genauso wenig, wie neben dem Schneeschuhweg oder der Langlaufloipe. Man sackt sofort tief ab, meistens bis zur Hüfte. Wenn man Glück hat, etwas weniger.

Und wenn man in der einen Hand die Kamera, in der anderen das Stativ hat – ist das Sich-Rauskämpfen ungefähr vergleichbar, wie aus einem Moorloch zu kommen oder sich aus Treibsand zu befreien. Die ganze Welt hier liegt durch den weißen Teppich einfach rund einen Meter höher.

Aber es passiert mir immer wieder. Nachdem ich auch heute Morgen wieder »abgesoffen« bin im Schnee, hab ich erst geflucht und dann innerlich grinsend ein imaginäres Selfie gemacht – schließlich einigermaßen rausgekämpft, um gleich wieder zu versinken, auf Knien weitergerutscht und mir schließlich einen schmalen Pfad frei gestampft, sodass ich endlich mit einer Reihenaufnahme beginnen kann, die ich schon lange im Kopf habe. Den Schnee, der sich mal wieder trotz aller Vorkehrungen bis zu meinen Socken vorwagt, um eins mit ihnen zu werden, ignoriere ich diesmal einfach. Soll er doch machen, was er will.

200 Kilometer nördlich vom Polarkreis steh ich hier nun und frag mich, warum es mich hierher zieht, was hier auf mich wartet, was hier für mich liegt. Und warum es so schwer zu fassen ist. Und irgendwie werde ich das Gefühl nicht los, die Antwort könnte hinter dem nächsten Baum oder der nächsten Schneewehe liegen. Oder der übernächsten.

Doch je näher ich komme, umso schneller entgleitet sie mir, verschwimmt die Antwort, versinkt im Schnee oder versteckt sich hinter der nächsten Schneewehe, bevor ich sie fassen kann.

Stattdessen ruft mich ein unwiderstehliches Verlangen nach Kaffee. Und das typische dunkle finnische Brot. Und *puuro* – mit viel Beerensoße. An diesem wunderbaren Morgen.

Weil Finnen Eisb(r)echer lieben

Sie sind wahre Kolosse der Ostsee: Eisbrecher. So hoch wie ein achtstöckiges Hochhaus, aus ungezählten Tonnen Stahl, mit Zigtausenden Pferdestärken ausgestattet. Zusammen mit den 50 Leuchttürmen wachen sie über Finnlands Küste. Sie sind oft von Anfang Dezember bis Ende Mai auf dem Meer und geben anderen Schiffen im Winter sicheres Geleit. Eisbrecher ankern nicht. Sie parken sozusagen, warten auf die anderen Schiffe und lassen sich dabei vom Eis einfach einfrieren. Sie geleiten die anderen Schiffe zu einem der 23 Winterhäfen Finnlands oder wieder hinaus ins offene Meer. In der Eisrinne, die die Eisbrecher frei machen, können die anderen Schiffe folgen.

Es gibt sogar einen einzigen Passagier-Eisbrecher im Norden Finnlands. Ganz Mutige können bei einem Stopp sogar in der offenen Fahrrinne in Spezialanzügen ein Eisbad nehmen.

In manchen Wintern ist das Eis meterdick. Die anderen Schiffe müssen dann sehr dicht aufschließen, denn die Rinne, die der Eisbrecher frei macht, friert sofort wieder zu. Wie ein Reißverschluss legt sich das Eis über die Ostsee. Eine einzige Wüste aus Eis, wie ein dicker weißer Teppich, allerdings ein gefährlicher. Immer wieder müssen die Eisbrecher Frachter, die festsitzen, aus dem Eis schneiden. Aber auch unter dem Eis können Eisblöcke treiben, die den Rumpf eines Schiffes schwer beschädigen und ihm so den Todesstoß geben können.

Wachsamkeit ist das Wichtigste auf diesen Schiffen. Denn der Wind schiebt das Eis in wenigen Sekunden in die ein oder andere Richtung. Und die Mannschaft braucht Disziplin. Denn die Eisbrecher müssen top gewartet sein. Zudem dauert eine Schicht an Bord drei Wochen, in denen Landgänge nicht vorgesehen sind. Lärmempfindlich darf man da nicht sein, denn die 22.000 PS-starken Motoren liefern sich ein permanentes Lärmgefecht mit dem berstenden Eis, das Tag und Nacht lautstark krachend vor dem Eisbrecher klein beigeben muss.

Manche Schiffe müssen gar abgeschleppt werden, weil sie zu schwach sind, um im Eismeer vorwärtszukommen. Für einen Eisbrecher kein Problem, ein anderes 500 Tonnen schweres Schiff ins Schlepptau zu nehmen. Da wundert es nicht mehr, warum Eisbrecher auf SISU (finnische Kraft, Zähigkeit) oder Kontio (Bär) getauft werden. Bärenstark eben.

Nur ein Buchstabe trennt sie von der kühlen Schlemmerei im Sommer, der sich die Finnen zu allen Jahreszeiten gerne hingeben. Eiscreme und Softeis haben im Sommer Hochkonjunktur, an bald jeder Ecke in Helsinki finden sich Eisbuden und Stände, an denen man seiner Eisleidenschaft frönen kann. Und in den Supermärkten hat man das Gefühl, die Kühlregale mit Eiscreme aller Sorten enden überhaupt nie mehr. Die verrücktesten Sorten sind wohl alle Kombinationen mit Lakritz. Aber es gibt auch alte finnische Klassiker wie Vanilleeis mit Moltebeeren.

Eis wird jedoch nicht nur im Sommer genascht, sonst würden es die Finnen auch nicht schaffen, auf der weltweiten Eisverbrauchsliste unter den Top 10 zu landen. 14 Liter Eis schleckt jeder Finne statistisch gesehen pro Jahr, das Gelato-Land schlechthin Italien schafft es da nur auf Platz 9 mit acht Litern Eis pro Einwohner. Womit wir wieder bei den Extremen wären: einerseits 100 Grad heiße Saunen, andererseits Abkühlung von innen mit unglaublichem Eiskonsum, 200 Kugeln Eis pro Mann und Nase!

70. GRUND

Weil Kobolde einen verzaubern

Ich bin immer noch ganz betört von dieser unglaublich schönen, faszinierenden, atemberaubenden Landschaft des Schärengartens.

Mir geht bei diesem Anblick das Herz ganz weit auf, und die Seele atmet durch.

Rote Felsen, die sich in sanften Erhebungen bis zur Küste ziehen – knorrige Fichten, die seit vielen vielen Jahren Wind und Wetter trotzen – kleine Flechten und Moose, die tapfer zwischen und auf den Felsen wachsen – und überall dazwischen große Felssteine, die keinem Muster folgend durcheinandergewürfelt daliegen und einem wieder und wieder das Laufen erschweren, weil man um sie herum oder über sie drübersteigen muss. Dafür wird man jedoch mit einem ständig wechselnden Ausblick belohnt. Das Meer ist ein ständiger Begleiter mit seinem Rauschen, die Wellen sanft ans Ufer schlagend und sich dort brechend – die Zweige, die unter den Füßen leise knacken – der ultraweiche Waldboden, in den man zentimetertief einsinkt.

Keine Menschenseele weit und breit – kein behelmter schwitzender Mountainbiker in grellbunter Funktionskleidung, der einen ohne Vorwarnung zischend überholt – keine lärmenden Kinder – nichts. Wirklich nichts? Was ist mit Trollen, Kobolden, Feen und Elfen?

Den Sagen nach ist das hier ihr Land, ihr Zuhause, ihr Herrschaftsgebiet. *Peikkos* nennt man sie in Finnland. Wer warten kann und sich mucksmäuschenstill verhält, kann sie im Augenwinkel vorüberhuschen sehen. Manchmal, wenn sie richtig gut drauf sind, dann kann man sie sogar herbeisingen. Herbeisummen ist noch treffender. Leise eine althergebrachte Melodie summen. Und Geduld haben. Dann guckt plötzlich einer misstrauisch hinter einem Felsen hervor. Zunächst sehe ich nur ein spitz zulaufendes Ohr, das in braune Haare oder Fell übergeht. Ich summe weiter. Und der *peikko* wagt sich vorsichtig aus seiner Deckung, jederzeit bereit, hinter dem nächsten Gebälk wieder zu verschwinden. Er hat dicke knubbelige Zehen, die zwischen den Blaubeeren hervorlugen, kurze stämmige behaarte Beine, und über der Brust trägt er aus Zweigen geflochten so was wie einen gekreuzten Pistolengürtel. Und das Gesicht mit der dicken Knollennase und kleinen Knopfaugen hat wohl schon lange keinen Tropfen Wasser gesehen – genauso wie die verfilzten in alle Richtungen abstehenden Haare.

Den Kopf leicht geneigt, die Augenbrauen zusammengekniffen und die Augen nach oben gerichtet zu mir, beäugt er mich. Ich dagegen bin mir nicht sicher, ob er Gutes im Sinn hat. Zu mürrisch, feindlich, misstrauisch sieht er mich an, als ob er gleich einen Überraschungsangriff starten wollte. Der kleine Giftzwerg wird mir doch nichts tun, denke ich mir insgeheim. So ganz wohl ist mir nicht. Er stemmt seine Hände in die Hüften und sieht mich abschätzend an. Jetzt kann alles passieren, sagt mir mein Instinkt und möchte am liebsten weglaufen.

Doch glücklicherweise kommt es nicht so weit. Stattdessen stimmt der kleine Kobold in meinen Gesang mit ein. Kommt näher, klettert behände auf den Felsen und setzt sich vorsichtig neben mich auf den Stein, der trotz der schwächer werdenden Septembersonne immer noch angenehm warm ist.

»Wer bist du?«, fragt er misstrauisch, während er den Kopf dreht und zu mir hoch blickt.

»Tarja nennt man mich. Und wer bist du?«

»Ich? Ich bin einer der ältesten und weisesten Kobolde in diesem Wald. Ach was, wahrscheinlich in ganz Åland! Petter sagen sie zu mir.«

»Ich freu mich, dich kennenzulernen, Petter.«

»Hrmp«, schnaubt Petter verächtlich. »Papperlapapp. Alles Geschwätz!«

Aber unser beider Neugier treibt das Gespräch voran. Und ich spüre, wie Petter zutraulicher wird. Nur fotografieren lassen will er sich nicht. »Verflixt-dreimal-verhextes NEIN! Wir peikkos lassen uns nicht ablichten, nicht festhalten, nicht einpacken und nicht einnehmen. NIEMALS!«

Als er meine Enttäuschung im Gesicht sieht, bietet er mir als Gegenleistung an, dass ER ein Foto machen könne mit dem verflixten Apparat. Mit seinen beiden fellartigen Füßen muss er ganz doll auf den Auslöser hüpfen, bis es endlich funktioniert. Anschließend zeigt er mir sogar noch einen Eingang zu einer Gemeinschaftshöhle, in der die Kobolde zusammen feiern, lachen und streiten.

Denn Streiten ist eine ihrer Lieblingsbeschäftigungen. Widerworte geben, frech sein und immer dagegen sein – das lieben die *peikkos* geradezu. Dann fühlen sie sich so richtig lebendig.

Insofern ist gut nachvollziehbar, dass mein Bemühen, ihn ja nicht zu erzürnen, und unser anfänglicher Kuschelkurs ziemlich anödend für ihn sein müssen.

»Ich muss los, meine Kumpels warten schon auf unser gemeinsames Zank-Match heute Abend. Pass auf, wo du hintrittst, und merk dir gut deinen Weg, sonst könnte es unangenehm für dich werden, wenns dunkel wird und du nicht rechtzeitig aus dem Wald herausgefunden hast«, warnt mich Petter noch eindringlich, bevor er in drei Sätzen im Unterholz verschwindet.

So sehr ich meine Augen auch anstrenge, ich kann ihn nach wenigen Sekunden nicht mehr entdecken. Er ist eins geworden mit dem Wald und der Wald mit ihm.

Rechtzeitig vor Sonnenuntergang bin ich wohlbehalten zurück und lade gleich alle Fotos in den Computer – bin ich doch sehr gespannt, was *peikko* Petter für mich fotografiert hat. Ich zeig sie euch gern auf meinem Blog: www.tarjasblog.de

KAPITEL 8

KREATIVES FEIERN

71. GRUND

Weil auf der Fähre alles s(ch)wingt

Auf der Fähre von Stockholm nach Helsinki – mit Zwischenstopp in Mariehamn, der Hauptstadt der Åland-Inseln. Wolkenverhangen grau ist der Himmel, als wir mit einem der großen Passagierschiffsbetreiber Viking Line im Hafen ablegen. Als wollte uns die Stadt gern loswerden. Das 171 Meter lange Schiff, das Platz für über 2.400 Passagiere bietet, zieht langsam wie ein sanfter Riese an den unzähligen Inseln vorbei – felsigen, bewaldeten, kleinen, länglichen Inselgruppen. Jede Sekunde eine neue Bildkomposition. Es fällt mir schwer, nach gut 200 Fotos den Apparat auszuschalten.

Ich bin die Einzige auf dem Deck, auf dem Hubschrauberlandeplatz. Den man vielleicht gar nicht betreten darf. Aber außer mir ist niemand da, der mich zurechtweisen könnte. Also setze ich mich und lass diese Landschaft an mir vorüberziehen. So nah wirken die Inseln, und doch so unerreichbar fern. Schaut man hinunter, in das fast schwarze Wasser der Ostsee, erahnt man erst die wahren Dimensionen. Ungezählte Nuancen von Blau und Grau ziehen vorüber, fließen in meine Augen, dringen in jede Zelle vor und füllen mich komplett aus. Blau-graue Gefühle.

Später sitze ich am Fenster und schaue auf das schwarze Meer, während die letzten Lichtstrahlen des Tages am Horizont verschwinden, versinken in dem alles einnehmenden Schwarz und alles an Konturen, Farben und Dimensionen mit sich nehmen. Was bleibt ist Schwärze. Schwarz auf schwarzem Hintergrund. Schwarzes Wasser, schwarzer Horizont, schwarzer Himmel.

Im Bauch des Schiffes ziehen die Menschen an mir vorüber, alte Damen, die extra vorher noch beim Friseur waren und sich chic gemacht haben, sogar ein Schlitz im Kleid. Denn heute Abend gibt es noch Tango, in einem der zahlreichen Vergnügungslokale an Bord.

Und die jungen Mädchen mit hochgebundenen Zöpfen, die hin und her schaukeln und die Jungs locken, zusammen mit den engen Jeans und freiliegenden Knöcheln, tänzeln aufgeregt die Treppen runter.

Die reisenden Familien, die versuchen, den ungezügelten Überschwang zu bremsen, radschlagende Mädchen auf dem Flur, weinende Kleinkinder, die den Spielplatz auf Deck 7 an der Hand der Mutter verlassen sollen. Der kleine Junge im Kinderstuhl, der immer nur brüllt, daneben sein Vater stoisch und sehr ratlos aussehend, der ihn nicht zu beruhigen vermag. Hinter mir eine Frau am Piano, die versucht, zu klingen wie eine Mischung zwischen Janis Joplin und Aretha Franklin. Eine vollbusige, lippenaufgespritzte und mit 20 Zentimeter hohen Absätzen staksende Möchtegern-Hollywooddiva-Schönheit, die wohl alle Blicke auf sich ziehen will. Oder das andere Extrem, die Schüchterne mit der braven Frisur und den flachen Schuhen, die sich mutig heute Abend ihr verführerischstes Kleidungsstück angezogen hat: eine rote Bluse.

»Komm, lass uns auf dem Deck verstecken«, ruft ein hellblonder Junge seinem Freund zu, beide ohne Schuhe unterwegs, dafür aber mit dem verräterischen Glitzern in den Augen, dass heute noch was Tolles passiert.

Ich lehne derweil an einer beleuchteten Rotweinwerbung, deren Flaschenhals mir sozusagen über den Kopf wächst, und freu mich über die Wärme, die die Lampen hinter Glas abstrahlen. Denn auf dem Deck war es zusammen mit dem Fahrtwind doch ganz schön frisch. Ich reise ohne Kabinenbuchung und bin gespannt, was ich noch so alles zu sehen bekomme heute Nacht, denn die Fähre kommt erst um 4.25 Uhr morgens in Mariehamn an.

Einen Saal weiter erklingen die ersten Takte der Liveband, und sofort strömen die ersten Paare auf die Tanzfläche. Es scheint ihnen völlig einerlei zu sein, dass sie aus einem Samba einen Finnischen Tango machen. Was nicht passt, wird einfach passend gemacht. Sie tanzen eben einfach so gern. Cha-Cha-Cha … die Sängerin sagt sogar an, was als Nächstes kommt. Aber die Finnen lassen sich nicht beirren. Sie tanzen Tango auf jeden Rhythmus dieser Welt. *Guantamera* … hin oder her … konsequent schlurft der Finne seine Schrittfolge des Schwof-Tangos … im Dreivierteltakt. Passt immer.

Und dann gibt es die, die unruhig hin- und herlaufen, den Blick schweifen lassen, die mit dem suchenden und sehnsüchtigen Blick. Die Stunden später immer noch ihre Runden drehen, mit dem gleichen suchenden und sehnsüchtigen Blick, nur trauriger. Oder die nicht vom Seegang schwankenden Damen, deren Augenlider zur Nachtzeit so schwer scheinen wie die Eisentüren zu den Autodecks.

Oder die – wie Mikko, Timo und Jari – Arbeitskollegen auf dem Weg nach Stockholm. Timo erzählt mir von seinem Heimweh. Und seiner Sehnsucht. Nach besseren Zeiten. Als alles noch besser war. Timo ist geschieden. Seine beiden Kinder hat er schon zwei Jahre nicht gesehen oder besser sehen dürfen. Er vermisse sie. Genauso, wie er die wahre Liebe vermisse, die so selten geworden sei. Deswegen lassen ihn die angeheiterten Frauen auf der Tanzfläche kalt, auch wenn sie verführerisch ihre langen blonden Haare schütteln. Er schaut zwar auf die Tanzfläche, aber ich kann mich des Eindrucks nicht erwehren, dass er durch all die tanzenden Menschen hindurch tief in seine Vergangenheit sieht.

Mit jedem Schluck wird seine Zunge schwerer – und sein Herz vermutlich auch. Er und seine beiden Kumpels trinken mutwillig durcheinander, als könnten sie nicht schnell genug betrunken werden. Oder mutig genug, um eine der Frauen auf der Tanzfläche anzusprechen. Und später vielleicht mit auf die Kabine zu nehmen.

Und dann gibt es nicht viel mehr zu sagen. Finnische Melancholie. Also schweigen wir zusammen. Lauschen gemeinsam den traurigen Mollklängen des Tangos und dem Schiff und den Wellen. Irgendwo auf dem Meer, auf der Ostsee zwischen Helsinki und Mariehamn.

72. GRUND

Weil es den kleinen Samstag gibt

Das Nachtleben in den großen Städten ist bunt und vielfältig. Tanz, Konzerte, Kneipen, Restaurants, Bars mit und ohne Karaoke. Es gibt für jeden Geschmack und jedes Alter das Passende.

Und die Finnen nutzen das nicht nur im Sommer. Auch im Winter sind die Lokalitäten am Wochenende gut besucht. Ich habe den Eindruck, einer der großen Unterschiede zu uns besteht darin, dass die Finnen ohne schlechtes Gewissen feiern können. Schließlich war man ja die ganze Woche brav und hat keinen Alkohol getrunken. Da kann man es am Wochenende ruhig mal krachen lassen. Freitag und Samstag sind klassische Ausgehtage. Weil das vielen noch nicht reicht, gibt es noch den Mittwoch, den man auch *pieni lauantai*, also den kleinen Samstag nennt. Eine Art Vorfreu-Abend für die, die nicht bis zum Wochenende warten wollen. Ein weiterer Abend, um die Lokale unsicher zu machen und zu feiern, als gäbe es kein Morgen. Alle anderen ziehen dann spätestens am Freitagabend los. Mädels selbst im tiefsten Winter plötzlich in dünnen Perlonstrümpfen und ultrakurzen Röcken. Da stehen sie dann zitternd und bibbernd vor den angesagten Clubs. Denn jedes Lokal, das was auf sich hält, beschäftigt Sicherheitspersonal, das über den Einlass wacht und auch sonst für Ordnung sorgt. Tatsächlich ist es Pflicht, bei bestimmten Veranstaltungen Sicherheitspersonal zu beauftragen. Die Herrschaften, immer martialisch aussehend, muskelbepackt und am liebsten mit Sonnenbrille, scheinen ihre Macht regelrecht zu genießen und lassen selbst bei minus 20 Grad eine zehn oder 50 Meter lange Schlange feierwütiger Finnen draußen stehend frieren. Ohne mit der Wimper zu zucken. Sie entscheiden, wen sie wann reinlassen. Offensichtlich bereits Angeheiterte werden übrigens nicht reingelassen. Mit dem Vorglühen daheim, was angesichts der Preise weit verbreitet ist, muss man also aufpassen.

Die nach wie vor relativ hohen Preise für Alkohol scheinen dann keine Rolle mehr zu spielen. Man zahlt mit Karte und merkt vielleicht auch gar nicht, wie der Kontostand an nur einem Abend gegen null zusammenschrumpft.

Eine klitzekleine Schwierigkeit sei an dieser Stelle noch erwähnt: Die schüchterne Fraktion der Finnen kennt offenbar nur eine Strategie. Und das ist nicht unbedingt die, die häufig von Erfolg gekrönt sein dürfte. Solange sie nüchtern sind, sind sie zu schüchtern, um eine Frau anzusprechen. Und sobald sie sich genügend Mut angetrunken haben – und das ist häufig schon um zehn oder elf Uhr am Abend der Fall –, dann mag man/frau eigentlich gar nicht mehr mit ihnen reden. Oder es ist schlicht unmöglich, dann noch eine Unterhaltung zu führen, die diesen Namen verdient hätte. Das gilt im Übrigen für beiderlei Geschlecht.

Dafür sorgen sie aber für Stimmung. Getanzt wird viel und gern. Kaum hat eine Live-Band begonnen zu spielen, füllt sich auch schon die Tanzfläche. Manchmal auch die Tische.

Dennoch habe ich aufgrund solcher Pegelstände noch keine einzige unangenehme Situation erlebt. Im Gegenteil: Manchen löst der Alkohol nicht nur die Zunge, sondern auch das Schloss, das sonst so fest all ihre Emotionen vor Einblicken von außen schützt. Über Gefühle reden, das scheint für manche Finnen ein Widerspruch in sich zu sein. Gefühle hat man, Gefühle fühlt man, aber Gefühle kann man nicht in Worte fassen. Also redet man nie darüber. Lässt lieber die Musik für sich sprechen, den Tango tanzen oder als Treibmittel auch mal das Feuerwasser. Getanzt und getrunken wird, bis die Lichter plötzlich an- und ausgehen. Das übliche Zeichen, dass nun Tische und Stühle hochgeklappt werden.

Darüber hinaus gibt es aber auch eine lebendige Livemusikszene. Internationale, nationale und weniger bekannte Musiker kann man jedes Wochenende in einem der zahlreichen Musikclubs sehen.

Selbst in den weniger hippen Stadtteilen Helsinkis, weit weg vom Zentrum, gibt es alle paar Wochen Livemusik. Bands, die raus wollen aus ihrem Proberaum, zeigen ihr Können, oft sogar bei freiem Eintritt. Man muss nur seinen Allerwertesten vom Sofa hoch bekommen und losziehen. Dann bekommt man zum Beispiel die Gelegenheit, seinen eingefahrenen Erfahrungsschatz zu überprüfen. Etwa, wenn drei Langhaarige mit gewaltigen Mähnen mit martialischem Gang auf die Bühne kommen, mit viel Metallbesatz auf Kleidung und Tätowierungen auf der Haut. Also, was machen Hirn und Ohren? Stellen sich schon mal auf Bombast-Rock ein, auf gewaltigen Gitarrensound, endlos schnelle Soli und eine Menge Headbangen. Doch stattdessen kommen softe Balladen und fast schon schnulzige Cover-Versionen von Liebesliedern. So ist das mit den Erwartungen.

Und wer genug Mut hat, kann selbst auf die Bühne. Bei den sogenannten Open-Mic-Veranstaltungen in Helsinki darf jeder auf die Bühne, allein oder mit Band, ob Amateur oder Profi. Auch die Musikrichtung ist nicht vorgegeben. So kann jeder, der genug Selbstbewusstsein und Mut hat, mal testen, wie das Publikum auf sein musikalisches Können reagiert. Open-Mic-Veranstaltungen sind für alle, die Spaß an Musik haben und offen für Neues sind.

In Finnland geht man an kleinen Samstagen besser ohne große Erwartungen los. Und lässt sich überraschen.

73. GRUND

Weil Kleinweihnachten ausgiebig gefeiert wird

Ich kenne kein Land, das die Vorweihnachtszeit so innig und intensiv begeht und zelebriert und feiert wie Suomi Finnland. Es ist wie eine weitere Jahreszeit. Kein Wunder, in der Heimat des Weihnachtsmannes.

Vorweihnachtszeit im Norden: Das ist warmes Licht aus allen Fenstern, liebevoll geschmückte Fensterbänke, die aussehen wie

Adventskalender, der Duft von *glögi*, der finnischen Variante des Glühwein mit Zimt, Nelken und Rosinen, und *pippuri*, Pfefferkuchen auf finnische Art.

In Finnland ist es nicht schwer, im Dezember Weihnachtsgefühle zu bekommen. Selbst, wenn noch kein Schnee liegt. Schließlich kommt der einzige und wahre und leibhaftige Weihnachtsmann aus Finnland, der *Joulupukki*. Und seine Weihnachtswichtel, die *Tonttus*, die ihm dabei helfen, alle Geschenke rechtzeitig fertig zu bekommen. In Finnland hat man den Eindruck, nicht nur die Kinder fiebern Weihnachten entgegen – auch die Erwachsenen. Es wird gebacken, gebastelt, geschmückt, Zipfelmützen aufgesetzt, gesungen, Kerzen angezündet. Die Wochen vor Weihnachten werden ausgiebig und fröhlich zelebriert.

In diese Zeit fällt auch das Lucia-Fest. Ein Lichterfest, das vor allem in Finnland und Schweden am 13. Dezember gefeiert wird. Nach dem julianischen Kalender war der 13. Dezember der kürzeste Tag und die längste, dunkelste Nacht. Lucia bringt das Licht. Im ganzen Land gibt es an diesem Tag Gottesdienste in den Kirchen. In den Schulen wurde davor wochenlang darum gekämpft, wer dieses Jahr Lucia sein darf, das kleine Mädchen mit blonden gelockten Haaren, das einen Haarkranz aus Kerzen und damit das Licht in die Kirche und zu den Menschen bringt.

Überall läuft Weihnachtsmusik. Es gibt spezielle Weihnachtsradiosender und im Internet für jede Geschmacksrichtung ein eigenes Joulu-Radio.

Die Weihnachtsfarbe ist Rot. Abends gehen junge Leute mit roten Tonttu-Mützen aus. Auf den Weihnachtsmärkten gibt es *glögi* und *himmeli*, selbst gebastelte Mobiles aus Strohsternen, die zwingend zu Weihnachten dazugehören.

Das war nicht immer so. Alkohol in der Öffentlichkeit ist immer noch problematisch. Auf dem Weihnachtsmarkt in Helsinki, direkt unterhalb des Doms, wird Alkohol erst neuerdings und auch nur am Abend ausgeschenkt.

Ganz besonders gefällt mir, dass fast alle Fenster, also nicht Schaufenster, sondern die Fenster der normalen Häuser, weihnachtlich geschmückt sind. Wie allein die Eröffnung der Weihnachtsbeleuchtung in Oulu gefeiert wird und warum die *Tiernapojat* unbedingt dazugehören, das könnt ihr in Grund 25 nachlesen.

Eine weitere Besonderheit ist *pikkujoulu* – Kleinweihnachten. Alle feiern es, jeder Betrieb, jeder Verein, jede Schule. Mancher ist die Wochen vor Weihnachten im Dauer-Feier-Modus. *Pikkujoulu* ist eine besondere Art der Weihnachtspartystimmung. Und tatsächlich soll es dabei auch solche *Pikkujoulu*-Veranstaltungen geben, bei denen die sonst so braven Finnen den finnischen Bären rauslassen und so ausgelassen feiern, dass die Devise gilt: was bei einer *Pikkujoulu*-Party passiert, bleibt dort – darüber wird am besten nie wieder gesprochen. Damit erklärt sich auch das finnische Sprichwort: Der Vorabend ist das beste Fest!

Meistens wird dabei auch das traditionelle Weihnachtsessen *Jouluruoka* serviert: Weihnachtsschinken und verschiedene Aufläufe mit Karotten und Steckrüben. Auf genau so einer *Pikkujoulu*-Feier erzählt mir Mitte Dezember Matti aus Rauma, er habe nun schon 20-mal *Jouluruoka* gegessen, und wenn dann endlich Weihnachten ist, dann könne er es nicht mehr sehen.

Getrunken wird, was das Zeug hält. Ein Wunder, dass hier im Dezember überhaupt noch was funktioniert. Aber irgendwas müsse man ja gegen die Dunkelheit unternehmen. Es sei ja sonst nicht auszuhalten … meint Matti.

Weil Rentiere zu Renntieren mutieren

Enontekiö, die nordlappische Region, hat knapp 2.000 Einwohner und mehr als 20.000 Rentiere. Enontekiö bedeutet so viel wie Erzeuger der Ströme, denn hier entspringen die Flüsse Ounasjoki, Muonionjoki und Palajoki, die in den Bottnischen Meerbusen münden. Um die Jahreswende zeigt sich die Sonne acht bis zehn Wochen gar nicht. Temperaturen bis minus 40 Grad sind keine Seltenheit. Als Entschädigung dafür wird ein magisches Schauspiel am nächtlichen Himmel geboten: Aurora Borealis, besser bekannt als Polarlichter. Nirgendwo sonst in Finnland treten sie so häufig wie in Enontekiö auf. Mystische Lichter, von der Sonne entsandt. Denn die Sonne hat einen Herzschlag – alle elf Jahre schlägt es besonders stark. Gasexplosionen auf der Sonnenoberfläche sorgen für bizarre, manchmal unheimliche Stimmungen am klaren Nachthimmel.

Eine andere Besonderheit von Enontekiö ist Marjanpäivää – ein Fest der Samen mit langer Tradition. Von überallher kommen die Samen am Marjanpäivä zusammen und feiern ein Wochenende lang im März. Mit Tanz, Rentier-Rennen, Markttreiben, Musik und Joikgesängen. Dann ist es zwar häufig noch sehr kalt, und Schnee liegt auch immer noch, aber die Tage sind schon wieder sehr lang und hell und die Vorfreude auf den Frühling und die erwachende Natur ist überall zu spüren. Die Samen, die zum Teil eine Anreise von Hunderten Kilometern in Kauf nehmen, freuen sich, alte Bekannte wiederzutreffen und sich auszutauschen. Es ist ein Fest, um sich seiner Traditionen und Geschichte wieder bewusst zu werden, sie zu erhalten und zu leben.

Und so ein Rentier-Rennen ist wirklich sehenswert! Ich habe einmal den Poro-Cup in Pyhä-Luosto in Mittellappland besucht. Keine Touristenattraktion, sondern eher ein jährliches Wettrennen auf Schneefahrbahn, das man unter sich ausmacht. Eher ein

Ereignis, bei dem Auswärtige stillschweigend geduldet sind. Hier treffen sich die Rentierzüchter, tauschen sich aus, die Frauen führen stolz ihre neuesten selbst genähten Fellmützen und Fellstiefel aus, und mit einem heißen Kaffee in der Hand fachsimpeln die Samen, welches Tier und welcher Mensch sich beim Rennen am geschicktesten angestellt haben. Mehrere Runden werden gelaufen beziehungsweise gefahren. Das Tier wird zunächst in eine Box geführt, und das ist bereits Teil der sehenswerten Show, denn viele Rentiere sträuben sich mit allen ihnen zur Verfügung stehenden Mitteln, um nicht in die Box zu geraten. Ist es dann mit vereinten Kräften geschafft, steht der Skifahrer mit Zügeln hinter dem Rentier. Die Lautsprecherstimme zählt den Countdown, und dann öffnen sich mit einem Schlag die Klappen der Boxen, und die Rentiere hechten wie befreit los. Jagen über den glatten Schneeparcours, mit heraushängender Zunge über Schnee und Eis, mit bis zu 60 Stundenkilometern. Um sich für das Rennen zu qualifizieren, muss ein Rentier die 1.000-Meter-Strecke in 1,25 Minuten rennen. Die Skifahrer, meist jugendliche Leichtgewichte, Mädchen wie Jungen, brauchen einiges an Geschick, um da nicht aus der Bahn geworfen zu werden. Ein gutes Renn-Rentier muss den unbedingten Willen haben, vor den fünf anderen zu laufen, die mit am Start sind, verrät mir Matti, einer der Züchter, der ebenfalls ein Tier am Start hat. Wie man sich am besten auf so ein Rennen vorbereitet, will er mir jedoch nicht verraten. Da habe jeder so sein eigenes Rezept. Nur so viel: Es sei empfehlenswert, wenn der »Jockey« eine gute Balance habe und vorher schon mindestens zehn Kilometer mit dem Renn-Rentier trainiert habe.

Start- und Zielpunkt sind in Sichtweite für die Zuschauer. Und die mutigen Skifahrer werden ordentlich angefeuert und mit Applaus im Ziel gefeiert.

Manches Rentier kommt allerdings ohne Skifahrer ins Ziel, andere reißen sich einfach los und rennen in die andere Richtung davon. Mithilfe von Motorschlitten eilen dann einige hinterher und versuchen sie wieder einzufangen. »Das Sagen haben weiterhin die Tiere«, erklärt mir einer der Rentierzüchter. »Wenn ein *poro* keine Lust hat zu laufen, wird es nicht laufen. Der Mensch kann da nicht viel ausrichten. Zwingen kann man Rentiere zu nichts.«

Und tatsächlich bleibt in einer Runde ein *poro* einfach in der Box stehen, die den Startboxen beim Pferderennen ähneln. Die Tiere, die gerade Pause haben, werden der Einfachheit halber im angrenzenden Wald an den Bäumen festgemacht. Das Wettrennen hat was von Jahrmarktstimmung, nur ohne die Verkaufsbuden. Hier gibt es lediglich einen Stand mit Fellmützen, einen Stand mit Kaffee und Süßem und ein Zelt, in dem an der Selbstbedienungstheke warmes Rentiergeschnetzeltes mit Kartoffelpüree und Preiselbeermarmelade angeboten wird. Eine entspannte Atmosphäre, nur durchbrochen durch Lautsprecherdurchsagen über die Sieger und gefahrene Zeiten. Es handelt sich um ein Qualifying. Die Sieger werden dann einige Wochen später bei der landesweiten Meisterschaft in Inari antreten, bei der der Rentier-König ermittelt wird.

75. GRUND

Weil Karaoke Volkssport ist

Wo Menschen singen, da lass dich nieder. Böse Menschen kennen keine Lieder. Das ist so alt wie wahr.

Wenn es Karaoke nicht schon gegeben hätte, die Finnen hätten es sicher erfunden. Ich kenne kein Land, in dem Karaoke so beliebt ist wie in Finnland. Die Finnen sind die enthusiastischsten und fröhlichsten Karaoke-Sängerinnen und -Sänger. Ausgerechnet die Finnen, die sonst so schüchtern sind und den Mund nicht aufbringen. In einer Karaokebar sind sie wie ausgewechselt. Da wird mit voller Inbrunst und aus voller Kehle gesungen, was das Zeug hält. Von Heavy Metal bis zur finnischen Liebesschnulze. Nicht etwa die Chinesen oder Japaner, nein, die Finnen halten auch den Weltrekord im Dauer-Karaoke-Singen. Das Karaoke-Fieber gehört längst zur Volkskultur.

In jeder Stadt gibt es mindestens ein Karaoke-Lokal. 2.000 soll es im ganzen Land geben. In ihrem Musik-Repertoire findet sich alles, von Rock über Schlager und Jazz bis zu Volksmusik und Death Metal. Das Mikrofon braucht eigentlich keinen On-off-Knopf, denn es wird ohne Pause von einem zum anderen gereicht. Der Andrang ist oft so groß, dass man eine Art Anmeldebogen ausfüllen muss mit seinem Namen und dem Song, den man zum Besten geben möchte. Hinter der Theke sammelt der »DJ« alle Zettel und ruft dann auf, wer als Nächster dran ist, oder es wird auf den Bildschirmen, die im ganzen Lokal an den Wänden hängen, wie in einem Wettlokal angezeigt. Über die Bildschirme flimmern die Texte – umrahmt von Landschaftsaufnahmen finnischer Natur, vor allem Sonnenuntergängen.

Mal schön, mal schaurig gehts zur Sache. Da wird geträllert, gebrummt und mitgesungen. Bei manchem Lied stimmen alle ein: der ganze Saal wie aus einer Kehle – reißen beim Refrain die Fäuste und Arme hoch, als hätten sie gerade die Weltmeisterschaft im Eishockey geholt – Gassenhauer, die jeder kennt. Manche oder mancher hätte es vielleicht bleiben lassen sollen mit dem Singen, aber letztlich wird hier auch der Mut und die Textsicherheit mit Applaus belohnt. Ich selbst bin in solchen Lokalitäten dann doch lieber still amüsierter Zuschauer. Zusammen mit zwei Auslands-Studentinnen habe ich zwar mal einen dieser durch häufige Benutzung sehr ramponierten DIN-A4-Ordner mit allen Songs durchgeblättert – schon das ist ein Spaß, weil es wie eine Zeitreise durch die Musikgeschichte ist. Als wir uns endlich auf einen Song geeinigt hatten, haben wir sogar einen dieser Bestellzettel ausgefüllt, aber das Schicksal hat es irgendwie gefügt, dass der Andrang an diesem Tag so groß war, dass wir nicht mehr auf die Bühne durften oder besser mussten.

Wer es bis dahin nicht aushält, kann sich etwa in einem Karaoke-Taxi in Helsinki schon mal warmsingen. Oder in der Karaoke-Autowerkstatt sich die Wartezeit, während das eigene Auto repariert wird, mit Singen vertreiben. Diese Werkstatt mit ungewöhnlichem Alleinstellungsmerkmal findet sich in Pyhäjoki, rund 100 Kilometer südlich von Oulu. Insider behaupten, da kämen in letzter Zeit vermehrt Kunden, die gar kein Auto haben. Nur zum Singen.

Sagte ich schon: Die spinnen, die …?

76. GRUND

Weil der Frühling gefeiert wird

In Finnland wird am 1. Mai *Vappu* gefeiert. *Vappu*, das ist viel mehr als der 1. Mai und der Tag der Arbeit. Es ist der Tag der Studenten, der Tag der ersten kollektiven Picknicke, der Tag des kollektiven Trinkens und des Frühlings. Traditionell beginnen die Feiern schon am Vorabend und setzen sich am 1. Mai, der in Finnland gesetzlicher Feiertag ist, fort. Seit 1870 ist es aber auch das größte Fest der Studenten.

Finnische Studenten brachten diesen Brauch erstmals 1865 von der Universität Lund in Schweden nach Finnland. Die Universitätsstädte des Landes sind ganz in der Hand der Studenten. Und die feiern, was das Zeug hält. Zusammen mit allen anderen, die mal Abitur gemacht haben, tragen sie die weiße Studentenmütze. *Vappu* ist der »höchste Feiertag« der Studenten insbesondere an den technischen Universitäten – erkennbar an bunten Overalls (*Haalarit*), die die jeweilige Fakultät repräsentieren. Wenn die mit ihren bunten Overalls voller Sticker und Aufnäher durch die Stadt ziehen, dann hat das schon ein bisschen was von Fasnacht und Karneval.

In Helsinki wird als erste »Amtshandlung« die Statue Havis Amanda ordentlich eingeseift, und danach bekommt auch sie die

Studentenmütze aufgesetzt. Tausende von Menschen verfolgen dieses Spektakel – selbstverständlich trinkenderweise. Die ganze Stadt befindet sich dann in Feierlaune.

In Tampere gibt es noch eine weitere gelebte Tradition: Die neuen Studenten werden in der zu der Jahreszeit noch sehr erfrischenden Stromschnelle Tammerkoski »getauft«.

Zum *Vappu*-Picknick gibt es Musik und, na klar: viel Alkohol und *sima*, ein vergorenes Zitronengetränk mit Rosinen. Das ganze Land trifft sich draußen. In den Parks, Gärten, Wäldern, Ufern. Gegessen wird das traditionelle *Vappu*-Gebäck *tippaleipä*, ein Fettgebäck, das so viel wie Tropfenbrot bedeutet. Erinnert ein bisschen an einen steif gewordenen Spaghettiklumpen. Würstchen und Kartoffelsalat gehören auch dazu. Eine wilde Mischung. Würstelbuden sucht man jedoch vergebens. Jeder bringt seine Sachen selber mit.

Ein Tag des ausgelassenen feuchtfröhlichen Feierns, an dem – und das finde ich das Schönste – der Frühling gefeiert und begrüßt wird nach dem langen dunklen Winter. Die Natur blüht auf, die Sektkorken knallen, der Finne wacht aus seinem Winterschlaf auf.

Hauskaa Vappua! Fröhlichen 1. Mai!

77. GRUND

Weil sie Schlafmützen und andere Freunde feiern

Die Finnen feiern neben den Geburtstagen auch die Namenstage und viele Gedenktage, wie es sie nur in Finnland gibt. Finnische Namen stehen immer noch hoch im Kurs: die beliebtesten Mädchennamen waren 2015 etwa Venla, Sofia, Aada und Aino, bei den Jungen Leo, Elias, Onni und Eino. Fast alle Namen haben eine Bedeutung. Und so ist es gar nicht unüblich, dass Kinder übersetzt zum Beispiel Frieden, Glück, Liebling heißen. Oder Edel (Jalo), Weit weg (Kauko) oder Schüchtern (Kaino) heißen. Oder Maiglöckchen (Kielo) oder wie der Ort Inari. Andere entstammen der finnischen Mythologie oder dem Nationalepos *Kalevala* wie Kullervo oder Kyllikki.

An den offiziellen Gedenktagen werden etwa finnische Nationaldichter, Sibelius, die Gleichberechtigung oder die Sprache gefeiert. Am 9. April etwa, dem Todestag Mikael Agricolas, feiert man in Finnland den Tag der finnischen Sprache. Agricola ist so was wie der finnische Luther und gilt als Vater der finnischen Literatursprache. Er hat das Neue Testament ins Finnische übersetzt. Sein erstes Werk, das *ABC-Kiria* (ABC-Buch), war eine Sammlung christlicher Texte und zugleich das erste, das Mitte des 16. Jahrhunderts in finnischer Sprache gedruckt wurde.

Oder der Runeberg-Tag am 5. Februar. Dieser Tag ist dem Andenken des Nationaldichters Johan Ludvig Runeberg (1804–1877) gewidmet. Runeberg war Finnland-Schwede und wird als Dichter bis heute verehrt. Eines seiner Gedichte, *Unser Land* (*Maamme*), wurde später zum Text der Nationalhymne. Schwer zu sagen, was beliebter ist in Finnland: der Nationaldichter Runeberg oder die nach ihm benannten Runeberg-Törtchen, die es nur um den Gedenktag herum gibt. Einzige Ausnahme: das Städtchen Porvoo, in dem Runeberg gelebt hat. Hier bekommt man die runden, aus dunklem Teig bestehenden Törtchen mit einem Klecks Marmelade oben drauf das ganze Jahr über.

Der Valentinstag im Februar ist in Finnland nicht ein Tag, der nur Liebenden vorbehalten ist. Es ist vielmehr eine Liebeserklärung an die Freundschaft. Am Valentinstag dreht sich in Finnland alles um Freundschaft. *Hyvää Ystävänpäivää* – Fröhlichen Freundetag wünscht man sich gegenseitig. Ein Tag, um seinen Freunden zu sagen, wie sehr man ihre Freundschaft schätzt.

Selbst die Schlafmütze hat einen eigenen Tag. Der nationale Tag der Schlafmütze ist der 27. Juni. Wer an diesem Tag als Letzter wach wird, bekommt ein Glas Wasser ins Gesicht oder wird in den See geworfen.

78. GRUND

Weil weiß-blaue Kerzen in den Fenstern stehen

Nach Weihnachten und Juhannus wohl der bedeutendste Feiertag in Finnland. Oder umgekehrt? Der Unabhängigkeitstag. Während man hierzulande am 6. Dezember die Stiefel rausstellt, allerorten Nikolaus feiert und im Süden hofft, dass Krampus einen mit seiner Rute verschont, haben alle Finnen frei und feiern ihre Unabhängigkeit. Den Nikolaus in der Form gibt es nicht, man hat ja das Original, den Weihnachtsmann.

Seit 1917 ist Finnland unabhängig. Unabhängigkeit, das bedeutete vor allem Selbstständigkeit und Unabhängigkeit von Russland. Doch so ganz einfach war das nicht. Die Ablösung von Russland war nämlich von schweren inneren Konflikten begleitet. Dem sozialistischen Umsturzversuch folgte ein Bürgerkrieg. Letztlich behielten die bürgerlichen »Weißen« die Oberhand. Und ungefähr ein Jahr später hatte Finnland eine republikanische Verfassung. Wie wichtig Freiheit für die Finnen war, erklärt sich leicht mithilfe von Philosophen wie Immanuel Kant oder Stuart Mill, wonach erst Freiheit dem Individuum ermöglicht, seine Fähigkeiten, seinen Geist und seine Moral zu entwickeln. Und Finnland hat sich in den vergangenen 100 Jahren sozusagen neu erfunden und in dieser Hinsicht eine rasante Entwicklung hingelegt.

Am 6. Dezember zündet man traditionell um 18 Uhr blau-weiße Kerzen an und stellt sie ins Fenster. Jedes Jahr gibt es eine Militärparade und den offiziellen Empfang des Präsidenten. Kollektiv sitzt das ganze Land vorm Fernseher und verfolgt die Live-Übertragung. Die Straßen sind ungefähr so ausgestorben wie deutsche während der Fußballweltmeisterschaft, wenn Deutschland spielt.

Der Präsident steht neben seiner Frau und schüttelt Hände. Fast 2.000 wichtige Persönlichkeiten stehen brav Schlange, flanieren langsam über den roten Teppich und quasi via Bildschirm am ganzen Land vorbei und wünschen dem Präsidenten »*Hyvää Itsenäisyy-späivää*« (Fröhlichen Unabhängigkeitstag). Politiker, Botschafter, NGOs, Schauspieler, Kriegsveteranen, Sänger, Sportler, Offiziere, Wissenschaftler, alles was Rang und Namen hat oder sich verdient gemacht hat durch besonderes ehrenamtliches Engagement oder andere herausragende Fähigkeiten. Stundenlang.

Hinter dem Präsidentenpaar stehen zwei ranghohe Militärs. Angeblich, falls einer der beiden vom vielen Händeschütteln und Stehen umfallen sollte. Eigentlich nicht gerade spannend, trotzdem sind die Sofas in finnischen Wohnzimmern besetzt, und jede Person wird kommentiert, insbesondere der neueste Tratsch ausgetauscht und über Kleider und Frisuren diskutiert. Anschließend folgt normalerweise ein großer Ball, Essen im Stehen, Interviews und Aftershowparty. Alles ein bisschen wie der Wiener Opernball auf Finnisch, nur bescheidener. Nicht ganz so glamourös und prunkvoll.

Zum Pflichtprogramm gehört außerdem der Film *Der unbekannte Soldat* von 1954. Ein grauseliges Kriegsdrama, das früher schon am Nachmittag gezeigt wurde. Wegen der mittlerweile auch hier geltenden Altersempfehlungen wurde es nun ins Spätabendprogramm verschoben.

Mir reicht allerdings ein kurzer Blick in diesen Film. Mein Abend endet mit finnischer Schoki und *glöggi* – der finnischen Variante des Glühweins –, der neuerlichen Bestätigung, wie gastfreundlich die Finnen sind, in diesem Fall mein Cousin und seine Familie, leichtem Schneetreiben auf vereisten Straßen und der Erkenntnis, dass Traditionen nicht immer schlecht sind, weil sie auch Gemeinschaftserlebnisse und Gemeinschaftsgefühle erzeugen.

Die fast zugefrorene Ostsee
vor den Toren Helsinkis

Im Licht der Mitternachtssonne

Rastplatz an der E 45

Stromschnellen Kiiminki

Sommer am Näsiselkä in Tampere

Polarlicht in Hetta, Enontekiö

Ruska-Zeit in Lappland

Kirche von Pilpajärvi, Inari

Herbststimmung bei Ivalo

Skulptur »Ajan kulku« (Verlauf der Zeit)
von Sanna Koivisto vor dem Rathaus in Oulu

Orthodoxe Kirche in Joensuu

Sonnenuntergang am Strand Nallikari in Oulu

Sonnenuntergang am Mittag in Haukipudas

Wintermorgen am Kiiminkijoki, Haukipudas

Lappland

Mitternachtssonne im Saimaa Seengebiet

Statuen am Hauptbahnhof in Helsinki

Das stille Volk in Suomussalmi

Zwischen den Saunagängen auf dem Hotelbalkon

Sisu: Der Inbegriff finnischer Mentalität

Sonnenuntergang mit dem Segelschiff »Pommern« in Marienhamn

Die Schiffahrt hat lange Tradition auf Åland

79. GRUND

Weil die *kauppahalli* zur Lebensart gehört

Das deutsche Wort »Kaufhalle« hat irgendwie so einen drögen Beigeschmack. Der fehlt im finnischen Pendant *kauppahalli*. Darin schwingt in meinen Ohren Frische mit, der Geruch von frischem Brot und für die Augen aufgeschichtete Obstpyramiden in Gelb, Rot und Grün, Fleischtheken, verschiedenste Gerüche, die einem das Wasser im Mund zusammenlaufen lassen, und lauter Menschen, die übers Essen reden. Ja, laut müssen sie auch sein, solche Markthallen. Jede Stadt hat eine solche, auch Oulu hat eine alte *kauppahalli*, in die es mich immer wieder zieht, wenn ich am Hafen bin.

Überhaupt zieht es mich ständig an diesen Hafen, an dem ich als Kind zuletzt war, es war Sommer, und es war Markt am Hafen, und wir saßen gemeinsam an einem Tisch – improvisierte Cafés zwischen den Marktständen, schlicht und selbstverständlich mit Selbstbedienung. Und ich erinnere mich wie heute an die langen Treppenstufen aus Holz, die zum Wasser führten, die warm waren von der Sonne und schon ein bisschen ausgebleicht von Wärme, Kälte und Meerwasser. Die so einen einzigartigen Klang von sich gaben, wenn man darauf lief. Die so verführerisch waren. Die einen magisch anzogen, einen lockten, es doch zu versuchen. Zu versuchen, von der untersten Stufe aus das Wasser mit den Händen zu erreichen. Ohne hineinzufallen.

In Helsinki gibt es gleich mehrere Kaufhallen. Die Alte Markthalle, ein schönes altes Backsteingebäude von 1888, innen mit hölzernen Ständen, die aufwendig verziert sind. 2014 wurde sie mit viel Aufwand generalsaniert. Fast schon mahnender Beweis, dass die finnische Küche eben nicht nur Kartoffeln und Fisch, Aufläufe und Rentierfleisch kennt. Im Gegenteil. Die Markthallen sind Genusstempel mit frischen Produkten und wechselnder Küche, kulinarischen Oasen, die einen Vergleich mit südlichen Markthallen nicht scheuen müssen. Okay, sie sind vielleicht nicht so laut wie in Barcelona oder Palma. Viele, die im Zentrum Helsinkis arbeiten, verbringen ihre Mittagspause in der *kauppahalli*. Die kleinen Lokalitäten bieten täglich wechselnden Mittagstisch, und man kann schnell und relativ günstig essen.

In unmittelbarer Nähe der Alten Markthalle findet sich freilich im Sommer auch der Markt, auf dem sich neben saisonalem Obst und Gemüse, frischem Fisch und süßen Gebäckstücken immer auch ein Plätzchen zum Verschnaufen findet.

Nur wenige Straßenbahnstationen weiter findet sich bereits die nächste Markthalle: im Stadtteil Hakaniemi, auch schon 100 Jahre alt. War damals übrigens die größte und modernste Markthalle Europas. Hier geht es etwas beschaulicher zu als am Hafen, viele alteingesessene Familienunternehmen bieten hier echte finnische Küche an. Die dritte Markthalle ist in Hiatalahti, ebenfalls aus Backsteinen errichtet, nicht so chic wie im Zentrum, dafür eine perfekte Mischung aus alter Tradition und modernen Einflüssen. Auf dem Marktplatz davor findet im Sommer immer ein beliebter Flohmarkt statt. Zweimal im Jahr verwandelt sich im Übrigen die ganze Stadt in einen gigantischen Flohmarkt. Ganz Helsinki mistet aus, und jeder kann einen Stand errichten, wo er mag: auf der Straße, im Park, im Hinterhof. Er kann die Kleiderbügel an die Bäume hängen und seine anderen Schätze auf einer Tischtennisplatte anbieten. Ideal für Bummler und Schnäppchenjäger. *Siivouspäivä* – der große Aufräumtag!

80. GRUND

Weil kleine Hexen den Winter vertreiben

Kein Helau, kein Alaaf, keine Kostüme, keine Umzüge. Es gibt keine verkleideten Hexen, keine Maskenträger, keine Guggenmusik und keine Büttenreden. In Finnland wird nicht Fasching, Karneval oder Fasnacht gefeiert. Dort heißt der Faschingsdienstag *Laskiainen,* und man wünscht sich *»pitkiä pellavia«*, was so viel heißt wie lange Flachsfasern. Als ich das das erste Mal hörte, gab es nur Fragezeichen in meinem Kopf. Faschingsdienstag ist in Finnland die Aufforderung zum Rodeln! Klein und groß holen ihre Schlitten raus, düsen die Hänge runter und rufen laut »lange Flachsfasern«. Mit diesem Ausspruch ist der aus alten Zeiten herübergerettete Wunsch für eine gute Flachsernte verbunden. Je weiter der Schlitten fuhr, umso besser sollte die Ernte ausfallen.

Laskiainen war früher vor allem ein Fest für Frauen, denn für sie fing ein neues Arbeitsjahr an. Flachs und Wolle waren fertig gesponnen, und sie konnten mit dem Nähen, Stricken oder Weben beginnen. Heute nutzen die Studenten den Tag für ausgiebiges Schlittenfahren mit zum Teil selbst konstruierten Gefährten.

Zum Essen gibt es traditionell eine kräftige Erbsensuppe, bevor dann die Fastenzeit beginnt. In den Wochen zwischen Neujahr und Fasching sieht man in jedem Café außerdem Kalorienbomben in den Auslagen, denen nur schwer zu widerstehen ist. *Laskiaispulla*: ein rundes herrlich buttriges Hefeteigstückchen, das in der Mitte durchgeschnitten und mit luftig cremiger Schlagsahne gefüllt wird, die zusätzlich mit Marmelade oder Marzipan gesüßt wurde.

Statt Clowns und Cowboys setzt man in Finnland lieber auf kleine Mini-Hexen. Aber die kommen nicht zur Faschingszeit, sondern am Sonntag vor Ostern.

»Virvon, varvon, tuoreeks terveeks, tulevaks vuodeks; vitsa sulle, palkka mulle!« (Ich winke mit dem Zweig für ein frisches, gesundes kommendes Jahr; ein Zweig für dich, ein Entgelt für mich!) Ein bisschen mutet es wie Halloween an, wenn kleine Hexen mit diesem Spruch an den Türen klingeln. Religiöse Osterbräuche verschmelzen da sang- und klanglos mit heidnischen Bräuchen, um den lang ersehnten Frühling herbeizuzaubern. Die sogenannten Osterhexen verkleiden sich und malen sich viele Sommersprossen ins Gesicht.

Dann gehen sie von Tür zu Tür und verschenken Weidenkätzchen, die liebevoll mit bunten Federn und Krepp-Papier geschmückt wurden. Sie sollen das Haus segnen. Und als Gegenleistung erbitten die Miniatur-Hexen Süßigkeiten.

Sehr beliebt ist auch, Grassamen in einer flachen Schale anzusäen oder Birkenzweige im Haus ins Wasser zu stellen. Sinnbilder für das frühlingshafte Wiedererwachen der Natur und des Lebens allgemein. Da findet sich der Niederschlag des heftigen Herbeisehnens und Nicht-erwarten-Könnens des Frühlings sehr deutlich. Ich kenne kein Land, das schon ab Februar versucht, den Frühling mit Worten herbeizureden.

Zu Ostern gehören aber auch die traditionellen Osterfeuer, wie man sie etwa auch in Norddeutschland kennt. Damit sollen dann die letzten bösen Wintergeister vertrieben werden, damit man über die Osterfeiertage entspannt und fröhlich nach den ersten Anzeichen des Frühlings suchen kann. Und natürlich *mämmi*, dieses alle Vergleiche unzutreffend-einzigartige Puddingzeugs, für das man finnische Gene und einen finnischen Gaumen braucht. (Siehe: Weil es Kultgerichte gibt, Seite 178)

KAPITEL 9

KULTURELLES

Weil Finnisch selbst Tolkien begeistert

Die Finnen sind literaturbegeistert. Richtige Leseratten. Das zeigt sich auch an der Zahl der Veröffentlichungen. Jedes Jahr erscheinen in Finnland 13.000 bis 14.000 Bücher, darunter 4.500 Novitäten. Nur in Island werden im Verhältnis zur Einwohnerzahl mehr Bücher veröffentlicht.

Nicht nur als Autoren und Schriftsteller, auch als Leser sind die Finnen fleißig. Statistisch gesehen leiht sich jeder mehr als ein Dutzend Bücher pro Jahr aus. Zu verdanken ist das vor allem natürlich den kostenlos zugänglichen Bibliotheken. Der freie Zugang zur Welt des Wissens soll allen offen stehen. Das ist ein wichtiges Prinzip der Gleichberechtigung in der Kulturpolitik. Das Lesen geht einher mit einem hohen Bildungsgrad im Land. 84 Prozent der Menschen in Finnland über 25 Jahre haben einen weiterführenden Schulabschluss. Und fast 40 Prozent verfügen über einen Hochschulabschluss oder vergleichbaren Abschluss.

Liebevoll beschützen die Finnen nicht nur ihre Sprache, ebenso die allerersten Werke, die auf Finnisch erschienen sind. Allen voran das Nationalepos *Kalevala*, das großen Einfluss hat auf das Nationalbewusstsein der Finnen und auf die Entwicklung der finnischen Sprache. Demzufolge ist die Welt aus dem Ei einer Tauchente entstanden. In Kurzform geht es darin um den alten und weisen Sänger Väinämöinen, der, um die Tochter von Louhi, der Herrscherin des Nordlandes, zu bekommen, drei Aufgaben erfüllen muss. Dabei geht eine Menge schief, es gibt ziemlich viel Ärger, Menschen verwandeln sich zwischendurch in Adler und andere Tiere, und eine Menge Leute müssen sterben. Eingebettet ist das Ganze dann noch in einen Streit zwischen dem Volk von Kalevala und dem von Pohjola um einen mythisch-magischen Gegenstand namens Sampo, mit dem man Gold, Getreide und Salz herstellen kann. Auch dabei müssen eine Menge Menschen ihr Leben lassen, und am Ende geht Sampo auch noch kaputt.

Jeder in Finnland kennt diese Storys und sie ist Bestandteil der finnischen Identität.

Der allererste Roman in finnischer Sprache erschien relativ spät, nämlich erst 1870: *Die sieben Brüder* von Aleksis Kivi. Diese sieben Burschen leben ohne Eltern ziemlich zügellos und ziehen somit unweigerlich eine Menge Ärger an, aber am Ende gibt es ein Happy End: Die Jungs werden zu angesehenen Bürgern und lernen sogar das Lesen. Leider wurde das zunächst kein Kassenerfolg, weil die damalige schwedische Elite das Buch als Schandfleck brandmarkte, und Kivi ist verarmt und krank mit nur 38 Jahren gestorben. Sein Denkmal steht zentral vor dem Nationaltheater auf dem Bahnhofsplatz in Helsinki. Heute hat Aleksis Kivi einen eigenen Gedenktag (10.10.) und der finnische Staat unterstützt die Schriftsteller großzügig mit Förderungen. Rund 25 Millionen Euro gibt er dafür jährlich aus. Außerdem werden jedes Jahr an die 100 literarische Preise verliehen. Auch das ein Zeichen, welchen Stellenwert Literatur in der Gesellschaft hat. So werden Schriftsteller auch viel häufiger als bei uns üblich um ihre Meinung gebeten. Sei es in Zeitungen, Magazinen oder im Fernsehen.

Apropos Fernsehen: Beim Fernsehen schaffen die Finnen den seltenen Spagat zwischen Bildung und Verblödung. Finnisches Fernsehen ist genauso amerikanisch durchseucht wie das deutsche. Einziger Unterschied: Man könnte es insofern gerade noch als Bildungsfernsehen bezeichnen, weil die Zuschauer immerhin Englisch lernen dabei. Nichts wird hier synchronisiert. Alles läuft mit Untertiteln. Teilweise sogar die Werbung. Auch im Kino laufen alle Filme in Originalsprache. Vermutlich mit ein Grund, warum alle Finnen ziemlich gutes Englisch sprechen. Ansonsten findet man auch hier Altbekanntes, wie es in ganz Europa produziert wird und die Zuschauer verblödet: *Idols* heißt die Sendung hier und sucht ebenfalls den Superstar, mit Juroren, die ihren Zenit schon lange überschritten haben. Talentshows jeder Art flimmern genauso über den Schirm wie Tanzshows und Reality-TV-Formate. Bei den Nachrichtensendungen, die es auch auf Englisch und in Gebärdensprache gibt, fällt mir auf, dass der Wetterbericht noch ausführlicher ausfällt, minutenlang wird über Wolkenbewegungen und Windgeschwindigkeiten informiert.

Doch noch mal kurz zurück zu den Büchern. Historische Romane haben seit jeher eine große Bedeutung, es gibt aber genauso ein großes Faible für Comics und Gedichte. 1917 erlangte Finnland die Unabhängigkeit, doch das literarische Leben war noch stark von der schwedischen Sprache beherrscht. Die finnische Schriftsprache ist somit noch sehr jung. Von Anfang an mischten da auch Schriftstellerinnen mit, die Geschichten über das Leben der Frauen schrieben, die mit den Widrigkeiten des Lebens rangen. Von Frederike Wilhelmina Carstens (1808–1888) bis in die heutige Zeit mit Sofie Oksanen prägten die Frauen gleichberechtigt die Literaturlandschaft, trugen und tragen dazu bei, dass Finnland ein Land wurde, in dem die Gleichberechtigung im internationalen Vergleich sehr gut dasteht und in dem die Hälfte aller Schriftsteller weiblich ist. Die Ikone am finnischen Literaturhimmel Sofie Oksanen wurde mal gefragt, warum sie denn nicht auf Englisch schreibe. »Weil es meine Muttersprache ist«, hat sie geantwortet. »Die finnische Sprache mit ihrer Alliteration und ihren endlosen Flexionsmöglichkeiten ist für Schriftsteller nachgerade unübertrefflich.«[43]

Wenn die Finnen ihre Sprache und ihre Literatur nicht bewahrt hätten, dann gäbe es heute außerdem vielleicht auch keinen *Herrn der Ringe* von J.R.R. Tolkien, denn Tolkien liebte diese »putzige Sprache« und nahm sie als wesentliche Grundlage für die Sprache der Eldar.

Weil Arabia in Helsinki liegt

Alvar Aalto, Marimekko, Iittala, Arabia – große Namen. Lange Tradition. Es gibt wohl keinen Haushalt in Finnland, der nicht zumindest die berühmten Zuckerkelche aus geschliffenem Glas zu Hause rumstehen hat. Oder zumindest eine Tischdecke oder Handtücher des Textilgurus Marimekko.

Geschirr und Gläser von diesen Marken sind wie eine Art Mitgift, wenn man einen finnischen Haushalt gründet. Denn die Finnen legen großen Wert auf schöne schlichte funktionale Gegenstände.

»Nichts wird je wieder geboren, aber es verschwindet auch nicht gänzlich. Und das, was geboren wurde, wird in einer neuen Form wieder erscheinen.«[44] Alvar Aalto trifft damit den Kern des finnischen Designs. Schlichte klare Formen, oft der Natur entlehnt, die sehr funktional und zugleich zeitlos sind.

Wohl jeder kennt die wolkenförmigen Vasen, den berühmten Kugelsessel aus den 60er-Jahren oder den dreibeinigen Hocker von von Alvar Aalto. Finnisches Design hat seit Jahrzehnten international einen festen Platz und mit dafür gesorgt, dass das Land zu einer wirtschaftlich erfolgreichen Hightech-Nation wurde. 2012 war Helsinki Welt-Design-Hauptstadt, was noch einmal für einen Innovationsschub sorgte.

Arabia etwa steht seit 1881 für finnisches Design. Die Fabrik steht im Norden Helsinkis – heute im Kunst- und Designviertel der Stadt. Hier sind auch die Universität für Kunst und Design und das Jazzkonservatorium zu finden. Mittlerweile ist Arabia von Fiskars aufgekauft worden, dem berühmten Messer- und Scherenhersteller in Finnland, der ebenso typisch finnisches Design repräsentiert.

In der alten Arabia-Fabrik befindet sich neben dem großen Fabriksshop ein Museum, das die Geschichte des Porzellan- und Glasproduzenten aufzeigt. Ein Augenschmaus für Design-Fans, der hier auch Neues entdecken kann, da gleich im ersten Raum junge Künstler und auch Arbeiten von Studenten der Design-Hochschule gezeigt werden. Auffallend: Zweckmäßigkeit steht im Vordergrund. Das Design ist schlicht, realitätsnah und praktikabel, der Materialeinsatz so sparsam wie möglich und dennoch intelligent und fortschrittlich.

Genauso wie die Trocken- und Einbauschränke. Hier muss niemand mit wuchtigen Kleiderschränken umziehen, denn die sind immer schon da. In jeder Küche findet sich der *astiankuivauskaappi*, der Trockenschrank, den die Hausfrau Maiju Gebhard erfunden hat, weil sie es leid war, immer das Geschirr abtrocknen zu müssen (vgl. Rasso Knoller: *Finnland. Ein Länderporträt.* Christoph Links Verlag Berlin 2011, S. 178f.). Also gibt es über der Spüle einen nach unten offenen Schrank mit Einsätzen, wie man sie auch in einer Geschirrspülmaschine findet, in den man Teller, Gläser und alles andere zum Trocknen abstellen kann.

Vorteil: Das Geschirr ist aus dem Blickfeld, muss nicht abgetrocknet werden und kann sogar bis zum nächsten Gebrauch dort bleiben, ohne zu stören.

Warum es allerdings so viele Läden mit Geschirrhandtüchern gibt, das hat sich mir allerdings bis heute nicht erschlossen.

Aber ich schweife ab. An die Arabiafabrik (arabiakeskus) schließt sich das Arabia-Strand-Viertel an, genannt Arabianranta. Ein künstlerisches Wohnviertel, das durch seine moderne Architektur auffällt. Teure Wohnungen bewusst gemischt mit gemeinnützigen sowie extra durchdachten Wohnungen für ältere Menschen und anderen mit Handicap. Jedes Haus ist anders, und überall findet man auf den Hausfassaden Kunst. Wie der Name schon verrät, liegt das Viertel direkt am Wasser, und die Balkone sind verglast, was in diesen Breiten durchaus Sinn macht, denn so sind sie selbst im Winter nutzbar. Und sei es nur als Erweiterung des Kühlschranks. Internet ist übrigens gratis in diesem Viertel. Konzipiert wurde es als Labor, um zu testen, wie man mit bestimmten Serviceleistungen und Produkten das Zusammenleben der Menschen besser gestalten kann. Unter anderem durch eine eigene Webseite, die durch Moderatoren der Häuser ständig aktualisiert wird.

Das alles einfach zu erreichen mit den für Helsinki typischen grünen Straßenbahnen (Nr. 6 oder 6t).

83. GRUND

Weil die Züge still sind

Genau mit diesen Straßenbahnen, genauer gesagt der Nr. 4, lässt sich gar eine Stadtrundfahrt machen, bei der man an vielen wichtigen Sehenswürdigkeiten vorbeikommt. Aber auch sonst kann sich das öffentliche Verkehrssystem sehen lassen. Busse, Züge, Tram und Metro. Pünktlich, sauber, zuverlässig, mit denselben Tickets nutzbar. Selbst wer weiter außerhalb wohnt, muss deswegen kein Auto anschaffen, alles ist mit guten Taktzeiten zu erreichen. Außerdem gibt es in den Fernzügen freies WLAN und Mülltüten. Damit niemand seinen Müll einfach fallen lässt. Auch Steckdosen findet man, um sein Handy oder seinen Laptop aufzuladen.

Angenehm: Es wird nicht gedrängelt, nicht geschubst, da ist der Finne dem Briten sehr ähnlich: Wo eine Schlange ist, stellt sich der Durchschnittsfinne hinten an – mit ausreichendem Abstand zum Vordermann – und wartet ohne zu murren geduldig. Finnische Art der Höflichkeit und Zurückhaltung. Man hält Abstand und erwartet genau dasselbe auch von seinen Mitmenschen.

Zum anderen habe ich noch nie so volle und zugleich leise Züge erlebt. Selbst wenn alle Plätze besetzt und alle Gänge stehend voll sind, wie die U-Bahn in Tokio zur Rushhour, bis auf die Zugmotoren ist es mucksmäuschenstill, und ich meine, wenn jetzt eine Stecknadel oder ein Papierticket langsam zu Boden sinken würde, ich würde es mit Sicherheit hören. Der Grund ist simpel: Alle schauen auf ihr Handy, tippen etwas oder haben Stöpsel in den

Ohren. Handys zum Telefonieren? Das macht man in Finnland außerhalb der Züge, auf der Straße. Dort allerdings umso mehr. Sodass es als Tourist manchmal schwierig ist, jemanden zu finden, den man nach dem Weg fragen könnte, der nicht gerade wie ein Selbstredner durch die Stadt läuft, oder dessen Arm am Ohr festgewachsen zu sein scheint.

Nicht, dass Sie mich falsch verstehen. Das soll keine Kritik sein. Ausnahmslos freundlich, höflich und hilfsbereit reagieren die Finnen in Nord und Süd, in der Stadt und auf dem Land, wenn man sie um Rat oder Hilfe bittet.

Beim Fahrplanlesen zum Beispiel, die sind nämlich manchmal derartig verschlüsselt und codiert, als hätte die NSA die Abfahrtszeiten vorher durch die berühmte Enigma, die Verschlüsselungsschreibmaschine, gejagt. Da braucht man schon eine Menge Fantasie, detektivisches Gespür und eine gute Portion logisches Verständnis, um zu kapieren, wann welcher Bus in welche Richtung fährt. Wenn es überhaupt einen gibt. Viele Haltestellen sind einfach nur mit einem QR-Code versehen. Man geht wie selbstverständlich davon aus, dass jeder sich mit seinem internetfähigen Smartphone schnell einloggt. Im Gegenzug sind fast alle Durchsagen dreisprachig: finnisch, schwedisch und englisch. Manche Linienbusse fahren mit angenehmer Musik durch die Lande. Andere bieten gratis Internetzugang. Und der Flughafen in Helsinki punktet mit Vogelgezwitscher aus Lautsprechern. Als stünde man mitten im Wald.

Busfahren kann sogar was von Sightseeing haben. Zum Beispiel der Bus von Oulu auf die vorgelagerte Insel Hailuoto. Dauert rund eineinhalb Stunden inklusive Überfahrt mit der Fähre. Vier Fahrgäste sitzen nur im großen Reisebus, der dreimal täglich die Insel ansteuert, als ich im Juli dort bin. Plötzlich fahren wir eine Tankstelle an. Wird gleichzeitig die Haltestelle sein, denk ich mir. Doch weit gefehlt. Der Busfahrer steigt aus und tankt. Hab ich auch noch nicht erlebt. Wenige Meter weiter hält er am Supermarkt. Na, das wird wohl eine Haltestelle sein. Nein. Der Busfahrer steigt aus und beginnt, große Kisten mit frischem Gemüse auszuladen. Ah, okay. Ist also nicht nur Bus, sondern auch Lieferservice. Kurze Zeit später: der nächste Supermarkt. Mich wundert nichts mehr.

Danach gehts weiter auf der fast schnurgeraden Landstraße über die Insel. Nächster Halt. Diesmal im scheinbaren Nirgendwo. Ich bin gespannt. Der Busfahrer kramt in seiner Tasche und steigt mit einem Umschlag aus. Alles klar?

Busfahrer, Lieferant und Postbote in einem. Praktisch! Das geht noch ein paarmal so, bis wir mit erheblicher Verspätung, aber sehr effektiven 40 Minuten Verspätung und dem Vorsatz, meine Erwartungshaltung ändern zu wollen, am Ende der Insel ankommen.

Hailuoto selbst ist ein kleines Naturparadies. Als wäre sie dem Meer entstiegen, eine wunderbar grüne Insel in der Ostsee mit langen weißen und häufig menschenleeren Stränden. Ideal für Wanderer und Vogelbeobachter. 300 verschiedene Vogelarten sollen es sein, und ein Drittel brütet sogar hier. Habe ich schon zu spüren bekommen. Ich gehe nichts ahnend und mutterseelenallein am Strand entlang und plötzlich umkreisen mich etliche arktische Möwen, schreien um die Wette, als würden sie mich beschimpfen. Doch ich kapiere immer noch nicht. Erst als die ersten anfangen, mich anzugreifen, kapiere ich endlich, was hier los ist. Irgendwo sind hier ihre Nester und ihre Jungen und ich somit völlig fehl am Platz.

Ein zügiger Rückzug meinerseits ist die einzig vernünftige Konsequenz.

Damit man die kleinen Flechten und Moose am Boden nicht alle zertritt, gibt es kilometerlange leicht erhöhte Holzwege über diesen weiten Flächen. Am westlichen Endpunkt der Insel findet man nicht nur den Leuchtturm der Insel, sondern auch kleine Restaurants und einen einzigartigen Handwerkskunst- und Handarbeitsladen. Dort werden ausschließlich Waren feilgeboten, die die Menschen auf der Insel so im Jahreslauf herstellen: Gebrauchsgegenstände, Kunst und Schmuck aus Holz, Wolle, Stoff, Filz und Glas. Ein unerschöpfliches Sammelsurium an handwerklichen Kenntnissen und Ideen. Und wie so oft in Finnland, kann man dort natürlich auch auf der Terrasse eine Kaffeepause einlegen und Selbstgebackenes probieren.

84. GRUND

Weil man in die Musik eintauchen kann

Finnland ist unangefochten das Heimatland des Heavy Metals. Angesichts von Eis, Schnee, Kälte, Eisbrechern, Eisbohrern und kalten, dunklen Monaten verwundert es vielleicht nicht, dass Finnland die meisten Heavy-Metal-Bands pro Einwohner vorweisen kann. 52 Bands pro 100.000 Einwohner habe ich im Kopf.

Lordi, Nightwish oder Children of Bodom sind bekannte Vertreter ihres Genres und machen so finstere und wilde Musik, wie die finnische Natur es auch sein kann. Warum stehen Finnen so derartig auf Heavy Metal? Vielleicht, um sich mal richtig auszuleben, um es freundlich auszudrücken. Mal so richtig die Sau rauslassen zu können. Wild und düster sein zu dürfen.

Böse Zungen behaupten ja gar, dass die Hauptarbeit von Ranchern in Naturparks darin besteht, Heavy-Metal-Bands wiederzufinden, die sich bei Fotoshootings fürs Plattencover irgendwo im Wald verirrt haben und nicht mehr wissen, wo sie sind.

Das Land der düsteren Lieder, da ist schon was dran. Je trauriger, desto besser. Aki-Kaurismäki-Filme, melancholischer Tango, düstere Gedichte, finstere Metalbands, alles Belege für die finnische Melancholie. In Wahrheit kokettieren die Finnen aber auch gerne mit solchen Klischees und machen sich über sich selbst lustig.

Aber es gibt nicht nur Heavy Metal. Die Musikszene ist bunt und vielfältig. Zwei Millionen Menschen besuchen alljährlich die Musikfestivals im ganzen Land. Allerdings schaffen es nur wenige, international bekannt zu werden. Wie Sunrise Avenue mit dem berühmten Sänger Samu Haber, den in Deutschland wohl mittlerweile jeder kennt. Wobei das Interesse wächst und auch der finnische Musikexport stetig zunimmt. Aber gehen wir kurz mal ein paar Schritte in der Zeit zurück. Das erste finnische und heute National-Instrument ist die Kantele. Der Sage nach baute Väinämöinen, der alte Zaubersänger aus der finnischen Mythologie, die allererste Kantele und zwar aus dem Kiefer eines gigantischen Hechts. Sobald der erste Ton erklingt, kommen alle Tiere aus dem Wald herbei und lauschen dieser kastenförmigen Zither, und die Menschen lassen vor Ergriffenheit einfach mal die Arbeit ruhen. Das Instrument wird ähnlich der alpenländischen Zither auf dem Schoß oder auf dem Tisch liegend mit den Fingern gespielt. Moderne Kantelen können bis zu 46 Drahtsaiten haben. Den einzigen Studiengang, um das Kantelespiel professionell zu erlernen, gibt es an der Sibelius-Akademie, der einzigen Musikhochschule des Landes.

Insgesamt gilt Finnland als kleine Großmacht der Musik, denn trotz der relativ kleinen Einwohnerzahl hat das Land ungewöhnlich viele Musiker und Dirigenten mit Weltruf hervorgebracht. Rund 60.000 Kinder werden an den Musikschulen des Landes unterrichtet, 15 professionelle Symphonieorchester prägen die klassische Musikszene, hinzu kommen jährliche Festspiele wie die Opernfestspiele in Savonlinna (da lohnt sich übrigens auch sonst der Besuch der berühmten mittelalterlichen Burg) oder das Volksmusikfestival in Kaustinen. Ein beliebtes Indiefestival dagegen ist das Flow-Festival im Sommer in Helsinki. Das bekannteste Rockfestival ist Ruisrock auf der Insel Ruissalo in Turku. Jazz feiert man in Pori, und Tango wird in Seinäjoki großgeschrieben, wo alljährlich der Tangokönig gekürt wird. Alle aufzuzählen ist unmöglich, aber es vermittelt einen Eindruck, wie lebendig die Musikszene in Finnland ist.

Darüber hinaus gibt es eine Vielzahl an Bands, die in ihrer Muttersprache singen und schon deswegen den Sprung ins internationale Musikbusiness nicht schaffen. Stattdessen erwerben sie Rang und Namen innerhalb der Landesgrenzen. So wie Jenni Vartiainen, Juha Tapio, Sanni oder Jukka Poika. Oder auch Tuure Kilpeläinen

& Kaihon Karavaani. Die Karawane der Sehnsucht durfte ich mal einige Tage auf ihrer Tour durch Finnland begleiten. In Lahti holen sie mich ab, und da sitze ich plötzlich im Bandbus, den die Jungs »Betty« getauft haben. Ein in die Jahre gekommener Van, der die besten Zeiten schon hinter sich hat, die Sitzbänke mit Häkeldecken ausgelegt und ein wenig Flower-Power-Atmosphäre verströmend, sodass ich mich kurz vergewissern muss, welches Jahrzehnt wir gerade haben. Draußen alles in winterliches Weiß getaucht, Sampo mit Kopfhörern auf mischt am Laptop einen Song ab, Jiri telefoniert mit seiner Frau, Tuure und Rocka jammen mit Gitarren auf der hintersten Bank. Aus diesem an sich ziellosen Jammen entspinnt sich im Laufe der Zeit ein Song. Nach und nach klinken sich die anderen Bandmitglieder ein. Der Drummer trommelt an die Seitentür, Aarne benutzt statt Schlagzeugstöcke einen Kuli und die Frontverkleidung für dumpfere Rhythmen, und mit einem Mal sind sie mittendrin in einem Song. So fühlt sich das also an, denke ich mir. Und bin mittendrin. Gleichzeitig spüre ich, die Jungs ziehen keine Show ab, das hätte sich gerade genauso abgespielt, auch wenn ich nicht hier im Bus sitzen würde. Sie machen Musik, weil es in ihnen steckt.

Die Musik, die sich speist aus den unendlichen Wäldern, den unüberschaubaren Seen, geboren aus der Stille dieser dünn besiedelten Landschaft, den teils menschenfeindlichen Bedingungen der Kälte und den hochfliegenden Gefühlen des Sommers. Aus der Gelassenheit, Ruhe, Entspanntheit, der Hitze der Sauna, der melodischen Sprache, aus der Einsamkeit, Einöde und Stille erwächst eine Musik, deren Energie einen umhaut – deren Ideenreichtum sich manifestiert in Songs, die in Finnland allesamt Hits wurden – exotisch, eingängig, Musik wie von einem anderen Stern. Eine Band wie von einem anderen Planeten und doch so finnisch, jede Note voller *kaiho*.

»Singen kann ich nur in meiner Muttersprache,« sagt Tuure. Nur dann kommt es aus dem Herzen. Später gehen sie dann raus auf die Bühne – wie fast jeden Abend –, denn sie sind eine klassische

Liveband und spielen weit über 100 Konzerte jedes Jahr. Singen von der Kraft der Freundschaft, der Liebe, dem Himmel, dem Licht und der Wärme. Und in allem ist *kaiho* spürbar, diese unerklärliche Sehnsucht, die offenbar allen Finnen innewohnt. Selbst für den spürbar, der nicht des Finnischen mächtig ist. Erobern und begeistern das Publikum, das sich schon beim dritten Song kaum mehr auf den Stühlen halten kann. Das sich nicht mit einer Zugabe zufrieden geben wird. Nach dem Konzert noch gern mit den Musikern plaudert und Selfies macht, um den ausklingenden Abend und die Stimmung doch irgendwie festzuhalten.

Viel viel später, wenn die Gitarrenkoffer wieder verstaut sind, alle Kabel aufgerollt und alle Mikrofone eingepackt, dann feiern auch die Musiker mit ihren Technikern, Familien und Freunden. Aftershowparty. Sie feiern die nächste Platinauszeichnung. Auf dem Buffet finden sich syrische Spezialitäten, aus den Lautsprechern soulige und rockige Klassiker der vergangenen Jahrzehnte und von schweigsamen in Melancholie versunkenen Finnen weit und breit keine Spur.

85. GRUND

Weil ein Klick ein Kick ist

Mit Zahlen belegen kann ich es nicht. Aber ich habe den Eindruck, dass es im Verhältnis zur Einwohnerzahl in Finnland enorm viele Künstler gibt. Schreiben, Malen, Bildhauern, Fotografieren, Filmen, Musizieren – und zwar hauptberuflich – ist angesehen und wird gefördert. Als ob der finnische Staat begriffen hätte, dass Kunst und Kultur wichtig sind für die Entwicklung einer Gesellschaft, gibt es vielerlei Förderprogramme für Künstler.

Finnische Kunst war lange Zeit innerfinnische Kunst. Das hat sich geändert. Heute stellen finnische Künstler in der ganzen Welt aus. Einer von ihnen ist der Kunst- und Presse-Fotograf Juha Metso. Ich habe ihn mal zufällig in Lappland kennengelernt, seine Arbeit schätzen gelernt und seine Werke für eine Ausstellung nach Österreich geholt.

Juha ist typisch finnisch und zugleich unfinnisch – schweigsam, höflich, betriebsam. Andererseits immer unterwegs, unabhängig wie ein Vogel, rastlos. Inspiration findet er auf der ganzen Welt. Über 60 Länder hat er bereits bereist, etliche Preise und Auszeichnungen erhalten. »Kunst entsteht erst in den Augen des Betrachters«, sagt Juha und schiebt dabei seine längeren blonden Haare, die immer etwas wirr abstehen, aus der Stirn. Seine klaren blauen Augen stets aufmerksam, erkundet er seine Umwelt in Bruchteilen einer Sekunde. Arbeitet wie ein Berserker und produziert Fotobände und Soloausstellungen in atemberaubend kurzer Zeit.

Juha lebt ganz im Augenblick. Wenn man mit ihm durch die Hauptstadt läuft, am Flughafen wartet, durch die Wälder spaziert oder den Schnee stapft, immer hat man bei ihm den Eindruck, alle Sinne sind höchstkonzentriert auf Empfang gestellt. Sein Finger immer auf dem Auflöser der Kamera. Bereit. Klick-klick-klick. Jeden Vogel hört er, dann bleibt er kurz stehen, horcht, imitiert das Zwitschern verblüffend real und nennt sowohl die finnische als auch die lateinische Bezeichnung des Vogels, den ich noch nicht mal im Geäst der Bäume entdeckt habe. Seit Kindesbeinen an fasziniert ihn die Vogelwelt. Er will herausfinden, wie es sich anfühlt zu fliegen. Der uralte Traum vom Fliegen. Die herausragendsten Werke dazu hängen heute in finnischen Museen. Wobei mir auffällt, dass alle Finnen offenbar eine besondere Beziehung zu Vögeln pflegen. An Vogelhäuschen steht beispielsweise »für unsere kleinen Freunde«, und im Frühjahr wird sehnsüchtig das Ankommen der Zugvögel erwartet.

Juha selbst ist auf seine Art wie ein Zugvogel, immer auf dem Sprung, immer auf der Suche, lässt sich nicht in einen Käfig sperren, hält sich nie lange an einem Ort auf, zieht gern weiter. Ganz konkret in seiner Lebensbiografie – geboren in der südlichen Hafenstadt Kotka, mit einem Nachnamen, der übersetzt Auerhahn bedeutet. Heute mit einem Studio in St. Petersburg und ständig auf Achse – in bisher 60 Ländern der Erde. Aber auch thematisch in seiner künstlerischen Laufbahn.

Fast alle Künstler setzen sich irgendwann mit der Natur auseinander. Was wiederum nicht verwundert, wenn man so viel davon hat. So auch Juha. Von der Natur-Fotografie kam er schließlich zur Konzert-Fotografie. Kann sich für Heavy-Metal-Konzerte genauso begeistern wie für die Oper im Mariinsky Theater in St. Petersburg. »Wenn die Musik beginnt, enden Worte. Wenn Worte enden, beginnt die Fotografie.« Seine Porträts sind so nah dran, dass man den Atem und den Schweiß zu spüren meint. Er liebt die Schwarz-Weiß-Fotografie, experimentierfreudig scheut er kein Genre, macht nebenbei Musik und Videos, dann wieder Foto-Serien in Eis und Schnee. Zum Teil verstörende Bilder mit gewaltigen Schnee-Explosionen, Szenen von geheimen Kofferübergaben in einem Schneesturm, und als Betrachter meint man Augenzeuge einer kriminellen Handlung zu werden. Aber wie geht die Geschichte weiter? Was ist in dem Koffer? Juha lässt es offen, überlässt es der Fantasie des Betrachters. Oder eines meiner Lieblingsbilder, das ein halb geöffnetes Fenster zeigt, mit einer nach innen wehenden Gardine aus zartem Stoff, durch die der Schnee eingedrungen ist. Durch eine mächtige Lawine, die das Fenster mit Gewalt aufgedrückt hat, oder durch einen zarten Windhauch, der ein paar Schneekrümel von der Fensterbank reingeweht hat? Daneben ein einsamer alter Schlüssel, von dem man nicht weiß, welches Schloss er öffnen könnte, ob er überhaupt noch eine Funktion hat oder ob er einfach dort achtlos abgelegt und vergessen wurde. Juha lässt die Fragen unbeantwortet.

Mit seinen Fotografien erzählt er Geschichten. Den Zugvögeln gleich zieht es ihn immer wieder in afrikanische Länder. Ihn faszinieren der Voodoo-Glaube und die allgegenwärtige Präsenz des Todes, und er zeigt die Momente mit hemmungsloser Distanzlosigkeit. Seine besondere Beziehung zu Russland zeigt sich in Porträts und Straßenszenen, die immer mehr erzählen, als ein reales Foto glauben machen will. Immer schwingt noch etwas Unsichtbares mit – manchmal poetisch-romantisch, manchmal verstörend-abstoßend. Er fängt Momente ein, die andere möglicherweise übersehen würden. Scheut vor Grenzerfahrungen ebenso wenig zurück wie vor der schonungslosen Realität.

Seine Schaffenskraft ist so enorm, dass finnische Museen ihm im Alter von 50 Jahren bereits eine 30-jährige Retrospektive widmen. »Mein Pinsel ist die Kamera, das Objektiv«, sagt Juha. Ansonsten redet er kaum über seine Werke. Kunst entsteht eben erst im Auge des Betrachters, wie er sagt. Was denkt, was fühlt, was spürt der Betrachter, wenn er dieses oder jenes Foto betrachtet. Alles dreht sich um Emotionen. Gefühle beim Entstehen der Werke, bei den Menschen, die er fotografiert, und bei denen, die die Fotos ansehen. »Ich bin ein Gefühlsfreak«, sagt Juha, »ich erforsche die menschlichen Gefühle beim Fotografieren, auch meine eigenen. Das ist das Essenzielle an der Fotografie. Ich bin überzeugt, dass die Bilder erst zu leben beginnen, wenn sie in Galerien hängen. Erst wenn ein anderer bei einem Bild innehält und in seinem Kopf eine eigene Story zu kreieren beginnt oder Gefühle hochkommen, dann passiert etwas Bedeutsames. That's it!«

Zur Ruhe kommen Juha und sein Schaffensdrang wohl nur in der Sauna. Da haben Gedanken und Augen mal Pause. Das ist für ihn Relaxen. Urlaub braucht er nicht, sagt er. Sein Leben ist seine Arbeit. Seine Arbeit sein Leben. Dazwischen passt nicht mal ein Blatt Papier.

86. GRUND

Weil es Gedichtmenschen sind

Weithin wie das Wolkenufer – Still wie Licht in windloser Gegend – Noch immer lächeln die Bäume. Nur drei Bruchstücke aus finnischen Gedichten und zugleich Titel von Gedichtbänden, die für mich aber gut aufzeigen, was finnische Poesie ausmacht: eine enge Verbundenheit mit der Natur und eine tiefe Gedankenfülle.

Finnen sind auch Gedichtmenschen. Gedichte sind sehr viel populärer in Finnland als in anderen europäischen Ländern. Haben nicht so etwas Verstaubtes im Klang wie das deutsche Pendant. Man könnte fast von einem Lyrik-Boom sprechen. Junge Menschen schreiben Haikus und posten sie auf Twitter. Lyrik und Poesie stehen ebenbürtig neben Romanen und Krimis im Regal. Jährlich erscheinen 200 Lyrikbände, unfassbar viele in Relation zur Leserschaft. Eine konsequente Fortsetzung der Tradition, bedenkt man, dass bereits das Nationalepos *Kalevala* im Versmaß geschrieben ist. Waren es in der ersten Hälfte des 19. Jahrhunderts Rezitationsabende in Bauernstuben, sind es heute Lyrik-Jams und Poetry Slams. Selbst im Fernsehen gibt es eine Art Talenteshow mit Gedichten. *Runoraati* nennt sich das, einmalig finnisch und vermutlich einzigartig auf der ganzen Welt. Dichter können dort ihre neuesten Werke der Öffentlichkeit präsentieren, häufig als aufwendig gestaltete Videos, und eine Jury bewertet, interpretiert und vergibt Punkte.

Als Pionier der finnischen Lyrik gilt Eino Leino (1878–1926), dessen Gedichte zum Teil auch vertont wurden. So wie der *Sommer Lapplands*. Eine der bekanntesten gesungenen Versionen stammt von Vesa-Matti Loiri.

LAPIN KESÄ / Der Sommer Lapplands

– Eino Leino – *(übersetzt von Tarja Prüss, dankenswerterweise unterstützt von Mikko und Jan)*

Lapissa kaikki kukkii nopeasti,
maa, ruoho, ohra, vaivaiskoivutkin.
Tuot' olen aatellut ma useasti,
kun katson kansan tämän vaiheisiin.

In Lappland blüht alles sehr schnell
Die Erde, das Gras, die Gerste, sogar die schlanken Birken
Oftmals habe ich das gedacht,
Wenn ich auf die Lebensphasen dieser Menschen blicke,
wenn ich das Altern dieser Menschen betrachte

Miks meillä kaikki kaunis tahtoo kuolta
ja suuri surkastua alhaiseen?
Miks meillä niin on monta mielipuolta?
Miks vähän käyttäjiä kanteleen?

Warum scheint alles Schöne in unseren Händen zu sterben
und das große Verdorren ins Abscheuliche?
Warum haben wir so viele Verrueckte
Warum so wenig Kantele Spieler?

Miks miestä täällä kaikkialla kaatuu
kuin heinää, – miestä toiveen tosiaan,
miest' aatteen, tunteen miestä,
kaikki maatuu tai kesken toimiansa katkeaa?

Warum scheitern so viele Menschen hier
Wie verdorrtes Gras – zumindest die die Hoffnung haben
Zumindest die Menschen mit Überzeugungen und Gefühlen
Alles verfault oder bricht mitten in der Arbeit

Muualla tulta säihkyy harmaahapset,
vanhoissa hehkuu hengen aurinko.
Meill' ukkoina jo syntyy sylilapset
ja nuori mies on hautaan valmis jo.

Irgendwo anders glitzern die Gauhaarigen wie Feuer,
Das Licht des Geistes glüht in den Alten
Hier werden die Babys schon als alte Männer geboren
Und junge Männer sind schon bereit fürs Grab

Ja minä itse? Miksi näitä mietin?
Se merkki varhaisen on vanhuuden.
Miks seuraa käskyä en veren vietin,
vaan kansain kohtaloita huokailen?

Und ich selbst? Warum denke ich darüber nach
Es ist das Zeichen des frühen Alterns
Warum folge ich nicht den Befehlen meiner Intuition,
Statt zu seufzen übers Schicksal der Nationen

On vastaus vain yksi: Lapin suvi.
Sit' aatellessa mieli apeutuu.
On lyhyt Lapin linnunlaulu, huvi
ja kukkain kukoistus ja riemu muu.

Es gibt nur eine Antwort: der Sommer Lapplands.
Wenn ich darüber nachdenke, wird mein Geist traurig
Kurz ist Lapplands Gesang der Vögel, das Vergnügen
Und Blühen der Blumen und die anderen Freuden

Mut pitkä vain on talven valta.
Hetken tääll' aatteet levähtää kuin lennostaan,
kun taas ne alkaa aurinkoisen retken
ja jättävät jo jäisen Lapinmaan.

Doch so lange ist der Reigen des Winters
Für einen Moment nehmen sich die Gedanken eine Pause vom Fliegen
Wenn sie ihre sonnige Reise wieder beginnen
Und bereits das Eis Lapplands verlassen

Oi, valkolinnut, vieraat Lapin kesän,
te suuret aatteet, teitä tervehdän!
Oi, tänne jääkää, tehkää täällä pesä,
jos muutattekin maihin etelän!

Oh die weißen Vögel, die Gäste des lappländischen Sommers,
Deine große Weltanschauung, ich jubel dir zu !
Oh, bleib doch da und baue ein Nest hier,
wenn du zu den Ländern des Südens wanderst!

Oi, oppi ottakaatte joutsenista!
Ne lähtee syksyin, palaa keväisin.
On meidän rannoillamme rauhallista
ja turvaisa on rinne tunturin.
Oh, lerne von den Schwänen!
Sie ziehen im Herbst und kehren im Frühling zurück.
Es ist friedlich an unseren Küsten,
Und sicher ist die Spur auf den Hügel

Havisten halki ilman lentäkäätte!
Tekoja luokaa, maita valaiskaa!
Mut talven poistuneen kun täältä näätte,
ma rukoilen, ma pyydän: palatkaa!
Fliege rauschend, rausche durch den Himmel!
Schaffe Tatsachen, erleuchte das Land
Aber wenn du siehst, der Winter ist gegangen
Ich bitte dich, ich flehe dich an: Bitte komm zurück!

Auf der Frankfurter Buchmesse, als Finnland 2014 Ehrengast war, konnten die Besucher eine ganz besondere dichterische Erfahrung machen: Ein Science-fiction-gleiches Gerät wird einem auf den Kopf montiert, das die Gehirnströme misst und aus diesen Messungen heraus Gedichte erstellt. *Brains on Art* heißt das Projekt von Jukka Toivanen. Ein Drucker spuckt dann das Ergebnis der gedachten Gedanken aus.

Gedichte mithilfe der Technik. Oder auch Musik und Natur mithilfe der Technik. Gepaart mit einer guten Portion Kreativität und Erfindergeist. So hat der Musikproduzent und DJ Jarno Eerola, ein in Berlin lebender Finne, eine App entwickelt, mit der die eigene Umgebung zur Musik wird. Umgebungsgeräusche, Bewegungen, aber auch Lichtschwankungen werden mithilfe eines komplizierten

Algorithmus zu musikalischen Klängen. Die Finnen haben diese Erfindung mit Begeisterung aufgenommen, und so gibt es Finnland auch für die Ohren. Ein neuartiges Hörerlebnis. *Aitokaiku* heißt dieses Projekt, was so viel wie authentisches, echtes Echo bedeutet. Funktioniert sogar in Echtzeit und per Livestream. Sensoren fangen die Geräusche aus der finnischen Natur ein, und zusammen mit extra komponierten musikalischen Themen entsteht eine neuartige Klangwelt, die sich je nach Tages- und Jahreszeit stetig wandelt. Typisch finnisch verrückt irgendwie. Aber auch cool.

Wenn wir schon bei solchen Hilfsmitteln sind, da fällt mir noch die Natur-App ein, mit der man Tiere und Pflanzen der grandiosen finnischen Natur bestimmen kann. Das *NatureGates* ist sozusagen das Lebenswerk von Eija und Jouko Lehmuskallio. Das finnische Ehepaar hat 25 Jahre lang Daten gesammelt, Fotos gemacht, kategorisiert und geordnet. Zusammen mit Biologen und Programmierern ist eine digitale Enzyklopädie zusammengekommen, die ihresgleichen sucht.

Entdeckt man also zum Beispiel eine Blume, die man nicht kennt, kann man kinderleicht über Farbe, Anzahl der Blüten oder Form der Blätter die Suche sehr schnell eingrenzen und findet fast intuitiv die gesuchte Blume mit finnischem und lateinischem Namen, genauen Beschreibungen sowie Fotos, und bei den Vögeln ertönt sogar das entsprechende Zwitschern. Mittlerweile gibt es die App auch schon in anderen Sprachen. Wer will, kann sogar mithelfen, die Datensammlung zu erweitern, indem er seine Beobachtungen und Fotos in einer kartenbasierten Datenbank einträgt. So wird daraus ein bürgerwissenschaftliches Gemeinschaftsprojekt, bei dem alle mitmachen können. Darüber hinaus hilft es auch noch der Forschung. Denn mithilfe dieser Beobachtungsdaten ist es für Wissenschaftler einfacher, die Auswirkungen des Klimawandels auf Tiere und Pflanzen zu untersuchen. Eine typisch finnische Win-win-Situation. Mensch, was willst du mehr! Ist doch alles in allem ein Gedicht!

Und weils so schön ist, noch ein moderneres Gedicht:

ONNEN MURUT / Krumen des Glücks
– Mikko Koiranen –

Mut ulos sinä vedit,
jäi koti turvaisin.
Sen pehmeimmätkin pedit kiveksi muuttuikin.
Ja minut putoamaan
sai iskus tyrmäävin
ja toivon hajoamaan
sun tuules kylmäävin.

Du hast mich herausgezogen,
das sicherste Zuhause hinter mir zu lassen
Seine weichsten Betten
verwandelten sich in Steine
Und ich wurde fallen gelassen
durch deinen tödlichsten Schlag
und die Hoffnung war zerstört
durch deinen kältesten Wind

Ja hyvin pian mulle
tilanteen selvitit:
onnelle luvatulle
sain heittää hyvästit.
Ett' työtä tehdäksemme
me täällä elettäis,
keksittiin »rakkautemme«,
ett' jälkeläiset jäis.

Und sehr bald für mich
hast du die Situation erklärt:
Für die versprochene Freude
musste ich mich verabschieden
Wir würden hier leben
wegen der Arbeit,
wir haben unsere »Liebe« erfunden,
um Nachkommen zu haben

Kyl jokaisen pitäisi
onnensa rakentaa;
jos kaavat löydettäisi,
ois jälki parempaa,
mutt' ei rakentajiksi
olekaan monista,
vaan kurjaks hökkeliksi
ne tekee kotinsa.

Jeder ist seines eigenen
Glückes Schmied;
würden die Grundrisse gefunden,
die Qualität des Glücks wäre besser,
aber nicht der Erbauer selbst
viele könnten es sein,
und aus miserablen Hütten
würden sie ihr Heim des Glücks errichten

Kun lähden omastani
mä ulos katsomaan,
on koko maailmani
lohduton slummi vaan.
Mut tulkoon kaikki surut;
ne kestän niin kuin mies,
vaikk' onnesta vain murut
sä annat, kukaties ...

Wenn ich mein Innerstes verlasse
um das Außen zu sehen,
meine ganze Welt ist
nur ein hoffnungsloser Slum.
Aber lass ruhig all die Trauer kommen;
Ich werde damit umgehen wie ein Mann,
auch wenn du mir nur Krumen des Glücks
geben wirst, vielleicht ...

87. GRUND

Weil die Birke Nationalsymbol ist

Je weiter man in Richtung finnischer Taiga und Tundra kommt, umso kleiner und schlanker werden die Bäume. Sie haben sich den harten Bedingungen angepasst.

Koivu, die Birke, ist eines der Nationalsymbole des Landes. Für mich gehören sie untrennbar zu Finnland: lichte Birkenwälder – wie ein Gemälde –, Hunderte schneeweiße Stämme mit den charakteristischen Strichen, die das Weiß kurz unterbrechen, und saftig grüne Blätter, die sich leise im Wind wiegen. Selbst im Winter gibt es kaum etwas Schöneres als weiß gefrorene Birkenwälder – zart und verletzlich sehen sie dann aus mit den schlanken Stämmen und den durch und durch steif gefrorenen Zweigen, halten und harren tapfer aus. Manche beugen sich den schweren Schneemassen und biegen ihr Haupt tief dem Boden entgegen. Bewundernswert, wie gut sie den klimatischen Bedingungen angepasst sind, sodass sie im Frühjahr regelrecht wiederauferstehen, sich strecken und schnurgerade aufrichten, als hätten sie nicht monatelang tonnenschweren Schnee tragen müssen. Selbst in der Fjälllandschaft, kurz vor der Baumgrenze, im Nordosten des Landes bestimmen die Fjällbirken das Landschaftsbild.

Aber wer macht sich schon auf die Suche nach einer bestimmten Birke. Ausgerechnet in finnisch Lappland, als gäbe es da kaum welche.

Aber der wichtigste Baum steht für mich nun mal in Lappland – genauer gesagt in Inari am Inari-See. So viel weiß ich. Also mache ich mich auf den Weg, ihn zu finden. Eine Birke, die gefällt werden sollte, weil ausländische Camper sich immer wieder beschwert hatten, dass der Baum dort im Weg sei. Und überhaupt: Es gebe doch wirklich genug davon. Der Chef des Campingplatzes hatte bereits voller Tatendrang die Motorsäge in der Hand, doch meine Mama konnte ihn davon überzeugen, dass die Birke allen Einwänden zum

Trotz stehen bleiben muss. Ich weiß nicht, was sie im Einzelnen gesagt hat, aber der Chef ließ sich überzeugen.

Viele Jahre später bin ich auf der Suche nach dieser Birke, die damals noch am gleichen Abend auf meiner Mutter Namen Raija getauft wurde. Vermutlich mit viel *lapin kulta*-Bier.

Zum Glück gibt es nicht Dutzende Campingplätze am drittgrößten See Finnlands, immerhin doppelt so groß wie der Bodensee. Mein erster Versuch ist gleich ein Volltreffer. Ich irre ein wenig ziellos durch die Gegend und versuche, die Birke auszumachen. An irgendetwas zu erkennen. Irgendein Zeichen zu entdecken. Doch irgendwie sehen alle gleich aus. Schließlich kommt zögerlich ein Mann aus dem nahe gelegenen Haus. Pentti, der den Campingplatz zusammen mit seiner Frau führt, begrüßt mich und fragt, ob er helfen kann. Ich erzähle meine Geschichte, und er scheint keineswegs überrascht, zumindest zeigt er es nicht. Die Erinnerungen zaubern ihm ein Lächeln in das sonst so ernste Gesicht. »Ja, an Raija erinnere ich mich gut. Sie waren doch jeden Sommer hier mit dem Wohnmobil.« Natürlich weiß er, welche Birke gemeint ist. »Wir haben hier nur eine Birke, die einen Namen trägt«, sagt er schmunzelnd und führt mich zu dem Platz. Dann lässt er mich allein.

Ich sehe mir diesen Baum genauer an. Diese Birke, die den Namen meiner Mama trägt. Einige Äste hat man abgesägt. Keine Ahnung wann. Er sieht dadurch ein bisschen lädiert aus. Aber ansonsten gesund und widerstandsfähig. Müssen sie ja auch sein hier, denn der Winter verlangt den Bäumen das Äußerste ab. Seine Rinde ist ganz glatt und fühlt sich warm an. Mein Blick schweift von der Birke hin zum nahen Ufer und über den gigantischen Inari-See, der heute durch den starken Wind voller Schaumkronen ist. Ja, ich kann gut nachvollziehen, warum meine Mama hier gern war. Dieser Platz bietet viel Augen- und Sehnsuchtsfutter. Und Platz, damit die Gedanken auf Wanderschaft gehen können. Während meine bereits losziehen, werde ich von Pentti in die Gegenwart zurückgeholt. Er lädt mich zum Kaffee ein. In der geräumigen Wohnküche lerne ich seine Frau und den Hund kennen. Sie erzählen von früheren Sommern, Erlebnissen aus den lichtreichen Tagen, die nicht enden wollten.

Die Birke am Inari – für mich nicht nur National-, sondern irgendwie auch Familiensymbol.

Aber es gibt noch andere Symbole. Neben der Nationalflagge etwa das Staatswappen, das einen aufrechten goldenen Löwen auf rotem Grund zeigt. Der Löwe trägt ein silbernes Schwert, eine goldene Herzogskrone und ist von neun silbernen Rosen umgeben – Symbole der traditionellen Provinzen. Es stammt aus der Zeit, als Finnland Teil des Schwedischen Reiches unter König Gustav Wasa war.

Die Nationalhymne *Maamme* (Unser Land), die Fredrik Pacius – ein in Deutschland geborener Komponist und Musiklehrer an der Universität von Helsinki – vertont und deren Text Johan Ludvig Runeberg verfasst hatte, wurde erstmals 1848 von Studenten gesungen. Darüber hinaus gönnt sich Suomi weitere Nationalsymbole aus der Natur: den Singschwan, den Braunbären, das Maiglöckchen (*kielo*), den Barsch und den Granit.

Und wenn man so will, ist 20.30 auch ein Nationalsymbol. 20.30 Uhr – das verbindet das ganze Land. Die Hauptnachrichtensendung am Abend im finnischen öffentlich-rechtlichen Fernsehen YLE. Das ist Pflicht. Vergleichbar mit der Gala zum Unabhängigkeitstag am 6. Dezember, die im Fernsehen live übertragen wird und das ganze Land vor die Glotze lockt. Angeblich hat diese Gala bessere Einschaltquoten als das Finale der Eishockey-Weltmeisterschaft, wenn Finnland gegen eine der anderen großen Eishockeynationen antritt. Aber selbst diese sozusagen wichtigste Livesendung des ganzen Jahres wird pünktlich um 20.30 Uhr für die Nachrichten unterbrochen. Und die beginnen dann mit der Einser-Meldung des Tages: Es ist Unabhängigkeitstag, und wir schalten live in den Präsidentenpalast nach Helsinki. Alle anderen internationalen Nachrichten werden dann in einem kurzen Minutenblock zusammengefasst. Aber auf die 20.30-Uhr-Nachrichtensendung kann eben nicht verzichtet werden. Selbst nicht am Unabhängigkeitstag.

88. GRUND

Weil der Geist erfinderisch ist

Manche Dinge gibt es fast so lange, wie es Menschen gibt. Manche Dinge muss man nicht mehr verändern, weil sich ihre Form über Jahrtausende bewährt hat. Alltagsgegenstände wie ein Messer oder ein Becher etwa. Oder so ein archaisches Werkzeug wie eine Axt. Wer käme auf die Idee, diese Gegenstände nach Tausenden von Jahren noch einmal infrage zu stellen? Niemand.

Doch: ein Finne. Ein Finne, der jeden Sommer und jeden Winter Holz hacken muss, damit die Sauna am See beheizt werden kann und der Ofen in der Stube daheim. Dieser Finne hat sich, erschöpft und schweißgebadet vom Holzhacken, mal hingesetzt und nachgedacht. Das Ergebnis dieses Nachdenkprozesses ist eine Axt der anderen Art. So erzählt man sich zumindest die Geschichte. Eine Axt, mit der man weniger Kraft aufwenden muss, mit der weniger Holzscheite durch die Luft sausen und die man sich nicht mehr in den eigenen Unterschenkel rammen kann. Eine idiotensichere Axt, mit der jeder einen Festmeter Holz klein kriegt. Denn die Schneide ist nicht konvex, sondern konkav. Zudem ist eine Art Bremse eingebaut, die verhindert, dass die Axt im Pflock stecken bleibt. Das Prinzip ist denkbar einfach: Durch die andersartige Form der Schneide drückt die Axt die Kraft nach dem Eindringen ins Holz nicht nur nach unten, sondern auch zur Seite. Das erleichtert das Spalten enorm, verhindert gleichzeitig schlimme Unfälle und wandert als neue Idee durch die Welt.

Aber auch andere Erfindungen gehen auf das Konto des fünfeinhalb Millionen zählenden Volks. Die Sauna natürlich, aber auch (die bereits erwähnten) Trockenschränke, die ein Abtrocknen des Geschirrs überflüssig machen, oder Nordic Walking. Bis heute sind die Finnen auch im Hightech-Sektor gut dabei. Erfinden Kleidung zum Beispiel, die dafür sorgt, dass man nicht auskühlt. Aber auch andere neue Materialien, Verschlüsselungssysteme für das Internet, Kreuzfahrtschiffe, Kompasse, Angelköder oder Xylit. Dieser Süßstoff, der vor allem in zuckerfreiem Kaugummi, in Zahnpasta und Hustensaft Verwendung findet. Auch die kleinen handlichen Pulsmesser gehen zurück auf finnische Erfindungen, oder biologisch abbaubare Operationsnägel und -schrauben, die sich nach wenigen Monaten auflösen. Bahnbrechende Erkenntnisse lieferten finnische Wissenschaftler und Forscher auch im Bereich Kommunikation und Hirnforschung, etwa das von Teuvo Kohonen entwickelte Konzept des neuronalen Netzes.

Dass sie bei Forstbewirtschaftung, Baumfällmaschinen oder Tieftemperaturphysik vorne mitmischen, erklärt sich schon fast von selbst.

Dass Nokia eine finnische Erfindung ist, hat sich mittlerweile wohl rumgesprochen. Der berühmte Nokia-Klingelton ist angeblich die meistgespielte Melodie auf diesem Planeten, es gibt wohl niemanden, der ihn nicht kennt. 20.000-mal in der Sekunde erklang der Ton 2010 laut einer Studie. Und sicher schwirren immer noch Millionen der Mobiltelefone in der Welt herum. Das Original ist übrigens 1902 von dem spanischen Gitarristen Francisco Tárrega als Walzer komponiert worden. Weniger bekannt ist dagegen, dass die berühmten Computerspiele *Angry Birds* oder *Clash of Clans* ebenso finnische Erfindungen sind. Red von den Angry Birds ist sogar mittlerweile Ehrenbotschafter der Vereinten Nationen für die Kampagne »Happy Planet«, die sich für das Klima sowie eine nachhaltigere Zukunft für alle einsetzt.

Neben Nokia haben die Finnen im Bereich Computertechnik noch einiges mehr an Erfindungen vorzuweisen, die die ganze Welt erobert und zum Teil sogar verändert haben. So ist Linux, dieses andersartige Betriebssystem für Computer, ebenso eine finnische Erfindung (von Linus Benedict Torvalds) wie die SMS.

Matti Makkonen gilt als Vater der SMS. Die Idee kam dem Techniker nach eigenem Bekunden bei Pizza und Bier. Er arbeitete für eine Telekommunikationsfirma und kam auf die Idee, Teile des GSM (Mobilfunkstandard), die beim Telefonieren nicht gebraucht werden, für Textnachrichten zu verwenden. Die Idee des Short Message Services war geboren. Blöderweise hat er sich das nicht patentieren lassen, sonst wäre er vermutlich als Millionär gestorben.

89. GRUND

Weil Kultur für alle ist und Pflanzen Gedanken lesen

Kunst zugänglich machen für alle – Kunst erklären – Kunst bewundern – Kunst fühlen – das ist das Ziel von ART WALK HELSINKI. Draußen sind es minus zwölf Grad. Nicht unbedingt das Wetter, um einen Hund rauszuschicken. Doch unerwartet viele, nämlich mehr als 80 Menschen, machen sich auf den Weg und drängen sich in einer kleiner Galerie im Design Destrict in Helsinki zusammen. Pasi Autio zeigt hier Videoinstallationen unter dem Motto »My voice, my grip, my memories, my time«. Er zeigt die Wechselwirkungen zwischen dem menschlichen Geist und seiner Umgebung auf. Nach einem einstündigen Spaziergang durch die Stadt freu ich mich zwar, endlich im Warmen zu sein. Meiner Kamera gefällt das jedoch gar nicht. Beleidigt läuft sie in Sekundenschnelle an und will sich nicht mehr beruhigen. Für die nächste Zeit sind keine Fotos möglich. Umstände, an die man sich in Finnland erst gewöhnen muss.

Zusammen laufen wir im Pulk zur nächsten Galerie. Der Spaziergang dazwischen eignet sich gut, um die Eindrücke zu verdauen und zu besprechen. Und ein bisschen frische oder besser gesagt eiskalte Luft zu schnappen.

In der nächsten Galerie zeigen Studenten der Fine Art Academy Helsinki ihre jüngsten Arbeiten. Vor allem Auseinandersetzungen mit der Natur. Unter ihnen ist auch die 31-jährige Lilly Haapala. Lilly hat sich intensiv mit den Arbeiten von Cleve Backster (1924–2013) auseinandergesetzt, einem Wissenschaftler, der in den 60er-Jahren Forschungen mit Pflanzen gemacht hat. Seinen Forschungen zufolge haben Pflanzen Gefühle und können unsere Gedanken lesen. Das hat Lilly dermaßen beeindruckt, dass sie eine Maschine gebaut hat, die die elektrischen Wellen einer Pflanze hörbar und sichtbar machen. Und der Clou: Es gibt auch Sensoren für uns Menschen. Kaum drückt man seine Finger drauf, kann man sozusagen in Kommunikation treten mit der Pflanze und staunen, was passiert. Na ja, zumindest eine Art Verbindung aufbauen. Und erstaunlicherweise reagiert die Pflanze ganz unterschiedlich, je nachdem, wer da wie in ihre Nähe kommt.

Eine andere Künstlerin hat den ganzen Boden mit 1-Cent-Stücken ausgelegt. Die Besucher sind sichtlich verwundert, denn für Finnen sind 1- und 2-Cent-Stücke nicht wirklich Geld. Schließlich gibt es in Finnland keine 1-Cent- und 2-Cent-Stücke. Finnland hat schon bei der Einführung des Euro auf die beiden kleinsten Münzen verzichtet. Beim Einkaufen wird auf- und abgerundet. Funktioniert einwandfrei, und man hat weniger Gewicht im Geldbeutel. Zudem haben die Finnen offenbar wie auch die Iren und die Belgier eingesehen, dass diese Münzen nur sehr bedingt zum Zahlen taugen: Ticket-, Kaffee- oder Parkautomaten schlucken die Münzen in der Regel nicht, und selbst ein Lolly am Kiosk ist um ein Mehrfaches teurer. So wandern diese ungeliebten Münzen schnell zu Hause in irgendwelche Spardosen, sodass es kaum verwundert, dass nach Angaben der Deutschen Bundesbank nur jede fünfte 1-Cent-Münze im Umlauf ist. Zudem liegen die Herstellungskosten der Kleinstmünze über ihrem eigenen Nennwert. Doch zurück zur

Kunst: 25 Stunden hat die Künstlerin für das Auslegen der Geldstücke in der Galerie zusammen mit ihrem Freund gebraucht. Sie spielt mit der Idee des Werts. Was ist was wert, was ist mehr wert, was weniger? Was ist es uns wert? Was ist es dir wert?

Fragen, über die man in Ruhe nachdenken kann auf dem Weg zur nächsten Galerie.

Hat man noch nicht genug von der Kunst, dann kann man auch noch ins Kiasma, das Museum für zeitgenössische Kunst in Helsinki. Das lohnt sich allein schon wegen der außergewöhnlichen Architektur des amerikanischen Architekten Steven Holl. *Kiasma* ist die finnisierte Form von *Chiasma* (Kreuzung) und spielt auf das Konzept des Museums an, das bestrebt ist, moderne Kunst allen verständlich zu machen. Direkt davor findet sich übrigens das Reiterstandbild von Carl Gustav Emil Mannerheim, umrahmt von einem großen Platz, den vor allem Skater im Sommer gerne für ihre Sprünge nutzen.

Oder man geht ins Naturhistorische Museum, ins Finnische Nationalmuseum oder ins größte Kunstmuseum des Landes: das Ateneum, gleich in der Nähe des Bahnhofs gelegen. Es ist Teil der Finnischen Nationalgalerie und beherbergt die bedeutendste Kunstsammlung des Landes. Auch hier lohnt sich, das Gebäude genauer anzusehen, denn es gilt als eines der bedeutendsten Beispiele für Neorenaissance-Architektur in Finnland.

Das prächtige Treppenhaus führt einen direkt in die finnische Kunstwelt der letzten 300 Jahre. Hier sind über 4.300 Gemälde und mehr als 750 Skulpturen ausgestellt, der Großteil davon von finnischen Künstlern aus den vergangenen Jahrhunderten fast bis heute. Albert Edelfelt, Pekka Halonen, Helene Schierfbeck, Eero Järnefelt oder der berühmte Akseli Gallen-Kallela (1865–1931). Er widmete sich in seinen Werken vor allem der finnischen Mythologie. Seine Illustrationen zum finnischen Nationalepos *Kalevala* sind atemberaubend, faszinierend, verstörend-schön – nicht zuletzt deswegen gilt er als einer der bedeutendsten Vertreter der finnischen Kunst seiner Zeit. Verstörend deshalb, weil er es versteht, Schnee in einem mystischen Licht zu malen, das watteweich und fast warm wirkt – weil manche Darstellungen so real wirken wie eine Fotografie und weil er so schonungslos malt, dass man die Entbehrungen und die Bedürftigkeit der ärmlichen Bäuerinnen und Bauern fast körperlich spürt. Aber nicht nur in Helsinki, in vielen finnischen Museen sind Werke von Gallen-Kallela zu finden. Reidar Särestöniemi (1925–1981) gilt dagegen als bedeutendster finnischer Maler aus Finnisch-Lappland. Gegen die manchmal düsteren Werke von Gallen-Kallela leuchten Särestoniemis Landschaftsbilder. Seine Inspiration war die Natur Lapplands. Seine Bilder sind Farbexplosionen aus Rot und Gelb, wenn er den Frühling oder Sonnenuntergänge mit dem Pinsel festhält. Bei seinen Schneebildern spürt man die frostige Kälte, als würde die kalte Abendluft gerade über die Haut huschen. Sein Atelier in Kaukonen bei Kittilä kann man besuchen. Es ist heute ein Museum. Seine Werke finden sich aber auch in vielen anderen Museen.

Allein in Helsinki gibt es über 70 Museen zu besichtigen, von Architektur über Fotografie, Design, Geschichte, bis hin zu Sibelius und Seefahrt findet sicher jeder sein Lieblingsthema. In ganz Finnland gibt es übrigens mehr als 1.000 Museen, große und kleine, manchmal versteckt im Wald, aber immer gut erkennbar und ausgeschildert mit dem typischen Symbol für Sehenswürdigkeiten. Eine Art in sich geschlossene Linie oder fortlaufendes Band, das vier Schlaufen bildet, eine Art Vierpassknoten. *Hannunvaakuna* heißt es und ist seit Urzeiten ein magisches Symbol. Es soll Schutz gegen das Böse bieten und erinnert an die vier Schutzgeister der Erde: Norden, Süden, Westen, Osten. Früher wurde es auch als Namenszeichen benutzt, als Ersatz für die Unterschrift. Gab es auch mal auf der Rückseite der finnischen Münzen.

Und taucht heute wieder auf dem traditionellen Kalevala-Schmuck auf, den jedes Kind in Finnland kennt. Schmuckstücke, die die Natur, die Geschichte und die Menschen Finnlands widerspiegeln. Denn die Motive stützen sich auf archäologische Funde, sind häufig Nachbildungen aus der Wikingerzeit, die zusammen mit Archäologen von Designern und Goldschmieden überarbeitet werden. Jedes Schmuckstück hat da seine ganz eigene Geschichte. Bei meiner *aarrekääty* (Schatzkette) etwa heißt es im Beipackzettel, dass die Berlocken der Kette aus Häme aus dem 11. Jahrhundert stammen, während das Herz in Linnaniemi, Hämeenlinna entdeckt wurde. Diese Zeit sei eine Periode voll von stürmischen Ereignissen gewesen. Das war genau die Zeit, als das Abendland in finnische Regionen vordrang – in Form von christlichen Missionaren, die von Schweden nach Finnland kamen. Klingt nach einer nicht gerade friedlichen Zeit.

Was diesen Schmuck aber darüber hinaus besonders macht, ist die Tatsache, dass dieses Unternehmen aus einer Hilfsaktion von Frauen heraus entstanden und bis heute ein Verein ist. Mit den Überschüssen, die erwirtschaftet werden, wird das kulturelle Leben im Land unterstützt.

90. GRUND

Weil Finnland in vielen Bereichen führend ist

Was China oder Indien aufgrund ihrer Bevölkerungszahl zustande bringen, das versuchen andere Länder wie etwa die Schweiz mit ihrem Finanzmarkt, wieder andere punkten mit Bodenschätzen. Finnland versucht, fehlende materielle Ressourcen durch Wissen und Bildung wettzumachen. Und damit fahren sie nicht schlecht. So würde ein Finne das zumindest ausdrücken. Finnisches Understatement.

So liegt Finnland weltweit auf Platz eins beim Human Capital Index des World Economic Forum. Heißt: Finnland bildet seine Menschen weltweit am besten aus, fördert ihre Talente und unterstützt sie dabei, ihr volles Potenzial zu entfalten.[45]

Finnland belegt ebenfalls Platz 1, wenn es um die Lebenssituation von berufstätigen Müttern geht. Es ist der beste Platz weltweit für berufstätige Frauen.[46] Sie haben die besten Chancen, Beruf und Familie gut unter einen Hut zu bringen. Das beginnt schon mit dem einmaligen Starterset, das jede werdende Mutter vom Staat bekommt. In diesem Paket ist eine komplette Erstausstattung mit über 50 Utensilien, vom Schnuller über Kleidung bis hin zu Schlafsack und Schneeanzug. Das geht weiter mit Kindergärten, die teilweise rund um die Uhr geöffnet sind, damit auch Schichtarbeiterinnen ihre Kinder ihren Arbeitszeiten entsprechend dort unterbringen können. Und das geht bis zu selbstverständlicher Elternkarenz auch für Väter, damit die Mama schnell wieder in ihren Beruf einsteigen kann.

Dazu passt, dass Finnland zusammen mit Island die niedrigste Geburtensterblichkeit weltweit hat. Zu diesem Ergebnis kommt die britische Fachzeitschrift *Lancet*, die fünf Studien ausgewertet hat, an denen sich Experten aus 43 Ländern beteiligt haben. Dazu passt, dass es finnischen Müttern weltweit am besten geht. Zu diesem Ergebnis kommt die Kinderrechtsorganisation »Save the children«, die die Lebensumstände von Müttern in 176 Ländern untersucht hat. Dabei wurde erhoben, wie es um Müttergesundheit, Kindersterblichkeit, Schulbildung und Einkommen der Frauen bestellt ist.[47]

Im internationalen Vergleich schnitt Finnland am besten ab. Die vorderen Plätze wurden ausnahmslos von skandinavischen Ländern belegt.

Auch bei der Ehrlichkeit belegen die Finnen Platz 1 in Europa. (Siehe: Weil Finnen grundehrlich sind, Seite 124)

Finnland belegt auch Platz 1 beim Environmental Performance Index[48]. Das ist der Index, den die Universitäten Yale und Columbia zusammen mit dem Weltwirtschaftsforum entwickelt haben. Bei diesem Index geht es darum, welche Länder die Gesundheit ihrer Bewohner und das Ökosystem am besten schützen. 180 Länder werden dabei auf Faktoren wie Klima, Energie, Biodiversität sowie saubere Luft und Wasser untersucht.

Finnland gehört zudem zu den am wenigsten korrupten Länder. In den Untersuchungen von Transparency International landet Finnland jedes Jahr auf den vorderen drei Plätzen.[49]

Finnland belegt seit Jahren den ersten Platz in der weltweiten Rangliste der Pressefreiheit.[50] Einer Liste, die Reporter ohne Grenzen jedes Jahr neu erstellt. Das liegt unter anderem daran, dass Finnland im Printbereich eine enorme Dichte und Bandbreite an Zeitungen aufweist: Rund 50 Zeitungen erscheinen täglich, weitere 150 Zeitungen erscheinen ein- bis mehrmals wöchentlich. Die Gesamtauflage ist die höchste im EU-Vergleich. Aber auch hier ist nicht alles Gold, was glänzt: Denn es ist eine zunehmende Konzentration bei den Medienverlagen feststellbar. Immer mehr nationale Medien werden von wenigen Konzernzentralen aus regiert. Andererseits – und auch das ist entscheidend für die Informationsfreiheit – kann seit 2010 jeder Bürger eine Breitband-Internetverbindung einklagen.

Neben dem Entwickeln von Online-Spielen wie *Angry Birds* gilt Finnland innerhalb der EU auch als Marktführer bei Kommunikationslösungen wie dem industriellen Internet der Dinge. Laut Germany Trade & Invest (GTAI), der Wirtschaftsförderungsgesellschaft der Bundesrepublik Deutschland, gehört Finnland zu den renommiertesten Forschungsstandorten weltweit und innerhalb Europas zu den drei besten Innovationsnationen.

Aber auch beim Snow-Farming ist Finnland Vorreiter. Dabei geht es darum, am Ende des Winters Schneedepots anzulegen, die bis zum nächsten Winter anhalten. So wird die Eröffnung der nächsten Wintersaison gesichert – zumindest auf ausgewählten Pisten, Langlaufloipen und Sprungschanzen. Diese Depots liefern verdichteten Schnee, der dank Abdeckfolien oder noch besser Holzspänen auch über den Sommer nicht geschmolzen ist, und dann mit Pistengeräten und Baggern aufgetragen wird. Im Langlaufparadies Saariselkä und im Skigebiet Ruka werden Depots angelegt mit 50.000 bis 100.000 Kubikmetern. Etliche Firmen haben sich auf

Schnee-Management und Snow-Farming spezialisiert. Auch wenn das sehr modern klingt, gehen die Ursprünge doch weit in die Vergangenheit zurück. Schon in der Antike, in Griechenland und im alten Rom, legt man Eis- und Schneedepots an, die einerseits zur Kühlung von Lebensmitteln, zur Kühlung von Räumen, andererseits aber auch zur Herstellung von Speiseeis verwendet wurden.

Bei Umwelttechnologien und Nachhaltigkeit spielt Finnland in der obersten Liga. Zuletzt landete Finnland auf Platz zwei des weltweiten Cleantech Innovation Index, das der WWF und die Cleantech Group herausgegeben haben. Dabei wurden 40 Länder anhand von 15 Faktoren untersucht. Das hängt nicht zuletzt mit Finnlands guter, reiner Luft zusammen, deren Wert man erkannt hat und zu erhalten versucht.[51]

Damit nicht genug: Auf der Top-10-Liste der Länder, die mit geeigneten politischen Rahmenbedingungen am meisten zur globalen Innovation beitragen, liegt Finnland auf Platz 1.[52] Gemeint sind damit etwa steuerliche Anreize, die Forschung, Entwicklung und Innovation fördern. Angesichts eines bevölkerungsmäßig so kleinen Landes eine enorme Leistung.

Helsinki gehört zu den Top 10 der lebenswertesten Städte weltweit.

Und last but not least ist Finnland ein Good-Country-Land. Der Good-Country-Index misst, wie viel Gutes ein Land für die Welt tut. Sichert das Land den Frieden, schützt es den Planeten und das Klima, liefert es Beiträge zu Wissenschaft und Fortschritt? Nach Irland liefert demnach Finnland den größten Beitrag zum Wohlergehen der Welt.[53]

KAPITEL 10

KREUZ & QUER DURCHS LAND

Weil es Cafés mit Gemeinsinn gibt

Das beste Café von Lehmäjoki in der Region Österbotten hat keinen Namen. Braucht es vermutlich auch nicht. Ist das einzige. Bei genauerer Betrachtung sieht es eher wie eine Tankstelle aus. Ja, ist es auch. Und Autowerkstatt. Also ein Werkstatt-Tankstellen-Café. Und Nachrichtenzentrale, Treffpunkt, Aufwärmmöglichkeit, Koffein-und-Zuckerpegel-Nachschub-Ort, zweites Wohnzimmer für manche. Ein Muss für Liebhaber alles Schrägen.

Chef dieser omnifunktionalen Örtlichkeit ist Aaro. Aaro kann – glaub ich – keinem böse sein. Als ich ein Foto machen will, meint er, das sei ihm eigentlich nicht so recht. Entschuldigend und fast ein bisschen verschämt fährt er sich über die Haare – er habe doch erst morgen seinen Friseurtermin.

Aaro führt diesen Laden mit großer Gelassenheit. Wenn der Kaffee alle ist, dann ist er alle. Für zwei neue Gäste kocht er um fünf keinen neuen mehr. Ohne Erklärung. Ohne Entschuldigung. Warum auch. Süßigkeiten stehen hier in braver Eintracht zwischen Motorenöl, Batterien und Werkzeug. Die Übergänge sind fließend.

Man trifft immer jemanden bei Aaro. Jeder kennt jeden. Kein Wunder bei rund 250 Einwohnern. Tagesthemen wechseln. Wann wohl der Schnee kommt ist genauso Thema, wie wer sich an welche Tangosänger aus den 60er-Jahren erinnert.

Aaro beschäftigt heute vor allem die Frage, warum die Schneestangen an einem Teil der Straße noch nicht stehen. »Die« werden ja wohl nicht im Sinn haben, einen Teil der Straßen diesen Winter nicht räumen zu wollen? Es ist wie in einem Aki-Kaurismäki-Film. Schräg.

Aaro kann man nicht nicht mögen. Er lebt allein, seit seine Frau vor vielen Jahren beim Preiselbeerpflücken im Wald einfach tot umgefallen ist. Seine 92-jährige Mutter, die ab und zu den Laden putzt, und er wohnen gleich nebenan.

Aaro hat große grobe Hände mit schwarzen Rändern an den Nägeln. Schmiere und Öl aus vielen Jahren haben sich hier abgesetzt. Das hält ihn nicht davon ab, mit mit seinen geschundenen Händen erst Kaffee einzuschenken und dann anhand von Skizzen zu erklären, wie die Motorheizung funktioniert und wo und wie sie eingebaut wird.

Weil Aaro Ulla, mit der ich da bin und bei der ich im *mökki* wohnen darf, seit vielen Jahren kennt, bekomme ich einen außerordentlich guten Preis. So gut, wie ich ihn vermutlich nirgends sonst in Finnland bekommen würde.

Eine Frau, die Winterreifen aufziehen lässt, meint, Gummistiefel seien mittlerweile zu kalt. Aber wegen des Regens und der durchweichten Straßen dennoch die beste Wahl. Sie hat vier Kinder – zwei Mädchen und zwei Jungs. Nur der Jüngste sei noch zu Hause und werde den Hof übernehmen. Kaum jemand will heute noch in die Landwirtschaft. Zu harte Arbeit, wenig Ertrag, nichts um reich zu werden. Dabei war hier die Kornkammer Finnlands.

Die Augen der Frau wandern über die Verkaufsregale. Aaro habe wohl noch nicht gemerkt, dass es keine Schule mehr im Dorf gebe. Er bestelle immer noch sooo viele Süßigkeiten. Die jetzt keiner mehr kauft. Die Schule gibts seit Jahren nicht mehr. Alle lachen. Lachen, weil sie Aaro und seine Art mögen.

Als ich das Auto wenige Tage später abhole, holt Aaro eine nicht mehr ganz taufrische Unterschriftenliste. Die Menschen aus Lehmäjoki haben Geld gesammelt, um die Straße nach Untermala wieder auf Vordermann zu bringen. Schließlich steht an dieser Straße die einzige Touristenattraktion. Ein Stein, der an den Bau der Straße erinnert.

1868 wurde die Verbindung gebaut, mit Genehmigung und Unterstützung damals noch des Zaren. Auch mithilfe von Frauen und Kindern. Zu dieser Zeit herrschte bittere Hungersnot im Land. Viele starben. Wer mithalf, bekam was zu essen, manche auch ein bisschen Mehl. Verschärft wurde die Situation noch dadurch, dass ein lange ersehntes Schiff mit Korn kurz vor Vaasa im Sturm gesunken war.

Über 800 Euro kommen fast 150 Jahre später für die Verschönerung der Straßenverbindung von Lehmäjoki nach Untermala zusammen. Doch die Straßenbaugesellschaft verbietet jegliche Arbeiten. Das sei eine staatliche Straße, da habe der Staat die Hoheit für jegliche Arbeiten. Privatpersonen sei es untersagt, etwas in Angriff nehmen. Brav gehorchen die engagierten Dorfbewohner. Zunächst.

Seitdem verwahrt Aaro das Geld. Einige Jahre später haben sie dann doch das ein oder andere Loch gestopft. Ohne zu fragen. Einfach gemacht.

Aaro schmunzelt, zeigt auf die handgeschriebene Zahl: 688 Euro sind immer noch da. Vielleicht sollte man mal ein Sommerfest damit machen. Die Tür geht auf, ein neuer alter Kunde. Man erzähle sich im Dorf, bei Aaro stehe ein deutsches Auto in der Werkstatt. Und da wollte er mal nachsehen, wer das ist. Ulla kennt ihn natürlich. Wiedersehensfreude. Man bringt sich gegenseitig auf den neuesten Stand der privaten Entwicklungen.

Die besagte Straße, die Lehmäjoki und Untermala verbindet, ist immer noch unbefestigt und durch Lehm und Regen glatt wie Seife. Aber kaum Schlaglöcher. Gut zu befahren.

Die Schrift auf dem besagten Stein ist schon ein bisschen verblasst: »Mit Kronenbesitztum gemachter Weg, während Alexander II. und Hunger und Sterben im Lande regierten. 1868.«

Mit ähnlichem Gemeinsinn wurde übrigens auch das Dorfgemeinschaftshaus wieder instand gesetzt und mit Leben erfüllt. Ohne irgendeine Behörde zu fragen vermutlich.

92. GRUND

Weil eisige Betten auf dich warten

Mittlerweile gibt es ja alle möglichen verrückten Übernachtungsmöglichkeiten vom samischen Kota-Zelt über Glas-Iglus zur Polarlicht-Beobachtung bis hin zu Eishotels. Exotisch arktische Erlebnisse.

An den Eishotels fasziniert mich am meisten die Liebe zum Detail, der Aufwand, der getrieben wird, und ihre Vergänglichkeit. Im Mai, spätestens im Juni, ist alles dahin. Eigenwillige Hotels auf Zeit. Jedes Jahr aufs Neue. Mitte Oktober beginnt für das *snowvillage* Lainio die Schneeproduktion. Über große Luftballonkonstruktionen wird mithilfe einer Schneefräse Schnee aufgebracht, bis die Gebäude aus Eis und Schnee stabil genug sind. Dann wird die Luft aus dem Ballon gelassen, und das Hotel steht. Das Wasser dafür kommt aus dem angrenzenden Fluss. 20 Millionen Kilo Schnee und 350.000 Kilo kristallklares Eis werden dafür gebraucht und verbaut. Die aufwendigen Schnitzereien und kunstvollen Reliefs machen federführend zwei Brüder, Rami und Tomi Kurtako. Jedes Jahr werden aber zusätzlich Künstler aus der ganzen Welt eingeladen.

So hat jedes Zimmer und jede Suite ein eigenes Thema, seine eigene Stimmung. Mal schaut ein überdimensionaler Wikingerkopf über die Bettkante, mal sind die Betten von römischen Säulen eingefasst. Statt Türen gibt es Fell- oder Stoffvorhänge. Nicht nur die Wände, alle Einrichtungsgegenstände im *snowvillage* sind aus Eis. Im Restaurant und an der Eisbar sitzt man selbstverständlich auf Eisblöcken. Damit man nicht festfriert, gibt's Rentierfelle als Unterlage. Auf den Gängen begegnet man Figuren aus der lappländischen Mythologie und geheimnisvollen Urwäldern mit allerlei Fabelwesen, die aus fernen Märchenländern stammen müssen und mit farbigem Licht stimmungsvoll in Szene gesetzt werden. Sogar eine eisglitzernde Kapelle zum Heiraten und ein Indoor-Kinderspielplatz finden sich da. Ich komme mir vor wie in einer fremden Galaxie, auf einem weit entfernten Polarstern, in dem ewige Eiszeit herrscht und vielleicht gleich Spock und Uhura um die Ecke kommen. Die Luft ist in der Tat kalt in diesem Hotel, und es lohnt sich, sich warm anzuziehen. Die Luft ist vor allem feuchter als draußen und will mir unter die Jacke krabbeln. Ob da die richtigen Gefühle zum Heiraten aufkommen. Bei solchen eiskalten Ja-Bekundungen muss einem schon sehr warm ums Herz sein. »Meistens kommen junge Paare, die für eine Nacht bleiben. Das Erlebnis, einmal im Eishotel zu schlafen, ist sicher der Hauptgrund«, sagt Markus.

Markus kommt aus Aalen und lebt seit 2008 in Finnland. Genauer gesagt in Lappland. Er hatte die Reise gewonnen. Ein einmaliger Aufenthalt hat gereicht, um ihn nachhaltig zu verzaubern. So nachhaltig, dass er eineinhalb Jahre später ganz in den Norden auswanderte. Mittlerweile ist er mit einer Samin verheiratet und hat zwei kleine Kinder.: Maria und Samu. Er arbeitet für das *snowvillage* Lainio, das Schneedorf in Kittilä, ganz in der Nähe des großen Skiressorts Ylläs. 15-mal wurde es bereits aufgebaut. Und 15-mal ist es wieder weggeschmolzen.

Das allererste hatte nur sechs Zimmer und nur einen einzigen Übernachtungsgast. Aber die Betreiber ließen sich nicht entmutigen. Mittlerweile läuft das Geschäft gut, auch wegen der Besucher. »An guten Tagen besichtigen 500 Menschen unser Eishotel«, sagt Markus, der auch für Marketing und Führungen zuständig ist.

Geschlafen wird bei Raumtemperaturen zwischen null und minus fünf Grad. Das Schlafzimmer heizt sich während der Nacht bis auf null Grad auf, erklärt Markus und fügt lachend hinzu: »Man bekommt natürlich einen warmen Schlafsack. Und dann Skianzug aus und nur mit der Thermounterwäsche in den Schlafsack kriechen!«

Sollte es dennoch mal vorkommen, dass einem zu kalt ist, gibt es einen »Fluchtraum«. Da gibt es neben Duschen auch eine Küche, in der man sich warmen Tee machen kann, und warme richtige Betten mit richtigen Matratzen.

Ab April schmilzt das Eishotel dann so langsam dahin. Bei den großen Gebäuden wird mit dem Bagger nachgeholfen. Die Einsturzgefahr sei einfach zu groß. Und das Wasser geht dahin, wo sie es geholt haben. In den Fluss.

Dann hat Markus den ganzen Sommer frei. »Na ja, nicht frei. Meine Frau kommt aus einer Rentierzuchtfamilie. Also müssen wir im Sommer Heu machen und Moos sammeln. Aber wir können tatsächlich auch viel rumreisen in Finnland. Gehen oft segeln in Oulu. Da haben wir ein kleines Segelboot. Ansonsten: alles ganz relaxt, den Sommer genießen.«

Am meisten fasziniert Markus die Ruhe. »Man hat seine Ruhe. Keiner, der einen stört. Kein Nachbar, der einem sagt, was man nicht machen darf. Genau das. Und vor allem: kein Verkehr. Ich werde schon verrückt, wenn ich in Rovaniemi an einer roten Ampel stehen muss.« Markus lacht. Und genau das schätzt er auch an seinen Mitmenschen. »Die Finnen sind sehr sehr ruhig. Die brauchen eine ganze Zeit, bis sie aufgeschlossen sind, aber sehr gastfreundlich, hilfsbereit, manchmal auch starrköpfig«, fügt er schmunzelnd hinzu. Das sei natürlich nur eine ganz grobe Beschreibung.

Lappland ist für ihn der schönste Platz der Welt. »Weil man hier einfach seine Freiheiten hat, die man woanders nicht hat.« Er denkt nach und fügt noch hinzu: »Und keine Uhr. Die braucht man hier nicht.«

93. GRUND

Weil niemand an Kühe denkt

Wer denkt bei Finnland schon an Kühe? – Milch ist neben Kaffee ein alltägliches Getränk in Finnland. 130 Liter trinkt jeder – von Jung bis Alt – statistisch gesehen, damit stehen die Finnen beim Milchtrinken an dritter Stelle weltweit.

Die Supermärkte bieten eine Vielzahl unterschiedlicher Varianten, und selbst viele Erwachsene trinken zu den Mahlzeiten ganz selbstverständlich Milch.

Nur Kühe sieht man kaum. Das wundert mich. Seh ich den Wald respektive die Kühe vor lauter Bäumen nicht, frage ich mich und nehme mir vor, meine Verwunderung bei nächster Gelegenheit anzusprechen. Die ergibt sich sehr bald, als ich in Nordkarelien in einer privaten Unterkunft wohne. Beim Abendessen frage ich einfach: Wie kann das sein? Die Finnen trinken so viel Milch, aber ich sehe nirgendwo Kühe?

»Willst du Kühe sehen?«, ist die kurze Gegenfrage von Eija, meiner Gastgeberin. Vielleicht habe ich mich unklar ausgedrückt. Vielleicht sind es sprachliche Hürden. Wie Kühe aussehen, weiß ich natürlich, entgegne ich. Und konkretisiere meine Frage: »Wird tatsächlich die ganze Milch in Finnland produziert, oder importiert ihr die Milch aus dem Ausland?«

Statt einer Antwort steht Eija auf und kommt kurze Zeit später mit einigen Kleidungsstücken unterm Arm zurück. »Zieh das an. Deine eigenen Sachen werden sonst stinken. Ich zeig dir Kühe.« Also machen wir uns abends um neun Uhr auf den Weg, mit dem Allradwagen durch schneebedeckte Straßen und Wälder bis zu einem großen einsam gelegenen Hof. Die Herrin des Hofes ist noch am Arbeiten, und um sie herum springen zwei Jungs im Vorschulalter in Schneeanzügen. Zu meinem neuen Outfit bekomme ich noch Gummistiefel, und dann geht es in den Stall. Einen Stall, der aussieht wie bei uns, mit Melkstation und ansonsten frei laufenden Kühen: schwarz-weiß gescheckt, braun-weiß gescheckt, braun, schwarz. Von kleinen Kälbern bis alten Kühen, die gerade ihre Auszeit genießen. Zwischen diesen 80 Kühen bekomme ich einen halbstündigen Vortrag über die finnische Milchwirtschaft!

Von der Bäuerin, ebenfalls mit Namen Eija, erfahre ich unter anderem, dass die finnischen Kühe weniger häufig krank sind als in

Deutschland, weil sie sauberere Luft und saubereres Wasser haben. Dass sie Antibiotika nicht regelmäßig ins Essen mischen, sondern nur den Kühen injizieren, die tatsächlich krank sind. Dass sie in diesem Stall Rassen auch aus Kanada haben, weil die widerstandsfähiger gegen die Kälte sind als andere.

Über 230.000 Kühe gibt es in Finnland, und sie geben im Schnitt über 9.100 Liter Milch im Jahr.[54]

Und meine Eingangsfrage wurde auch beantwortet. Die finnischen Bauern produzieren so viel Milch und Butter und Käse, dass ein Teil nach Russland exportiert wird.

Ich sag ja immer: Unverhofft kommt oft. Und wer nicht fragt, bleibt dumm.

94. GRUND

Weil Ortsnamen poetisch sind …

Manche Orte in Finnland vergisst man nicht so schnell wieder. Oder gar nie mehr. Selbst wenn sie nicht so malerisch wirken wie andere.

Ralf aus Berlin habe ich durch Zufall kennengelernt. Mit seinem Trainerschein in der Tasche kam er nach Joensuu, in die Hauptstadt der Region Nord-Karelien. Der örtliche Fußballverein hat ihn engagiert und nach Finnland geholt. Was Ralf nur recht war. Denn es war schon seit Langem sein Traum, nach Finnland zu ziehen. Viele Male war er zuvor schon in Joensuu gewesen, auch für längere Zeit.

Jetzt trainiert er Mädchen und junge Frauen beim *FC Hertta*. Damit ist er, soweit mir bekannt ist, der einzige professionelle deutsche Fußballtrainer in Finnland. Wenn alles klappt, spielen »seine« Frauen bald in der finnischen Nationalmannschaft.

Hertta meint das Herz-Symbol beim Kartenspiel. Und sein Herz hat Ralf definitiv in und an Joensuu verloren. Er möchte nirgendwo anders leben als hier. Auch wenn es hier den schlechtesten Burger-Laden auf der Welt gibt, wie er behauptet. Auch wenn es in keiner Kneipe einen anständigen Cocktail gibt. Auch wenn sich die Stadt in den vergangenen Jahren stark verändert hat und Einkaufszentren aus dem Boden geschossen sind, als wären noch drei weitere Städte zu versorgen. Trotzdem. Wir haben minus acht Grad, was sich zusammen mit dem Wind wie minus 18 anfühlt. Ralf schiebt sein Fahrrad auf dem Gehweg durch gut zehn Zentimeter hohen Schnee. Obwohl man ihn vor lauter Mütze, Kapuze und hochgestelltem Kragen im Schneetreiben kaum mehr sieht, sieht und fühlt man seine tiefe Zufriedenheit, hier leben zu dürfen. Joensuu bedeutet »des Flusses Mund« – schon das ist wie Poesie. Die Stadt mit 75.000 Einwohnern und einer Universität zeichnet sich vor allem durch viele Lokale mit Livemusik aus. Im Sommer gibt es zudem Open-Air-Konzerte in den Parks. Ralf gerät ins Schwärmen, zeigt mir die vielen Open-Air-Lokale und die Sommerplätze, wo das Leben pulsiert. Im Moment gerade schwer vorstellbar für mich, beißen uns waagegerecht die Schneeflocken ins Gesicht und peitscht der Nordwind ganz schön auf der Haut. Die Wege direkt am Fluss Pielisjoki sind gleich wieder zugeweht, und das Weiß des Schnees blendet mich derartig, dass ich mich kaum noch orientieren kann.

Kurz verschnaufen kann man bei solch widrigen Umständen im nahe gelegenen Kunsthandwerker-Zentrum Taitokortelli. Allerlei Selbstgemachtes wird dort in historischen Holzhäusern angeboten, von Handschuhen über Filzmobile und Tischdecken bis hin zu Wolle und Schmuck. Im angrenzenden Café treffen sich Touristen und Einheimische, Hobby- und Profikunsthandwerker. In einem Raum gibt es gar Webstühle, die man mieten kann, um eigene Teppiche zu weben. Vier, fünf Tage dauert das ungefähr, wenn man bereits einige Übung hat, erzählt mir eine Frau am Webstuhl. Man findet sie in jedem finnischen Haushalt. Darüber hinaus werden hier auch regelmäßig Handarbeitskurse angeboten. Denn Handarbeit hat einen anderen Stellenwert als bei uns. Es hat nichts Verstaubtes an sich, das nur alte Omas und Jungfern machen. In fast jedem Ort findet man solche gut sortierten Handarbeitsläden.

Joensuu liegt an der Mündung des Flusses Pielisjoki und wurde 1848 vom russischen Zaren Nikolaus I. gegründet. Dank der günstigen Lage entwickelte sich die Stadt zum wichtigen Zentrum für den Wasserverkehr, vor allem für die regionale Holzindustrie.

Das Rathaus unweit davon besteht nicht nur aus den üblichen Büros, dort ist auch das Stadttheater angesiedelt sowie eine Kellerbar und einem wunderbaren Wintergarten, in dem es auch oft Livemusik gibt – für ältere Semester.

Herzstück ist der großzügig angelegte Marktplatz, auf dem im Sommer das Leben pulsiert, Märkte und Konzerte stattfinden. Dort findet man auch das Carelicum, eine Mischung aus Kulturzentrum, Museum und Informationscenter. Dort kann man viel über die Geschichte Kareliens und der Karelier erfahren.

Da die russische Grenze nicht weit weg, wundert es nicht, dass hier auch die beiden orthodoxen Klöster Uusi-Valamo und Lintul zu finden sind. Die orthodoxe Kirche in Joensuu ist eine alte Holzkirche mit schönen grünen Zwiebeltürmen.

Kurz hinter dem Jachthafen befindet sich der Jokiasema, der Flussbahnhof, im Sommer ein sehr beliebter Badeplatz, an dem auch das Mittsommer-Feuer angezündet wird. Hier kann man Disk-Golf spielen, eine Mischung aus Frisbee und Golf, Jetzt im Winter ist alles verschneit, und man erkennt kaum, wann man sich auf festem Grund befindet und wann auf dem zugefrorenen Fluss, der dort dann in den Pyhäselkä-See mündet. Deshalb die Bezeichnung Joen-suu: der Mund des Flusses …

Da kommt mir unweigerlich in den Sinn:
Was bewegt sich und kommt nicht fort,
hat einen Mund und spricht kein Wort,
hat ein Bett und kann doch nicht schlafen,
und birgt für manchen einen sicheren Hafen.

Trotz der winterlichen Bedingungen fahren viele hier mit dem Fahrrad durch den zentimeterhohen Schnee. Alles geht seinen normalen Gang, obwohl es den ganzen Tag geschneit hat. In einer deutschen Stadt wäre längst Chaos ausgebrochen, die Schulen hätten sicherheitshalber den Unterricht ausfallen lassen. Der deutsche Winterdienst würde vermutlich Sonderschichten einlegen angesichts des Dauerschneefalls. Hier bleibt er einfach mal liegen. Erst in der Nacht hört und sieht man die Schneeräumfahrzeuge, die dann Straßen und Gehwege von der obersten Schneeschicht befreien. Der Pulverschnee wird zu Bergen am Straßenrand aufgetürmt. Und beim nächsten Schneefall wird an den Türmen weitergebaut.

Zum Aufwärmen machen wir Rast in einem nepalesischen Lokal, in dem friedlich neben asiatischen Lampen, Kerzenständern und Bildern eine große Finnland-Fahne an der Wand hängt.

Joensuu erlebt einen starken Zuzug, nicht zuletzt aufgrund der Universität und des großen Sportzentrums, in dem nicht nur Eishockey, auch Basketball und Fußball trainiert werden.

Ralf trainiert hier auch »seine Mädchen«. Der Job macht ihm Spaß, und aus Finnland will er unter keinen Umständen wieder weg, auch wenn es monatelang eine Herausforderung ist, mit dem Fahrrad unterwegs zu sein. Und minus 35 Grad im Gesicht doch ein bisschen wehtun. Er will seine Mädchen- und Frauenmannschaft weiter aufbauen und zum Erfolg führen. Und er ist Finnland-Fan. Mit Leib und Seele. Davon wird ihn nichts und niemand abbringen.

95. GRUND

Weil Eis auch Brücken baut

Juuka ist ein kleiner, eher verschlafener Ort mit rund 5.000 Einwohnern und einem berühmten Ofenhersteller, der vielen Menschen Arbeit bietet.

6.000 Touristen waren 2015 hier, als Nächstes peilt man ehrgeizig 10.000 an. Juuka will berühmt werden. Nicht nur durch seine Lage am wunderschönen Pielinen in Nordkarelien, die Handwerkskunst, vor allem aus Stein, sondern durch einzigartige Bauten aus Eis.

Alles begann mit einem Dom aus Eis, den Studenten in Juuka errichteten. Es folgte die Kathedrale, Gaudís Sagrada Família in Barcelona nachempfunden. Und jetzt eine Brücke. Die längste Eisbrücke der Welt. Nicht irgendeine. Sondern nach 500 Jahre alten Plänen von Leonardo da Vinci. Eine Brücke, die der berühmte Baumeister und Künstler im Auftrag des Sultan über den Bosporus bauen sollte. Doch niemand konnte sich das damals vorstellen. Die Brücke wurde nie gebaut.

Bis 2014 holländische Studenten der Universität Eindhoven zusammen mit ihrem Professor diesen kühnen Plan fassten. Welches Land eignet sich besser dafür als Finnland? Ein Land, in dem es im besten Fall sechs Monate lang Winter ist. In dem das Thermometer wochenlang nicht über null klettert. Die Wahl auf Juuka in Nordkarelien fiel dann mehr oder minder zufällig. Ein Niederländer, der dort ein Sommerhaus hat, brachte die Architekturverrückten auf die Idee.

Doch so einfach ist es nicht. Es braucht Sponsoren für ein solch engagiertes Projekt und eine Menge Unterstützung, Mut und Geduld.

Als ich in Juuka ankomme, werde ich freundlich von Jouni empfangen. Schon auf der Fahrt zu meiner Unterkunft bekommt Jouni leuchtende Augen, wenn er von der Jääsilta – der Eisbrücke – spricht. Er ist bereits pensioniert und engagiert sich als Volunteer, also als Freiwilliger, an dem Projekt. Zum anderen sei er dort ja auch fast zu Hause, schließlich habe er 30 Jahre lang in der Firma gearbeitet, die jetzt Logistik, Räumlichkeiten, Material und den Platz zur Verfügung stellt, damit die Eisbrücke gebaut werden kann.

Doch das reicht bei Weitem nicht. Es braucht viele freiwillige Helfer, es braucht Computerprogramme für die Sicherheit, Material, schwere Maschinen, Ausrüstung, warme Bekleidung, Unterkünfte und vieles mehr.

Kaum treffe ich in meiner Unterkunft ein, lerne ich zwei Projektleiter aus Belgien und Portugal kennen. Jan und Paolo kommen gerade vom Eisfischen, und ich weiß nicht, ob ich die roten Wangen als Begeisterung deuten soll oder ob sie schlicht der Kälte geschuldet sind. Ich erfahre, dass sie keinen einzigen Fisch gefangen haben, dafür aber Teil des Projekts sind, an dem mittlerweile zehn verschiedene Universitäten mitarbeiten. Auch die belgischen Studenten auf dem zugefrorenen See haben das meditative Eisfischen mittlerweile aufgegeben und beginnen eine Schneeballschlacht. Das vertreibt mit Sicherheit auch den letzten Fisch, wenn denn hier in der Gegend heute einer war. Das Eisfischen wurde im Übrigen von den Einheimischen organisiert, die sich sehr aktiv in das Eisvorhaben einbringen, aber auch für ein abwechslungsreiches Freizeitprogramm sorgen. So dürfen die »Locals«, wie sie der Einfachheit halber genannt werden, auch eigene Projekte auf dem großen Feld konstruieren und errichten. Im Gegenzug helfen sie den Studenten. Sie wissen, was man wo organisieren kann, und jeder kennt jeden im Ort. Da ist es kein Thema, mal eben schnell einen Kran oder einen Bagger zu organisieren. Außerdem kennen sie sich weit besser mit dem finnischen Winter und seinen Eigenarten aus. Zwischenzeitlich haben die Locals eine 300 Meter lange Eismauer gebaut, die einen schönen Rahmen bildet und für die einfach mal eine Woche lang eine Schneekanone Tag und Nacht lief. Neben der Eisbrücke entstehen Iglus, eine Aussichtsplattform, eine Schneebar, eine Candela-Pavillon-Muschelkonstruktion und ein Schnee-Park, den belgische Studenten entwickeln, und von dem aus man einen guten Blick auf die Eisbrücke hat. Im Vorfeld bereits haben die Studenten einen gefrorenen Wasserfall erschaffen, der nun das Abbruchgebiet der ansässigen Tulikivi-Steinofen-Firma schmückt.

Die Eisbrücke ist das dritte große Projekt, das die Universität Eindhoven in Juuka realisiert. Pentti hat viele Jahre Erfahrung mit dem Bau von finnischen Holzhäusern. Jetzt hilft er den Studenten bei den nötigen Hilfskonstruktionen aus Holz und baut mit ihnen zusammen die Schneebar, die ein wenig an eine kleine Kirche erinnert mit rundem Altarraum und länglichem Kirchenschiff. Gerade sind die 55 Zentimeter dicken Eisblöcke angeliefert worden, die Pentti gestern aus dem angrenzenden See Pielinen geschnitten hat. Der 93 Kilometer lange See ist der fünftgrößte See Finnlands. Pentti will aus den Eisquadern Tische schnitzen für die Bar.

Auf die Frage, warum er hier mitmacht, sagt er: »Einfach aus Spaß an der Freud. Es macht Spaß, mit den jungen Leuten aus anderen Ländern zusammenzuarbeiten. Und ich kann neue Erfahrungen sammeln. Wie Holz funktioniert, weiß ich. Jetzt lerne ich, wie sich Eis und Schnee beim Bauen verhalten.« Das war ziemlich viel für die als schweigsam geltenden Finnen. Das war es dann aber auch schon, was Pentti mir heute an Fragen beantworten mag. Stattdessen schaufelt er weiter Schnee aus seiner Burg. Denn es hat in der Nacht kräftig geschneit.

Der Kran mit einem Personenkorb schraubt sich gerade an der Eisbrücke vorbei nach oben. Im Korb steht dick eingepackt einer der Studenten, der aus der Luft den Schnee mit einer Art Gebläse von der Oberfläche pustet.

Die jungen Leute arbeiten rund um die Uhr in 3-Stunden-Schichten. Selbst bei knapp minus 40 Grad. »Selbst wir vom Media-Team haben in dieser Zeit mitgearbeitet, sonst wäre hier alles eingefroren«, erklärt mir Stan van Breemen. Er gehört zum achtköpfigen Media-Team aus den Niederlanden, das das Projekt begleitet, dokumentiert und sich um die Verbreitung und Öffentlichkeitsarbeit kümmert. Jede Woche produzieren sie Fotos und Videos vom Fortschritt der Eisbrücke. Und in der Tat war bei den arktischen Temperaturen von bis zu minus 40 Grad und mehr die Herausforderung zunächst die, alle Maschinen, Computer und insbesondere die Eismaschine am Laufen und deren Zuläufe offen zu halten. »Ideal sind minus 15 Grad zum Arbeiten, das Eis friert sehr schnell und man kommt gut voran«, erzählt Stan. »Bei minus 30 Grad fängt das Equipment an zu frieren, und bei minus 40 frieren die Schläuche langsam zu.«

Denn die Brücke wird Schicht um Schicht aufgebaut. Auf einer komplizierten Ballonkonstruktion wird Eiswasser aufgesprüht. So entsteht Lage für Lage Eis, die irgendwann so haltbar ist, dass im fertigen Zustand ein Auto darüberfahren können soll.

Der Druck in der ballonartigen Struktur wird permanent von einem extra dafür entwickelten Computerprogramm überwacht. Dabei ist es kein richtiger Ballon, es ist eher eine fest verschnürte Plane, die an mehreren Ecken fest am Boden verankert ist. Das Eis wird in einem danebenstehenden Zelt produziert, in einem Container wird Wasser mit Zelluloseschnitzeln vermischt, um der Eiskonstruktion mehr Halt zu geben. Das Wasser dafür kommt aus einem örtlichen Reservoir. Befindet sich zu viel oder zu wenig Druck unterhalb der Eiskonstruktion, und droht diese einzustürzen, schlägt die extra dafür entwickelte Software hörbar und sichtbar für alle auf dem Gelände Alarm.

Es ist das Abschlussprojekt der beiden niederländischen Studenten Roel Koekkoek und Thijs van de Nieuwenhof. Beide studieren Gebäudetechnik an der TU Eindhoven und sind begeistert vom Eis als Baumaterial. Als wir ins Reden kommen, kann man die Leidenschaft der beiden fast mit Händen greifen. »Es hat eine unglaubliche Schönheit«, so Roel. »Es ist schnell und leicht zu verarbeiten, und es verschwindet dann irgendwann wieder. Es ist nichts für die Ewigkeit.«

Sie hoffen auf bessere Wetterbedingungen, der momentane Stillstand macht sie unruhig. »Erst war es zu kalt, einige Maschinen sind kaputtgegangen, jetzt ist es zu warm. Wir brauchen ein paar mehr Minusgrade. Vielleicht können wir schon heute Nacht weiter Eis sprühen:«

Ihr Traum pusht sie regelrecht. »Wir arbeiten viel, schlafen wenig, und wenn, dann träumen wir von Eis, und trotzdem gibt uns die Atmosphäre hier unglaublich viel Energie.« So arbeiten sie seit 30 Tagen durch – ohne einen Tag frei. Und wann immer ich auf der Baustelle herumlaufe, Roel und Thijs sind auch irgendwo, krabbeln gerade auf einen Kran, pusten Schnee von der Eiskonstruktion, kontrollieren die Maschinen.

Zwei Dinge begeistern Thijs vor allem: »Normalerweise baut man als Abschlussarbeit ein Modell. Aber man weiß nie, ob es funktionieren würde. Wir machen es real! Zum anderen arbeiten hier 175 Freiwillige *in the middle of nowhere* (in der Mitte von Nirgendwo). Und nur deshalb, weil sie uns helfen wollen. Das ist schier unfassbar!«

Es schneit immer noch. Zwischendurch suchen die Mitarbeiter Unterschlupf in einem beheizten Bauwagen, ruhen sich aus und tanken ein bisschen Wärme. »It's an once in a lifetime experience« (eine Erfahrung, die man nur einmal im Leben macht), sagt Stan mit leuchtenden Augen und zieht sich wieder seine Handschuhe an. Und gerät dann ins Schwärmen. Einmal habe er abends Polarlichter gesehen. Die grünen Streifen am Himmel haben ihm Gänsehaut verursacht.

Viele Freiwillige aus dem Ausland engagieren sich für die Eisbrücke. Das Lockmittel: Eine Woche Kost und Logis kostet 350 Euro. Zwei Wochen oder auch sieben Wochen kosten genauso viel. Die Freiwilligen leben in einem ehemaligen Restaurant im Ort. Sie kochen selbst und schlafen schichtweise in einem großen Schlafsaal.

»Houston, wir haben ein Problem«, kommt mir am nächsten Tag in den Sinn. Es schneit unentwegt und ist mit wenigen Grad unter null viel zu warm, um Eis zu produzieren. Stattdessen muss unentwegt der Schnee von der Ballkonstruktion gefegt werden, damit der Druck auf selbige nicht zu groß wird. Erst zu kalt, dann zu warm – das wirft den gesamten Zeitplan durcheinander.

Öffentlichkeit und Sponsoren sind sehr wichtig, sagt Arno Pronk, Architekt und Forscher an der Technischen Hochschule Eindhoven, der die Verantwortung für das gesamte Projekt trägt.

»Die Studenten sind engagiert, der Teamgeist ist gut, und mit sieben Nationalitäten sind wir ein netter melting pot.« Er wundert sich über die große Aufmerksamkeit, die das Projekt international erfährt, und sagt schmunzelnd: »Niederländer in Finnland im Winter, das scheint unüblich und von daher sexy zu sein.«

Pronk zeigt sich zuversichtlich, rechtzeitig bis zur geplanten Eröffnung fertig zu sein. Die Wetterprognosen sagen für die nächsten Tage kälteres Wetter vorher. Der Schneefall soll nachlassen und dann ganz aufhören.

Trotz aller Widrigkeiten finden die Studenten am Abend Zeit, Eishockey zu spielen. Die örtliche Eishockey-Herrenmannschaft hat eingeladen, wer gewinnt, ist letztlich egal, es geht mehr um den Spaß. Die Einheimischen organisieren auch Huskytouren und andere Events für die Studenten. Und es ist ihnen anzusehen, dass sie sich freuen, dass im Winter was los ist in ihrem ansonsten so beschaulichen Dorf. Und das ist neben der technischen und architektonischen sicher auch die soziale oder interkulturelle Leistung des Projekts: Es bringt nicht nur Studenten unterschiedlicher Fachrichtungen, Universitäten und Länder zusammen. Es bringt auch Einheimische und Auswärtige zusammen, viele verschiedene Nationalitäten, Alte und Junge, Kopf- und Handarbeiter. »Hier herrscht eine andere Form der Gemeinschaft«, erklärt Thijs. »Die Menschen arbeiten mehr und enger zusammen und inspirieren sich gegenseitig.«

»Die Finnen sind die nettesten Menschen, die ich kenne«, sagt der holländische Student Stan. »Sie sind so gastfreundlich, hilfsbereit und heißen einen willkommen.« Einmal seien sie mit dem Auto von der rutschigen Schneefahrbahn abgekommen. Ein Nachbar habe sie dann rausgezogen und so lange alle Besorgungen für sie erledigt, bis sie wieder mobil waren. »Und er wollte im Gegenzug nichts dafür«, sagt Stan bis heute überrascht und begeistert zugleich. »Die Finnen sind allerdings auch verrückt. Die arbeiten noch bei minus 35 Grad und finden nichts dabei!«

Heidi Tanskanen von der örtlichen Stadtverwaltung ist eine von Dutzenden, die im Hintergrund arbeiten und organisieren. So besuchen an diesem Tag über 100 Schüler der umliegenden Schulen das Projekt, dürfen außerdem mit dem Schlitten vom sieben Meter hohen als Aussichtsplattform gedachten Schneeberg runtersausen und ausprobieren, wie man aus groben Schneeklötzen Schneeskulpturen meißeln, sägen und schlagen kann.

Kurz vor der Eröffnung dann die große Enttäuschung: Um vier Uhr morgens bricht die Brücke zusammen. Es war zu lange zu warm. Die Eisschichten begannen zu schmelzen, und irgendwann wurden sie zu schwer. Der große Traum von der größten Eisbrücke der Welt – ausgeträumt. Die Enttäuschung ist allen anzumerken. Doch man tröstet sich gegenseitig, spricht sich Mut zu und betont die guten Seiten dieser Geschichte. Eine dieser guten Seiten ist das Fußballspiel vor ein paar Wochen, als Einheimische und Studenten gegeneinander angetreten sind. »Das war wohl das erste Mal, dass Finnland im Fußball gegen die Niederlande gewonnen hat.«

96. GRUND

Weil Winterlandschaften zum Einpacken sind

Mitte Januar sitze ich im Zug nach Joensuu und habe zehn Tage Helsinki hinter mir. Zehn intensive Tage, davon fünf auf der Reisemesse MATKA, zu der parallel die Nordic Blogger's Experience stattfand, eine Konferenz für Reiseblogger.

Ich habe das Gefühl, schon wochenlang hier zu sein. So erlebnisreich, so schneereich, so abwechslungsreich.

Draußen vor dem Fenster zieht die typisch finnische Landschaft an mir vorbei: dicht verschneite Wälder, gefrorene Straßen, Industriegebiete, Einkaufszentren, rote Holzhäuser, kleine verschlafene Bahnhöfe, die verlassen wirken, würde da nicht ein Bahnhofsmitarbeiter auf den einfahrenden Zug warten. Gezuckerte hölzerne Bahnhofsgebäude wie aus dem Film *Doktor Schiwago*. Fichten und Birken, die sich in ihrem weißen Kleid aneinanderzuschmiegen scheinen, als wollten sie sich wärmen. Ja, es ist kalt in Finnland. Seit Wochen hat das Thermometer die null Grad nicht mehr überschritten. Im Gegenteil: Oft lag es tagsüber im zweistelligen Minus-Bereich. Die Seen sind zugefroren, die Häfen werden nur von den Eisbrechern abgehalten, eine dicke Eisschicht anzusetzen.

Endlos scheinende Wälder ziehen an mir vorbei, und ich genieße den Ausblick. Würde am liebsten sofort den Zug verlassen und dick eingemummelt und mit Kamera bepackt da rausstapfen und jede Schneeflocke einzeln begrüßen.

Durch die weiße Zeichnung werden die Konturen der Bäume, der Äste und Zweige noch deutlicher. Als würden sie erst jetzt richtig zeigen können, wie schön sie sind.

Ich kriege einfach nicht genug von dieser Landschaft. Möchte sie festhalten, mit Worten und mit Fotos – einpacken, mitnehmen und nie wieder hergeben. Je weiter ich Richtung Norden fahre, umso mehr verschwinden alle Schwarz- und Grautöne, und das Weiß übernimmt die alleinige Regie. Weiß in allen Formen, Varianten und Schattierungen. Die Bäume regelrecht fest- und eingefroren, selbst die schlanken, nach oben treibenden Stämme und jeder Ast sind weiß gefroren. Die Seen unterscheiden sich nicht mehr von den Wiesen. Höchstens durch ihre rundere Form und ab und zu ein paar Booten am unsichtbaren Ufer. Eine Märchenlandschaft aus Weiß. Ich muss aufpassen, mein Herz läuft über.

Dabei vergisst man schnell die Gefahr, die von dieser bezaubernden Schönheit auch ausgeht. Wälder, in denen man sich verirren kann, erfrieren kann, im Sommer in den Sümpfen ertrinken kann.

Vier Stunden Zugfahrt, und es hört nicht auf. Es treibt mir die Tränen in die Augen. Vor Glück, vor Sehnsucht, vor Heimweh. Diese Landschaft macht was mit einem – macht was mit mir. Die

Unberührtheit, ihre Erhabenheit, ihre Bescheidenheit. Ihre raue und zugleich zarte und verletzliche Schönheit. So gewaltig, es verschlägt mir den Atem. Ich möchte sie am liebsten umarmen. Ich kriege Gänsehaut bei dem Anblick dieser nicht endenden Wälder und zugefrorenen Seen.

In nur 29 Sekunden wächst in Finnland so viel Holz nach, dass man ein mittleres Haus daraus bauen kann. Unvorstellbar, oder?

97. GRUND

Weil der Sportsgeist wach ist

Wenn du raten solltest, welches Land auf der Welt die meisten olympischen Medaillen pro Einwohner gewonnen hat, würdest du auf Finnland kommen?

Bis 2012 haben die Finnen 302 Sommer- und 156 Wintermedaillen geholt, das sind fast 85 olympische Medaillen pro eine Million Einwohner. Und das sind zehnmal mehr Medaillen als die USA.

Manchmal zahlt es sich aus, eine kleine Nation zu sein. Es kommt halt auch immer drauf an, welchen Vergleichsmaßstab man wählt! So verwundert es auch nicht, dass bei internationalen Wettkämpfen alle finnischen Daumen gedrückt sind, wenn ein finnischer Sportler an den Start geht. Internationale Wettbewerbe sind ein kollektives Ereignis und somit zugleich identitätsstiftend. Wobei sich hier natürlich auch eine klar patriotische Haltung ablesen lässt. Aber in der Tat, die Finnen sind ein sportbegeistertes und sehr sportliches Land.

Zählt man das Angeln mit, übt jeder regelmäßig zumindest eine Sportart aus. Dabei sind die konditionell anspruchsvolleren Sportarten durchaus hoch im Kurs. Das hängt vermutlich auch mit dem nicht gerade lebensfreundlichen Klima zusammen. Wer schon mal längere Zeit durch knietiefen Schnee gestapft ist, oder Gepäck durch selbigen transportieren musste, weiß, wovon ich spreche.

Möglicherweise wirkt auch bis heute der legendäre Paavo Nurmi nach, der Langstreckenläufer, der in den 1920ern neun olympische Goldmedaillen holte. Das Phänomen, dem schon zu Lebzeiten ein Denkmal gesetzt wurde, vor dem Stadion in Helsinki. In den Ausdauersportarten wurden die Finnen berühmt, im Skilanglauf etwa, aber auch im Skispringen und Eisschnelllauf macht ihnen keiner so schnell was vor. Berühmtheit erlangten sie auch im Motorsport. Vermutlich kennst du mehr finnische berühmte Rallye- und Formel-1-Fahrer als Schriftsteller.

Aber auch für Breitensportler sind die Möglichkeiten immens. Viele Sportplätze sind hervorragend ausgestattet. Sportgeräte kann man sich kostenlos ausleihen, und es besteht allgemeines Vertrauen, dass man sie nach Benutzung wieder an denselben Ort zurückstellt. Es besteht Konsens darüber, dass sportliche Betätigung gesund ist. Und offenbar tun es auch alle. Im Winter Langlauf, im Sommer Joggen oder zumindest Nordic Walking. Wer fitter ist, hält auch den Winter besser durch und bekommt nicht so schnell depressive Verstimmungen.

Ein abendlicher Spaziergang durch einen Park, sei es in Helsinki oder in Oulu, kann einem dagegen sehr schnell eine depressive Verstimmung, zumindest aber ein schlechtes Gewissen bescheren. Wenn man nämlich weit und breit der Einzige ist, der nicht im Fitnessdress durch den Park hechtet, zwischendurch die Pulsuhr kontrolliert und neuerlich versucht, seine eigene Bestzeit zu übertrumpfen.

Aber an Nummer eins, was Popularität angeht, steht unangefochten Eishockey. Mein erstes Eishockeymatch live war in Oulu: der örtliche Club *Kärpät* gegen den zu der Zeit amtierenden Meister Ässät aus Pori. Strenge Taschenkontrollen am Eingang, weil gern Alkohol eingeschmuggelt wird, ansonsten auffallend wenig Security im Vergleich zu Fußballspielen in Deutschland. Die Halle selbst abgedunkelt, nur die Eisfläche angestrahlt. Die Fans dagegen singen sich schon mal warm. Megafone, Fanfaren, Flaggen – das ganze Programm. Als die Eishockey-Cracks aufs Eis kommen, gleicht es dem Einmarsch der römischen Gladiatoren im Kolosseum. Säulen aus spritzenden Feuerwerken und Flammen begleiten die Stars, untermalt mit den typischen Sieger-Kampf-Glorreich-Hymnen, wie man es sonst nur von Boxer-Legenden kennt. Ich stehe inmitten der *Kärpät*-Fankurve und lass mich von der Begeisterungswelle anstecken. Fast ununterbrochen wird gesungen, angefeuert von einem Typen ganz vorn mit Megafon, er führt Regie, gibt den Ton und den Takt vor. Jede Schiri-Entscheidung wird lautstark kommentiert, einige ziehen sich vor lauter Ärger die Mütze vom Kopf, andere haben schon ganz rote Wangen vor lauter Anspannung. Das Spiel ist irrsinnig schnell, der Puck zu schnell für meine Augen. Kurz vor Schluss endlich das erlösende Tor für Oulu. Die Halle kocht. Die Eishockey-Cracks defilieren noch mal an der Fankurve vorbei und verschwinden in den Katakomben der Eishalle. Und ich kann mich des Eindrucks nicht erwehren, dass die Fahnen, Schals und Trikots beim Verlassen der Halle mit noch ein wenig stolzerer Brust hervorgehoben werden als vor Beginn des Spiels.

98. GRUND

Weil es das Land des Granits ist

Berge oder Hügel sind eher eine Seltenheit in Finnland. Die Endmoränenlandschaft ist bis heute geprägt von der letzten Eiszeit. Findet sich doch mal ein Hügel, wie etwa bei Levi in Lappland, dann baut man gleich ein Skizentrum drum herum. Der höchste Berg ist der *Haltitunturi* in Lappland mit beachtlichen 1.324 Metern an der Grenze zu Norwegen. Tunturi bezeichnet die baumlosen Hochflächen im Norden des Landes.

Dafür gibt es umso mehr Granit. Urgestein, das Millionen und Abermillionen Jahre alt ist. Überall kommt es zum Vorschein: an der Küste, auf den Schären, an den Seen, in den Wäldern, in den

Städten. Zwischen Mehrparteienhäusern ragt einfach mal ein gigantischer Granitfels aus dem Boden. Oder taucht plötzlich wie eine Mauer am Straßenrand auf. Felsen begegnen einem überall im Land. Mal gesprengt, damit eine Straße oder Schienen durchgeführt werden können, in den überwiegenden Fällen jedoch naturbelassen und unberührt.

Der Boden der Eifel im deutschen Mittelgebirge wird auf 500 Millionen Jahre geschätzt, die Alpen auf 50 Millionen Jahre. »In Finnland aber befindet man sich auf einem Teil der Erdkruste, der mehr als fünfmal so alt ist wie der Eifelboden, und 50-mal so alt wie die Alpengipfel. Das macht schon einen Unterschied aus! Und umso mehr, wenn man sich daran erinnert, dass das Erdalter auf 4,5 Milliarden Jahre bestimmt ist.«[55]

Die Erdkruste in Finnland ist außergewöhnlich dick, so dick, wie man es nur unter einem Gebirge wie den Alpen vermuten würde. Um die 50 Kilometer stark, haben Forscher herausgefunden, während die Erdkruste in Deutschland im Schnitt nur 30 bis 50 Kilometer aufweist.[56]

Aber auch Steine, denen heilende Wirkung nachgesagt wird, finden sich in Finnland. Der Spektrolith zum Beispiel. Dieser Edelstein, der eine besondere Art des Labradorits ist, hat seinen Namen aufgrund seiner Farbenvielfalt. Er glitzert und funkelt in sämtlichen Spektralfarben. Er soll Fantasie und Kreativität beflügeln, das Erinnerungsvermögen und die Intuition verbessern.

Ein wirklich einzigartiges Material ist Schungit, das nur in Ostfinnland und Russisch Karelien vorkommt. Es ist nicht einmal sicher, ob es sich dabei wirklich um ein Mineral handelt. Einige Theorien gehen davon aus, dass dieses Material aus dem Kosmos kommt. Es weist nämlich eine weltweit einmalige Sonderform des Kohlenstoffs auf, sogenannte Fulleren. Die kommen sonst nicht auf der Erde, sondern nur im Kosmos vor. So ist es kaum verwunderlich, dass man diesem Gestein schon fast wundersame Kräfte zuschreibt: Es entgiftet, bekämpft freie Radikale, reinigt, heilt, verjüngt und lindert Schmerzen. Und das alles, ohne dass sich die Wirkung des Schungits verringern würde.

Mit dem Stein kann man – wie mit anderen auch – Wasser energetisieren. Dabei sieht er ganz unscheinbar aus: grau bis schwarz, wie ein Stück Stein gewordene Holzkohle. Viele Heiler schwören auf jeden Fall drauf und berichten von sensationellen Heilerfolgen.[57]

Beim Thema Heilen fällt mir noch ein: Finnland hat einen einzigen Heiligen: Heinrich von Uppsala – genannt Bischof Henrik. Er soll im 12. Jahrhundert als Missionar und erster Bischof von Finnland gewirkt haben, bis er von einem Bauern auf einem zugefrorenen See erschlagen wurde. Allerdings sind die historischen Quellen widersprüchlich, und niemand kann sicher sagen, ob es den einzigen finnischen Heiligen wirklich gegeben hat. Eines der Wunder, die man der Legende zuschreibt, ist der abgetrennte Finger des Bischofs. Nach seiner Ermordung soll eine Eisscholle den abgetrennten, beringten Finger ans Ufer geschwemmt haben. Dieser Finger wurde im 17. Jahrhundert zum Symbol des Bistums Turku und Heinrich Schutzpatron des Doms von Turku. Dessen Besichtigung lohnt sich in jedem Fall. Seine Grundzüge stammen aus dem 13. Jahrhundert, und er ist nicht nur die einzige mittelalterliche Kathedrale Finnlands, sondern auch Nationalheiligtum. Überhaupt lohnt sich ein Ausflug nach Turku, schließlich ist sie die älteste und jahrhundertelang bestimmende Stadt des Landes. Die Burg Turku liegt unweit des Hafens am nördlichen Ufer des Aurajoki und beherbergt heute das Historische Museum. Der Fluss fließt mitten durch die Stadt, und an seinen Ufern laden viele Cafés zum Verweilen ein. Hier wachsen auch die einzigen Eichen Finnlands, aufgrund des milderen Klimas im Süden und der vorgelagerten Schären. Und damit es denen auch im Winter gut geht, haben viele fleißige Händchen die Bäume bunt umhäkelt. Guerilla knitting, das Verschönern des öffentlichen Raums mit Gestricktem und Gehäkeltem, macht eben auch vor Finnland nicht Halt.

Weil es in den Zügen Smileys gibt

Ich sitze im Zug von Helsinki nach Lahti. Es ist Mitte Dezember, und ganz Finnland wartet sehnsüchtig auf Schnee. Denn er macht die Welt in der dunklen Zeit wenigstens ein bisschen heller.

Ich lasse die Landschaft an mir vorüberziehen. Der Schaffner kommt und druckt dem kleinen Jungen mir gegenüber mit seinen von der Wollmütze verstrubbelten Haaren, der mit seinen drei Jahren besser finnisch spricht als ich, ein Ticket aus seinem mobilen Ticketprinter aus. Doch kein normales Ticket, sondern ein großes Smiley-Gesicht prangt auf dem Thermopapier. Der Junge staunt erst unsicher, aber dann zeichnet sich langsam ein Lächeln auf seinem Gesicht ab, das wie in Zeitlupe zunimmt und sich vom Mund über die Wangen und die Augen zieht, ein Lächeln, das aus der Unschuldigkeit eines kleines Herzens kommt. Er strahlt den Schaffner an, als hätte er gerade ein Türchen im Adventskalender geöffnet. Voller Stolz zeigt er seiner Mama das Smiley-Ticket. Auch sie lächelt. Der Schaffner sowieso.

So einfach ist es. Darum geht es doch im Leben, denk ich mir. Der Schaffner zieht weiter und verkauft Tickets. Er kontrolliert keine. Treu und Glauben. Man vertraut sich. Wer kein Ticket hat, wird sich schon von sich aus melden.

Wir lassen die Stadt hinter uns. Die Wälder nehmen zu und wechseln sich mit vereinzelt eingestreuten Wiesen ab. Dann endlich: der erste Schnee! Jetzt ist ER es, der MIR ein Lächeln aufs Gesicht zaubert. Nur ganz wenig Pulverschnee, sodass die Wiesen, die Äcker, Sträucher und Wege immer noch durchscheinen.

Wir haben die Stadt verlassen – als ob die Stadt zu viel Wärme produziert und der Schnee deswegen nicht bleiben kann. Vertrieben aufs Land. *Suuri on maa*, ein Gedicht des finnischen Dichter Eino Leino, kommt mir in den Sinn. *Groß ist das Land.*

Und voller Birken. Birken – Birken – Birken – und ein Hauch von Weiß.

100. GRUND

Weil man immer irgendwo ankommt: Juuka

Ihre Großmutter hatte 21 Kinder – fünf Zwillinge darunter. Eija und ihr Mann Jouni sind in Juuka geboren, er 1961, sie 1966. Er ist bereits pensioniert, weil er Diabetes hat und was am Herzen. 30 Jahre lang hat er im Ort bei der größten Firma gearbeitet, eine weltweit operierende Ofen-Firma. Öfen, die er in vielen Ländern Europas aufgebaut hat. In Belgien war er unter anderem und in den Niederlanden.

Heute wohnen sie in einem schönen alten gelben Holzhaus in Unnanlahti, unweit von Juuka. Zusammen mit Luis, einem neugierigen und sehr quirligen kleinen Jagdhund.

Viele Pokale stehen im Wohnzimmer, das von einem riesigen Kaminofen in der Mitte dominiert wird. Die Auszeichnungen hat Jouni für Bestplatzierungen beim Schießen und beim Skifahren erhalten. Ursprünglich war das Haus ein Kaufhaus. Jouni hat es zusammen mit seiner Frau umgebaut zu einem Wohnhaus. Und das Wohnzimmer ist so groß, dass neben Schaukelstühlen und Sofas locker auch eine große Gefriertruhe neben dem Wäscheständer Platz hat und beides gar nicht auffällt.

Hier sind nicht die Flüchtlinge das Problem, es gibt hier gar keine. Hier sind die Wölfe Thema Nummer eins. Erst vergangene Nacht wurden zwei mitten in einem Wohngebiet gesichtet.

All das erfahre ich schon am ersten Tag von ihnen. Sie bieten mir ihre Gastfreundschaft an. Ich darf unterm Dach schlafen und habe da zwei Räume für mich. Alte hellblau getünchte Holzstufen ziehen mich im Halbkreis drehend nach oben. Ich muss mich bücken, um nicht an den Dachbalken anzustoßen. Altweiße Kassetten-Holztüren mit abgewetzten Griffen führen in die kleinen Dachzimmer, von denen aus ich einen wunderbaren Blick auf den angrenzenden Wald und ein weites Feld habe, ein Feld, von dem ich noch nicht weiß, ob sich darunter eine Wiese oder ein See oder ein Fluss verbirgt. Und eine rote leicht nach rechts driftende Scheune mit zugefrorenen Fenstern und gelben großen Toren in meinem linken Blickfeld.

Als Erstes bieten sie mir Kaffee an. Als Zweites ihren Computer mit Internetanschluss. Sie zeigen mir Fotos von ihren Eltern, Großeltern, Tanten, Onkels und Brüdern. Jouni hat sieben Brüder und fünf Schwestern. Neben den Pokalen stehen mehrere Körbe übervoll mit Wolle unterschiedlichster Stärke und Farben. Der Hund rennt übermütig über die bunten gewebten Teppiche, die auf dem Holzboden verrutschen und sich wellen und überschlagen. Aus der Küche duftet bereits der Kaffee. Auf dem massiven Holztisch mit den Holzbänken warten bereits sonnengelbe Tassen und *munki*. Ich fühle mich willkommen.

Noch am gleichen Tag bekomme ich lindgrüne selbst gestrickte Wollstrümpfe von Eija geschenkt. Sie sind mollig warm und dienen gleichzeitig als Hausschuhe.

Drei Tage bleibe ich dort. Und jedes Mal, wenn ich »nach Hause« komme, werde ich freundlich begrüßt, und daran schließt sich meist sofort die Frage an: Kaffee?

Und dann sitzen wir zusammen und erzählen uns, was wir erlebt haben oder was uns gerade beschäftigt. Und nach zwei Tagen habe ich bereits das Gefühl, wir wären alte Freunde. Wann immer bieten sie mir ihre Hilfe und Unterstützung an. Als ich nach drei Tagen weiterziehe und mich verabschiede, hallt das *»Tervetuloa uudelleen«* – jederzeit willkommen – noch lange in meinen Ohren.

KAPITEL 11

KURZWEILIGES

Gut zu wissen

101. GRUND

Weil Otto überall ist

Otto ist nett. Otto lauert hinter jeder Ecke, er ist in der Nähe jeder Sehenswürdigkeit und in jedem Einkaufszentrum zu finden. Rund um die Uhr, an jedem Tag der Woche, das ganze Jahr hindurch.

Otto spuckt Geld aus. In Finnland muss man nicht nach seiner eigenen Bank suchen, um ohne zusätzliche Gebühren Bargeld abzuheben. Otto ist ein Zusammenschluss aller Banken. Egal, bei welcher Bank man ein Konto hat, Otto wird seinen metallenen Schlitz öffnen und einem freigiebig einen oder mehrere Geldscheine offerieren. Das ist praktisch und spart eine Menge Zeit, weil man nie lange suchen muss, bis irgendwo die vier Buchstaben OTTO leuchten.

Dabei brauchen die Finnen kaum Bargeld. Das meiste wird mit Scheck- oder Kreditkarte bezahlt. Selbst Kleinstbeträge beim Bäcker oder in den vielen Selbstbedienungs-Cafés zahlt man selbstverständlich mit Karte. Etwas, was eine Finnin, die der Liebe wegen nach Österreich gezogen ist, am Anfang regelrecht schockierte. »Ständig und überall braucht man Bargeld«, klagte sie. »Selbst beim Bäcker!« Das sei sie nicht gewohnt, immer und überall so viel Bargeld dabeihaben zu müssen. In Finnland könne man selbst im Bus mit Kreditkarte zahlen.

So verwundert es kaum mehr, dass die Finnen bei der Einführung des Euro gleich auf die 1- und 2-Cent-Münzen verzichtet haben. Niemand braucht sie, sie sind nicht wirklich Geld in den Augen der Finnen, und sie machen nur den Geldbeutel unnötig schwer. Trotzdem gibt es in den Läden Preisauszeichnungen mit 99 Cent. An der Kasse wird dann einfach je nach Gesamtsumme auf- und abgerundet, und irgendwie gleicht sich das dann schon über das Jahr wieder aus. Bestechend einfach. Könnte man durchaus übernehmen. Und Otto gleich mit einbürgern.

Weil Kulttuurisauna das Leben pur ist

Finnland und Sauna – das gehört zusammen wie Dick & Doof, München und Oktoberfest oder Hanni & Nanni. Sauna war immer auch ein gemeinschaftliches Ereignis, vielerorts gab es öffentliche Saunen, wo Alt und Jung, Doktor und Arbeiter nebeneinander auf den Holzbänken schwitzten. Doch mit der Individualisierung der Gesellschaft ist dieses Gemeinschaftserlebnis mehr und mehr verschwunden. Gab es in den 30er-Jahren des vergangenen Jahrhunderts noch über 100 öffentliche Schwitzanstalten in Helsinki, sind es heute nur noch sechs. Die jüngste und größte ist der moderne Sauna-Komplex *Löyly* im Stadtteil Hernesaari, direkt am Meer gelegen. Drei weitere befinden sich auf vorgelagerten Inseln. Eine davon, die hippste Variante, ist die *Kulttuurisauna* (Kultursauna), zu finden im Hafen von Hakaniemi. Direkt am Wasser gelegen, unübersehbar durch große Leuchtbuchstaben auf dem Dach, die in der winterklaren Dunkelheit schon von weithin sichtbar sind. Eine japanische Designerin und ein finnischer Architekt haben sie entwickelt und 2012, als Helsinki Design-Hauptstadt war, ins Leben gerufen. Den Namen haben sie vom weltberühmten Architekten und Designer Alvar Aalto übernommen, der die *Kulttuurisauna* als Idee für eine unkonventionelle Sauna schon in den 20er-Jahren des vergangenen Jahrhunderts aufbrachte.

Und unkonventionell ist sie. Und bewusst minimalistisch. Um nicht zu sagen: karg. Was für Puristen. Die Umkleideschränke, die simplen Haken an der Wand, ein schmales Tuch zum Draufsitzen, die nur aus einer Metallschraube bestehenden Türgriffe, ein paar einfache Holzschemel im Aufenthaltsraum. Simpelste Einrichtung, an der es nichts mehr zu reduzieren, nichts mehr zu vereinfachen gibt. Puristisch eben. Das Gebäude gleicht einem U, wodurch ein uneinsehbarer Innenhof entsteht, der sich zur Ostsee öffnet. Eine einsame Birke steht dort und eine Holztreppe führt ins Wasser, im Winter ins Eisloch. Barfuß bewegt man sich über kalten Betonboden. Selbst in der Sauna, auch hier wie üblich in Finnland nach Geschlechtern getrennt, läuft man auf grauem Beton statt auf warmem Holz.

Die beiden Saunen selbst werden noch mit Holz beheizt, und die Wärme, die dabei entsteht, wird gleichzeitig dafür genutzt, dass das Wasser der Duschen erhitzt wird. Alkohol wird nicht ausgeschenkt. Vermutlich würde es das puristische Erlebnis trüben.

Viele rühmen die Kargheit der *Kulttuurisauna* zusammen mit der Ruhe, die von ihr ausgeht, als Tempel der Kontemplation. Meine Erfahrung dagegen ist laut, dampfend, eng, hektisch. Es ging zu wie in einem Taubenschlag. Ein ständiges Kommen und Gehen wie auf einem Bahnhof, Gerempel in der engen Umkleide, permanente Aufgüsse in der Sauna, dass die Augäpfel von innen beschlugen und die Ohren glühten, lärmende Kinder und schwatzende Frauen. Konversation statt Kontemplation. Konfusion statt Konzeption. Das hatte schon wieder was Komisches. Zum Abschluss noch eine erfrischende Dusche, denn das Duschwasser war durch die Dauernutzung der vielen Gäste nicht viel wärmer als das Ostseewasser mitten im Januar.

Vielleicht war es auch nur der falsche Tag oder die falsche Uhrzeit. Ein Erlebnis ist es trotz alledem.

Vielleicht nicht das puristische, aber sicher das pure Leben!

103. GRUND

Weil Reisen sorglos ist

Wer durch Finnland reist, muss sich um manche Dinge überhaupt keine Sorgen machen. Handys funktionieren überall, das Netz ist bestens ausgebaut. Selbst in entlegensten Winkeln Lapplands gibt es in den Hotels Flachbildschirme und Highspeed-Internet – gratis WLAN ist so selbstverständlich und kostenlos wie die frische Luft.

Nicht ohne Grund, denn der Zugang zum Internet ist in Finnland ein verfassungsrechtlich abgesichertes Grundrecht. Häufig findet man auch Wasserkocher und ein kleines Sortiment an Kaffee, Tee und Schokolade vor. Einige Hotelzimmer, wie etwa bei der finnischen Hotelkette Omena, haben gar eine Miniküche mit Kühlschrank und Mikrowelle.

Beliebt sind auch die Hotelzimmer mit Kitchenette, in denen man kleine Speisen selber auf dem Herd zubereiten kann und nicht auf Restaurants angewiesen ist. Denn tägliche Restaurantbesuche gehen, wenn man nicht *lounas*, den Mittagstisch erwischt, ganz schön ins Geld.

Ferienhäuser kann man über Reiseanbieter, aber auch privat buchen. Die Schlüsselübergabe funktioniert komplikationslos, pünktlich ist jemand da, der einem das Haus mit seinen Besonderheiten erklärt. Dasselbe mit Appartements. Man holt den Schlüssel an der Rezeption oder erhält einen Code statt eines klassischen Schlüssels. Einige Hotels funktionieren ganz ohne Rezeption. Man erhält nach der Buchung einfach einen Code per SMS, und mit dem erhält man Zutritt zum Hotel, zum Zimmer und zur Sauna.

Hostels sind eine Möglichkeit, um günstig zu reisen und schnell mit anderen Reisenden ins Gespräch zu kommen. Es sei denn, man reist in den Nachsaisonzeiten. Da muss man zwar nirgends anstehen, denn im Zweifelsfall ist man der einzige Gast mit 60 Betten, und die Arbeit des einzigen Mitarbeiters, des Hotelbetreibers selbst, besteht einfach darin, einem jeden Wunsch von den Augen abzulesen. Er ist Portier, Kellner, Koch, Saunaheizer, Bademeister, alles in einem.

Zunächst hatte ich einige Sorge, als er mir gegen 21 Uhr abends erklärte, er werde nun den Hotelkomplex verlassen – und wenn ich schlafen ginge, sei es besser, die Außentüre im Eingangsbereich des Hotels zu verschließen.

Die Tragweite wurde mir erst später bewusst. Denn das wurde richtig unheimlich, nicht nur ganz allein im Hotel, sondern drum herum auch nur Wald und Wasser und Finsternis, und was da eventuell noch alles war, möchte ich gar nicht wissen. Ein anderes Mal lebte ich längere Zeit allein in einem schnuckeligen roten Holzhaus mitten im Wald. Das Haus knarrte vor lauter Winterkälte, der Ofen bollerte, die Bäume knarzten und der Wind heulte nachts sanft ums Haus. Genug Geräusche, um meine Fantasie zu beflügeln. Aber meine anfängliche Angst und übertriebene Abschließwut legte sich mit der Zeit. Wildere Tiere als Hermeline, Eichhörnchen und Vögel sind mir da auch nicht begegnet. Alle Sorgen waren bis dato unbegründet. Denn man ist sehr sicher, die Kriminalitätsrate gering, und mir bisher auf all den Reisen nie etwas zugestoßen.

104. GRUND

Weil Straßenbahnen rückwärts fahren

Helsinki hat ein gut ausgebautes System mit öffentlichen Verkehrsmitteln. Das ganze Jahr hindurch, auch in der Nacht und fast im Minutentakt fahren Busse, Straßenbahnen und Züge. Und alles mit einer einzigen Karte nutzbar. Ohne Papiertickets, alles elektronisch abwickelbar. Die gelb-grünen Straßenbahnen gehören zu Helsinki wie der Dom oder der Hafen. Sie ruckeln und zuckeln durch die Straßen, und böse Zungen behaupten, zu Fuß sei man schneller. Kontrolleure erlebt man selten, aber wenn, dann gibt es kein Entrinnen. Die checken die Tickets ebenfalls elektronisch und sind abends und nachts zu viert oder zu sechst unterwegs, plus zwei Mann von einem Sicherheitsdienst, und rollen die Bahn dann zeitgleich von hinten und vorne auf.

Aber rückwärts fahrende Straßenbahnen? Geht ja gar nicht auf Schienen, meint man. Sie setzte rund 200 Meter zurück und blieb dann einige Minuten stehen. Hinter ihr kam bereits die nächste Bahn und wartete brav. Schließlich fuhr sie an und bog kurz darauf links ab. Offenbar war eine Weiche eingefroren gewesen und hatte die Bahn in die falsche Richtung geführt.

In den Bussen zeigen die Anzeigen nicht nur an, wo man sich gerade befindet und wie die nächste Haltestation heißt, sondern auch die aktuelle Temperatur drinnen und draußen. 40 Grad Unterschied sind da durchaus drin. Kleidungstechnisch eine wahre Herausforderung. Überhaupt kommt das An- und Auskleiden fast schon einem sportlichen Training gleich. Die mehrfachen Lagen Kleidung übereinander sind angesichts der Außentemperaturen unbedingt notwendig, in den schmalen Gängen und Sitzreihen der S-Bahn aber ziemlich hinderlich. Schwitzen, frieren, schwitzen, frieren. Vielleicht trägt das zur Abhärtung bei. Dafür kann man seine Winterjacke abgraden lassen. Denn in vielen Kneipen, Diskotheken, Restaurants oder Theater ist es üblich, seine Wintersachen an der Garderobe abzugeben. Na ja, eigentlich zieht man sich noch mal komplett um – die Ausgehsachen zieht man drunter oder nimmt sie mit, schicke Schuhe hat man dabei. Und dann gibt man Winterjacke, Schuhe, Socken, Schneehose, Mütze, Handschuhe, Schal und eventuelle dicke Wolljacken an der Garderobe ab. Das kostet zwischen zwei und drei Euro. So erlebt die eigene Winterjacke über den Winter einen ziemlichen Wertzuwachs.

105. GRUND

Weil alles funktioniert und praktisch ist

Sollte man in Finnland irgendwann das Verlangen nach Kaffee haben, so lässt sich der rasch stillen. Denn Kaffee gibt es überall, zu jeder Tages- und Nachtzeit, an Tankstellen, Supermärkten, Kiosken und mittlerweile auch kleine mobile Kaffeehäuschen.

Mit viel finnisch anmutender Gelassenheit und Freundlichkeit wird so ein Kaffeewagen im Stadtteil Arabia von Sebastian geführt. Er kommt aus Mauritius und war im höheren Hotelmarketing-Management tätig, bevor er sich während des Studiums in Frankreich in eine finnische Studentin verliebte. Für Ausländer, insbesondere für gut ausgebildete Fremde sei Finnland immer noch eine große Herausforderung, sagt Sebastian. Zwar sei die Unterstützung durch den finnischen Start am Anfang großartig. Man erhalte 700 Euro allein dafür, dass man einen kostenlosen Finnischkurs besucht. Aber es dauere eben gut zwei Jahre, bis man Finnisch einigermaßen beherrsche, und das sei Grundvoraussetzung, um in Finnland einen Job zu bekommen.

Aber dann gerät er plötzlich ins Schwärmen, während er mir einen frischen Kaffee aufbrüht: »Hier funktioniert einfach alles. Das kenne ich aus anderen Ländern anders. Und meine Frau und meine Kinder sind sicher. Sie können ohne Angst zu jeder Tages- und Nachtzeit unterwegs sein. Ich muss mir keine Sorgen machen. Natürlich muss man sehr viel Steuern zahlen, aber man bekommt auch eine Menge zurück.« Gut organisierte Kindergärten und Schulen zum Beispiel, die Möglichkeit, viel Zeit mit den eigenen Kindern zu verbringen, und großartige Perspektiven für die Kinder. All das zusammen sei unbezahlbar.

Und dann noch die klare, reine Luft, das klare, reine Wasser und die viele Natur direkt vor der Haustür. Er, Sebastian, könne sich nicht mehr vorstellen, woanders zu leben. »Alles ist so gut organisiert und durchdacht.«

Weil sie Fußbodenheizung haben

Ich hatte gedacht, die U-Bahn würde so viel Wärme erzeugen, dass der Schnee in der Fußgängerzone von Helsinki schmilzt, während er in anderen Straßen liegen bleibt. Falsch gedacht.

Tatsächlich werden einige Fußgängerzonen beheizt. In Joensuu zum Beispiel auch. Statt Schnee also Schneematsch. Es soll der Sicherheit dienen und das Image fördern. Die Kosten dafür scheinen keine Rolle zu spielen. Tatsächlich ist Strom sehr günstig in Finnland. So günstig, dass in den meisten Häusern mit Strom geheizt wird. Umweltbewusste setzen dabei auf umweltfreundliche Stromanbieter, die ihren Strom aus Wasserkraft und Windkraft beziehen. Allerdings gibt es auch zwei Atomkraftwerke in Finnland, und ein weiteres ist trotz Erfahrungen von Tschernobyl und Fukushima in Olkiluoto in Bau, auf einer Halbinsel. Selbst ein Endlager gleich daneben ist bereits genehmigt. Allerdings läuft es alles andere als nach Plan. Die Bauarbeiten sind bereits um Jahre verzögert, immer neue Probleme tauchen auf, die Kosten explodieren. Atomkraftgegner sind jedoch eher rar. Finnland braucht wegen der Kälte und der Elektro- und Papierindustrie viel Energie.

Zurück zum erfreulicheren Winter. Die Wege werden zwar geräumt, eine Schneedecke bleibt trotzdem liegen. Was an sich kein Problem ist. Selbst die Fahrradfahrer im Winter, von denen es überraschend viele gibt, fahren sehr sicher über diesen Belag. Koffer über diese Schneefahrbahnen zu ziehen, insbesondere über frisch gefallenen Schnee, ist dagegen eine sportliche Herausforderung, der ich mich nicht jeden Tag stellen wollte. Rollkoffer geben schnell ihren Geist auf bei zehn Zentimeter Neuschnee, und dann fühlt es sich eher an, als würde man einen Erwachsenen auf einem schlecht gewachsten Schlitten ziehen. 500 Meter kommen einem dann plötzlich vor wie ein Halbmarathon. Der einzige Vorteil: Man friert nicht mehr.

107. GRUND

Weil das Licht anders schön ist

»Der wichtigste Grund, Finnland zu lieben, ist für mich: Sauna – und jeder, der mich kennt, würde sich wundern, wenn ich nicht damit anfangen würde. Und zwar die finnische Art. Nicht dass Brimborium mit Ruheräumen und künstlichen Aufgüssen.« Mikko Fritze sitzt mit seiner Teetasse in der Hand am großen Holztisch in seinem Büro in der Salomonkatu im Herzen Helsinkis. Er leitet das Goethe-Institut in der finnischen Hauptstadt, so wie es schon sein Vater getan hat. Die Goethe-Institute sind die weltweit tätigen Kulturinstitute Deutschlands. Sie fördern die deutsche Sprache und das Bild Deutschlands im Ausland und pflegen die internationale kulturelle Zusammenarbeit. »Finnland ist ein Stück Zuhause für mich. Helsinki ist eine sehr schöne Stadt mit der luxuriösen Lage am Wasser. Das hat mich geprägt. Egal, wo man ist, man sieht irgendwo das Meer wieder. Das finde ich toll, dass man hier Hunderte Kilometer an Küsten hat. Davon können andere Städte nur träumen.« Denn Mikko hat hier als Kind schon sechs Jahre gelebt, spricht die Sprache und ist 2010 zurückgekehrt. Dazwischen liegen Stationen in Deutschland, Südamerika und Estland.

»Weil unsere Eltern so einen positiven Bezug zum Land hatten, war es selbstverständlich und erwünscht, dass wir möglichst viel von diesem Land aufnehmen – sprich: Die Türen standen kulturell weit offen zu diesem Land, und so konnten wir unsere Persönlichkeit sozusagen ins Finnische erweitern. Und das hat mir viel gebracht.« Und so hat er fast jede Ferien in Finnland verbracht, egal wie lang oder kurz sie waren, und spricht heute ein akzentfreies perfektes Finnisch, um das ihn so mancher beneidet – mich eingeschlossen.

Wenn man Mikko über Finnland reden hört, kommt das einer Liebeserklärung schon recht nahe. »Ich liebe Wasser. Es muss nicht Meer sein. See ist auch gut. Gerade das Meer mit diesen wunderschönen vorgelagerten Schären: auch eine Sache, die ich schon als Kind miterlebt habe, weil wir direkt am Wasser gewohnt haben und so einen Blick hatten. Und dieser Blick hat mich, glaube ich, sehr geprägt. Ich mag das Klima, den Winter, die Dunkelheit. Okay, ein Monat weniger würde auch reichen. Ich mag die hellen Sommer. Die Kontraste sind sehr belebend.« Das Leben sei sehr sicher, das Schulsystem okay, das Kulturleben anregend, die Lebensqualität hoch.

Auch wenn die Sprache seines Herzens und seines Wesens Deutsch sei, so seien doch die Grundtöne finnisch: Sauna und Natur seien ihm seit Kindesbeinen vertraut. Ebenso der Umgang mit den ruhigeren und schweigsameren Finnen, was im Übrigen kein Klischee sei, sondern voll zutreffe. An ihnen schätzt er besonders ihre Zuverlässigkeit, Pünktlichkeit und ihren Humor. Auch wenn der Zugang zu den Finnen nicht der leichteste sei. Aber er habe ja den Generalschlüssel: die Sprache. Nach der zehnten Saunabegegnung ginge da manchmal doch noch mal eine Tür auf, und man könne reden.

Es macht große Freude, mit Mikko die Gemeinsamkeiten und Unterschiede zwischen Deutschland und Finnland zu diskutieren. Welche Bedeutung die Größe eines Landes auf die Identität und das Selbstbewusstsein seiner Bewohner hat, was den Kitt von Gesellschaften ausmacht und wie sie jeweils mit Herausforderungen umgehen. Ruck, zuck ist eine Stunde rum, und die Sonne scheint bereits tief ins Zimmer hinein und blendet uns ins Gesicht.

»Das Land hat einfach Platz. Man sitzt sich nicht auf der Pelle.« Damit erkläre sich möglicherweise auch der Hang zum Schrägen und Skurrilen. »Bei so viel Platz eckt man nicht so schnell an. Vielleicht kann man sich auch gegen manches, was hier doch eher eng gesehen wird, durch Skurrilität wehren. Und es ist ja ein extremes Land – es sind extreme Lebensbedingungen. Auch das führt zu gewissen Skurrilitäten.«

Ins Schwärmen kommt Mikko dagegen, wenn es ums Essen geht. Alles mit Pilzen und Kartoffeln sei großartig in Finnland. Er empfiehlt jedem, unbedingt mal Rentierfilet zu probieren. Und: Erdbeeren! Das Wort spricht er aus, als wäre es allein schon ein Gedicht.

Was wohl das größte Missverständnis über Finnland sei, möchte ich von ihm wissen. Wie aus der Pistole geschossen kommt die Antwort: »Dass sie gutes Bier hätten?« Darüber könnten wir jetzt trefflich diskutieren. Dagegen würde ich diesen Satz von ihm sofort und voll und ganz unterschreiben:

»Das Licht ist hier schon besonders schön und zu jeder Jahreszeit anders schön.«

108. GRUND

Weil es scharfe Mitbringsel gibt

Was bringt man Freunden und Familie mit aus dem Land der zahllosen Seen, das Land des teuren Alkohols, der Rentiere und des Weihnachtsmannes?

Okay, Weihnachtsdeko geht immer. Rentiere als Plüschvariante oder Schlüsselanhänger, Schneekristalle, Weihnachtssterne, Schneekugeln, *Tonttus* und natürlich der Weihnachtsmann.

Mit Süßigkeiten kann man in jedem Alter punkten: mit der berühmten Fazer-Schokolade oder Lakritz oder den berühmtem Läkerol-Pastillen. Bei denen frage ich mich bis heute, welcher Witzbold wohl auf die Idee kam, auf die Packungen »makes people talk« zu schreiben – ausgerechnet in einem Land, dessen Einwohner dem Klischee nach als verschwiegen und schweigsam gelten. Vielleicht gerade deswegen? Manche schwören dagegen auf die scharfen Salmiak-Pastillen, andere wiederum auf milden finnischen Senf oder die bekannten Ylitol-Kaugummis, die es selbst mit Lakritz-Geschmack gibt. Da findet sich für jeden was. Ich steh auf rundes Roggenbrot, lappländisches Fladenbrot und Preiselbeeren. Beeren gibt es nicht nur als Marmelade, sondern auch als höherprozentigen Likör. Finnischer Wodka oder Teerschnaps sind ebenfalls beliebt als Mitbringsel. Im Non-Food-Bereich gibt es finnische Cremes aus arktischen Beeren.

Einem Outdoorfan macht man sicher mit der typischen Holztasse *kuksa* eine Freude. So eine Tasse wird direkt aus der Birke geschnitten und dann ausgehöhlt. Die Samen trugen sie schon vor Jahrhunderten bei ihren Wanderungen mit den Rentierherden an ihrem Gürtel. Sie eignen sich für alle Getränke und die Finnen waschen sie nie.

Wer etwas mehr investieren möchte, der sollte ein *puukko* aus Finnland mitbringen. Die Gürtelmesser mit geschwungener Klinge, Holzgriff und Lederhülle sind Werkzeug für alle Gelegenheiten: beim Fischen, Grillen, Brotzeitmachen. Manche Messer sind wahre Kunstwerke. Insbesondere, wenn die Stahlklingen handgeschmiedet und verziert sind. Die Griffe können aus Birkenholz, aus Elch- oder Rentierhorn oder Knochen bestehen. Die Messerscheide wird traditionell aus Rentierleder gemacht. Jeder Finne besitzt so ein *puukko*, und es ist immer noch eine Ehre, so ein Messer geschenkt zu bekommen.

Wer auf Nimmer sicher gehen will, schenkt finnisches Design, sei es aus Holz, Glas oder Stoff. Die großen finnischen Anbieter haben da für jeden Geschmack und Geldbeutel was im Programm. Aber auch auf den zahllosen Märkten wird man schnell fündig: Vom Holzmesser für Butter, über Elche, lappländische Puppen bis hin zu Fellmützen sind der Fantasie keine Grenzen gesetzt.

Für Fans der Moomins gibt es Tassen, Handtücher oder Bettwäsche von Arabia. Polarlichter zum Mitnehmen gibt es als Postkarte oder als hochwertige gerahmte Fotografie. In Lappland bekommt man neben der typischen Volkskunst auch Rentierfelle und alles, was sich Praktisches aus dem Rentiergeweih herstellen lässt. Nicht zu vergessen: die vielen selbst gemachten Dinge von Handschuhen, Mützen, Stulpen bis hin zu Filzpantoffeln, Tischdecken und Webteppichen.

Für mich ist es immer eine willkommene Gelegenheit, ein Stückchen Finnland mit nach Hause zu nehmen. Dinge, die mich noch lange begleiten und erinnern. Und wer vor lauter Urlaubsfreuden nicht an Mitbringsel gedacht hat, kann das auch noch schnell am Flughafen nachholen und sein Handgepäck mit Rentierfleisch in Dosen, Räucherlachs oder Beerenwein aus den finnischen Wäldern auffüllen.

109. GRUND

Weil der finnische Sommer nach Birkenshampoo riecht

Ich steh unter der Dusche und bin plötzlich im Kopf mitten im finnischen Sommer – schwelge in Gerüchen und Tönen und Geschmäckern – ausgelöst durch einen einzigen Geruch in meiner Nase. Höre das Knarzen des Holzstegs, der auf den See hinausführt – der wie ein Spiegel wirkt, in dem sich jeder Baum am Ufer noch einmal selbst betrachten darf, jeder Halm, jeder Ast sich verdoppelt.

Das Sommerhaus, das rote, bei dem man meint, dass gleich Michel von Lönneberga frech um die Ecke gerannt kommt, auf seinem direkten Weg in den Holzschuppen, um sich vor Lina in Acht zu nehmen und statt Prügel zu beziehen lieber Holzfiguren schnitzen wird.

Der finnische Sommer, der nach Erdbeeren schmeckt, denen aus Kesälahti, die in Litern in Bechern abgewogen werden und nach Mitternachtssonne schmecken.

Der finnische Sommer, der nach Sauna und frisch gewaschenen Haaren in der Abendsonne riecht. Haare, die nach dem letzten Saunagang nach Birkenshampoo riechen, dieser Frische-Geruch.

Der See, der still und ruhig daliegt, Gelassenheit und Entspannung ausstrahlend, mit seiner glatten himmelblauen Oberfläche, der so einladend ist, dass ich mich gern auf das warme Holz des Stegs setze und die nackten Füße reinhalte. Sofort melden die Zehen ans Gehirn, dass das Wasser noch relativ frisch ist. Kein Wunder, ist es doch erst Anfang Juni, und der Sommer nimmt erst richtig Fahrt auf.

Der See lockt mich – immer wieder gehe ich nachschauen und entdecke Neues. Spiegelungen der Kiefern am Ufer, die vorhin noch nicht da waren. Kleine Kreise, die sich ausbreiten, größer werden und wieder vergehen – Zeugen dessen, dass da unter der Oberfläche noch eine ganze Menge verborgen und vermutlich weit mehr los ist, als ich mir vorstellen kann.

Der Himmel geht neidlos in Konkurrenz mit dem See, blau-weiß, wie die finnische Fahne. Dazu der zartblumige Duft von Lupinen und der weißen Mittsommernachtsrose.

Am Ufer die zahllosen Birken, deren helle, freundliche und zarte Äste mir vorkommen wie die Arme meiner Mutter. Der Duft der grünen Blätter weckt Erinnerungen an die Kindheit. Zusammen mit der reinen Luft lassen sie mich tief durchatmen.

Ich schwelge in den Farben, lasse mich von der Sonne im Gesicht kitzeln und beschließe, die Zeit heute mal auszuklammern, wegzuschicken, soll sie doch andere nerven. Ich schließe einfach meine Augen und träume sinn- und ziellos vor mich hin. Genieße die Sonne auf meinem Gesicht und leere meinen Kopf, mein Gedankenstrom kommt zur Ruhe, und meine Seele beginnt zu baumeln. Hin und her …

Und das alles nur, weil dieses Birkenshampoo die Erinnerungsgehirnzellen befeuert …

Weil das Glück manchmal mit dem Schiff kommt

111 Liebesgründe für Finnland. Eine Liebeserklärung an ein Land. Dabei fing die Liebesgeschichte mit Finnland ja eigentlich schon sehr viel früher an. Weit vor mir. Streng genommen ist sie der Beginn all des Schlamassels.

Ein junger Mann aus Norddeutschland, den die großen Schiffe faszinieren. Der 1960 seine Sachen packt, mutig nach Bremerhaven geht und bei einem Frachtschiff einer Reederei mit langer Seefahrtstradition anheuert. Als Küchenmaat auf große Fahrt geht. Ein junger Seemann, der über alle Weltmeere zieht und irgendwann auf einem 2-Luken-Frachtschiff landet, das extra mit einem Eisbug der finnischen Eisklasse 1 A konstruiert wurde, um sich den Weg durch die zugefrorene Ostsee bahnen zu können. Das Schiff soll in Oulu Holz aus den finnischen Wäldern laden. Während es im Hafen ankert, zieht es den jungen Koch auf seinem Landspaziergang in die Küstenstadt. Und er lernt nicht nur eine neue Stadt kennen, sondern auch eine junge Finnin mit kurzen blonden Haaren, die gerade ihren Schulabschluss in der Tasche hat, voller Träume und Ideen für die Zukunft. Beim Tanzen, Anfang der 60er-Jahre. Irgendwas muss in der Luft gelegen haben. Kurze Zeit später das erste richtige Date. Die junge Finnin trampt dafür heimlich mit einer Freundin als Anstandswauwau zum ausgemachten Treffpunkt. Die Frischverliebten verabreden sich für den nächsten Stopp des Schiffes in drei Monaten! Ohne Handy, ohne E-Mail. Nur mit Vertrauen.

Das bekommt allerdings der Vater spitz. Weil er die Deutschen so überhaupt und gar nicht mag, verbietet er das nächste Treffen mit dem deutschen Matrosen. Kommt ja gar nicht in die Tüte, dass seine einzige Tochter sich ausgerechnet einen Deutschen aussucht. Ausgerechnet die, die im Krieg so viel verbrannte Erde in Finnland hinterlassen haben.

Der Tag der Verabredung naht, und Raija hat Stubenarrest. Der junge Mann, bestimmt voller Vorfreude mit ganz roten Backen vor lauter Aufregung, sitzt pünktlich im ausgemachten Café und wartet. Wartet. Und wartet. Die junge Finnin kommt nicht.

Raija darf das Haus nicht verlassen. Kann ihn nicht anrufen und ihm auch keine Nachricht schicken. Irgendwie schafft sie es, ihre beste Freundin loszuschicken. Obwohl sie ihn doch so gerne wieder gesehen hätte. Mit reichlicher Verspätung erreicht die Freundin das Café im Zentrum von Oulu – vermutlich völlig außer Atem und schaut sich nach einem hochgewachsenen jungen Mann um, mit dunklen Haaren und dunklen Augen, schlank bis schlaksig. Ein bisschen wie eine Mischung aus Cary Grant und Elvis. Sie weiß nur seinen Vornamen: Bernhard.

Doch die verabredete Zeit ist verstrichen. Stunden sind seitdem vergangen. Die Chancen stehen schlecht. Ihre Augen wandern von Tisch zu Tisch. Doch da sitzt er immer noch. Allein an einem Tisch. Mit einer leeren Kaffeetasse vor sich. Wartet auf Raija, die nicht kommen kann.

Das Schiff, vollbeladen mit tonnenweise Holz, läuft am nächsten Morgen wieder aus , ohne dass sich die beiden gesehen haben. Immerhin gibt es nun eine Adresse, an die Raija schreiben kann. Doch da sind wir schon beim nächsten Problem. Er spricht kein Finnisch und kaum Englisch, sie kann gut Englisch, aber kein Deutsch. Die Briefe, die ab da zwischen Finnland und Deutschland hin- und hergehen, müssen mithilfe seines Bruders übersetzt werden. Schriftliches Kennenlernen, Austausch von Gedanken über Tausende Kilometer hinweg und die Schwierigkeit, Gefühle und Sehnsucht in die richtigen Worte zu packen. Ein Unterfangen, das dem Bruder regelmäßig die Schamesröte ins Gesicht treibt.

Und dann ist da ja noch der quertreibende Vater, der die Verbindung nicht gutheißt. Die junge Liebe steht unter keinem guten Stern. Doch irgendetwas scheint stärker zu sein. Mit einem Roller macht sich Bernhard eines Tages auf, Tausende Kilometer auf dem

Landweg, mitten im Winter bei Eis und Schnee. Bis nach Oulu. Bereit, alles hinter sich zu lassen. Doch die Zeiten sind nicht gerade rosig, und er findet keine Arbeit. Raijas Vater, mein Opa, kann sich immer noch nicht mit der neuen Liebe seiner einzigen Tochter anfreunden. Dabei ist Bernhard nicht nur wegen eines Jobs nach Oulu gekommen. Er will um die Hand der Tochter bitten.

»Wenn du dieser Verbindung nicht endlich zustimmst und deinen Segen gibst, wirst du deine einzige Tochter verlieren«, sagt meine Oma mahnend zu ihrem Mann. Das Argument zieht.

Im August 1965 wird in Oulu geheiratet. Mit all den Verwandten und Freunden aus beiden Ländern, die sich auf diesem Fest zum allerersten Mal begegnen.

Mein Onkel zeigt mir viele viele Jahre später die Kirche, in der meine Eltern geheiratet haben. Er zeigt mir den Ort, wo sie sich kennenlernten, den Platz, wo sie sich im Sommer draußen zum Tanzen trafen, und den Lieblingsplatz meiner Mama am Fluss, wo sie schwimmen gegangen sind. In meinen Gedanken sehe ich meine Mama und meinen Papa aneinandergekuschelt an einem lauen Sommerabend auf der Holzplattform draußen zwischen all den Birken tanzen. Wie sie Handtücher und Klamotten auf der Wiese zurücklassend Hand in Hand zum Ufer gehen und gemeinsam ins Wasser eintauchen, lachend und verliebt jede Minute genießend. Die beiden, die unsere Welt bereits wieder verlassen mussten. Der eine schon sehr früh, der andere viele Jahre später. Mein Onkel zeigt mir auch die Stelle, wo früher das Haus meiner Großeltern stand, das es heute nicht mehr gibt. Dafür aber die Bäume drum herum, auf und unter denen sie als Kinder gespielt haben. Natürlich waren sie damals noch nicht so groß, die Bäume, betont mein Onkel. Wieder ein Puzzlestück mehr bei der Spurensuche nach meinen Wurzeln. Finnland – nicht meine »Mutter-Sprache«, aber mein »Mutter-Land«. Und immer mehr mein *Onnenmaa* – mein Glücksland. Denn was für ein Glück, dass sich die beiden im dünn besiedelten Finnland begegnet sind. Was für ein Glück, dass sie gegen alle Widerstände für ihre Liebe kämpften, sodass es nicht nur mich, sondern auch meine wunderbare große Schwester und meinen wunderbaren großen Bruder gibt, die ich für nichts in der Welt eintauschen wollte. Was für ein Glück, dass meine Großmama so eine kluge, beherzte Frau war. Was für ein Glück!

111. GRUND

Weil Finnland eine Scheibe vom Paradies ist

Lange habe ich darüber nachgedacht, was der 111. Grund sein könnte. Es müsste ein ganz besonderer Grund sein, ohne Frage. Einer, bei dessen Lesen man nicht aufhören möchte, sich wünscht, es würde immer und immer so weitergehen.

Dennoch werde ich das Gefühl nicht los, als hätte ich aus einem Meer nur eine Tasse Wasser entnommen, um dich kosten zu lassen. Nur ein paar glitzernde Juwelen aus der großen Schatztruhe geholt, nur einen Funken aus dem lodernden Feuer stibitzt.

Mein 111. Grund ist: weil Finnland eine Scheibe vom Paradies ist. Für mich ist es das. Jedes Mal, wenn ich nach Finnland komme, ist es für mich wie ankommen – heimkommen. Mein Herz hüpft aufgeregt hin und her wie ein Flummi. Wenn ich am Ufer entlanglaufe, das nicht ganz Meer und nicht ganz Land ist, dann fühle ich mich unendlich frei und unabhängig und zugleich geborgen und sicher.

Wenn ich im Wald bin, dann kann ich tief atmen, und ich habe den Eindruck, meine Seele hat mehr Platz. Die Landschaft beflügelt und inspiriert mich, und gleichzeitig schreiten die Zeiger der Zeit weniger schnell voran.

Wenn meine Augen über die endlosen Schneeflächen wandern, erfüllen mich Ruhe, Stille, und alle Sinne können zusammenkommen.

Wenn ich im See oder im Meer schwimme und mich eins fühle mit der Natur. Weil jeder Spaziergang, jeder Ausflug wie eine Wundertüte ist, man nie weiß, was man bekommt. Weil mich dieses Land mit seinen Extremen magisch anzieht. Weil ich vor Glück heulen könnte, wenn sich die ersten zarten Polarlichter am Nachthimmel zaghaft zeigen. Weil mich die nachtlosen Nächte faszinieren und unglaubliche Energien freisetzen. Weil das Licht zu jeder Jahreszeit seinen ganz eigenen Zauber hat.

Weil es nach einer unnachahmlichen Mischung riecht aus warmem Holz, frischem Hefeteig und blühenden Lupinen im Sommerwind. Weil Finnischen Tango zu tanzen ist wie träumen mit den Beinen.

Weil mich die Menschen begeistern, wie entspannt, verwurzelt und verbunden sie sind mit ihrer Heimat, wie sie miteinander umgehen und eine Kultur des Teilens, des Lernens und Improvisierens leben.

Ja, ich bin be-zaubert, ver-zaubert von diesem Land mit seinen wunderbaren Menschen und seinen einzigartigen Landschaften, vom Land meiner Mama und meiner Vorfahren. Und ein wenig *sisu* steckt wohl auch in mir, dass ich nicht aufgebe, diese verflucht komplizierte Sprache entschlüsseln und lernen zu wollen.

- Weil es mein *Onnenmaa* – mein Land des Glücks – ist.
- Weil Finnland auch das Glück ist, das zu finden, was man gar nicht gesucht hat. Weil es dir die Möglichkeit gibt, dich ganz zu spüren und dein Glück in dir selbst zu finden.
- Weil Finnland immer wieder Sehnsuchtsfutter bietet.
- Weil es vorübergehend das Fernweh heilt und den Finn-Hunger stillt.
- Weil genug nie genug ist.
- Weil man kein Ende findet.
- Weil es unglaubliche Schätze bereithält. Nicht aufdringlich, nicht laut und prahlerisch – sie sind einfach da, und wer sie entdecken will, wer es vermag, sie zu entdecken, der ist willkommen.

- Weil Finnland dich einlädt – auf der Suche nach deinem Glück.
- Weil ich mir wünsche und mich freuen würde, wenn ich den einen oder anderen anstecken kann, selber dieses Land zu erkunden. Vielleicht sieht man sich.

Tervetuloa suomeen!
Willkommen in Finnland!

GLOSSAR

aarrekääty	Schatzkette
avantosauna	Sauna mit Eislochhüpfen
eno	Onkel mütterlicherseits
glögi	finnische Variante des Glühweins
Juhannus	Mittsommer
hernekeittö	Erbsensuppe
hidas	langsam
Itsenäisyyspäivä	Unabhängigkeitstag
itsepalvelu	Selbstbedienung
jokamiehenoikeus	Jedermannsrecht
Joulupukki	Weihnachtsmann
juhannus	Mittsommer
kaamos	die dunkle Jahreszeit, Polarnacht
kahvi/kahvia	Kaffee
kalakukko	Fischauflauf/-kuchen
Kalevala	finnisches Nationalepos
kännykkä/matkapuhelin	Handy
karjalanpiirakka	Karelische Teigtasche mit Reis gefüllt
karkkipäivä	Süßigkeitentag
kaiho	eine besondere Form der Sehnsucht
kalsarikännit	der Zustand, wenn man sich allein, daheim, ohne Grund, nur in der Unterhose bekleidet, betrinkt
kauppahalli	Markthalle
kelo	ein stehender toter Nadelbaum
kesäkeitto	Sommersuppe
kiiselli	Fruchtkaltschale
kokko	Mittsommerfeuer
korvapuusti	Hefegebäck mit Kardamom, das an eine Ohrenschnecke erinnert
kuksa	Tasse aus Holz geschnitzt
kuunsilta	Mondbrücke
kyllä	ja
laavu	einfache Schutzhütte
lavatanssit	Tanzböden im Sommer
leipäjuusto	besondere Käseart, »Brotkäse«

liljankukka	Lilienblume
lintukoto	Heimat der Vögel, Lieblingsplatz
loistelohi	Flammlachs
lounas	Mittagsbuffet
löyly	Aufguss in der Sauna
lonkero	Longdrink mit Gin und Grapefruitsaft
mämmi	Malzpudding zu Ostern
maito/maitoa	Milch
makkara	Wurst
meri	Meer
nopea	schnell
peikko	Troll, Kobold
piimä	Mischung aus Butter- und Dickmilch
pikkusisko	kleine Schwester
pulla	Hefegebäck mit Zimt, Zucker und Kardamom
puukko	finnisches Messer mit Holzgriff + Lederscheide
puuro	Frühstücksbrei
rakkaus	Liebe
Restaurant Day	jeder darf für einen Tag ein Restaurant eröffnen
satumaa	Märchenland
saunanjälkeinen	das Gefühl nach der Sauna
setä	Onkel väterlicherseits
siivouspäivä	Aufräumtag, großer Flohmarkttag in Helsinki
sisu	finnische Mentalität der Zähigkeit, des Durchhaltens
tähti	Stern
Ukko	Gott des Wetters und der Ernte, alter Mann
vihta	Birkenbüschel
viili	Art Dickmilch
yötön yö	nachtlose Nacht
tiernapojat	die finnische Version der Sternsänger
tonttu	Weihnachtsmannhelfer, Elf

LESERBRIEFE

Als Nachwort kommen hier die Leser zu Wort. *Kiitos paljon* für die wunderbaren Rückmeldungen:

Conny S.: Dein Buch »111 Gründe Finnland zu lieben« hat mich die letzten zwei Wochen durch Savo und Nord-Karelien begleitet, deine Worte haben mich berührt und begeistert, ich habe karelische Piroggen gegessen und nach sechs Monaten Finnischkurs bei Marimekko in Joensuu auf Finnisch ein Kleid gekauft, ich war jeden Morgen im Birkenwald, habe beim Durchfahren an die Erdbeeren von Kesälahti gedacht und wollte nie wieder weg von unserer Bucht der Enanlahti … ich habe Lakritz mit nach Hause gebracht und eine Ausgabe Helsingin Sanomat und saß mit Tränen in den Augen in meiner Finnair-Maschine nach München … und immer war dein Buch im Rucksack. Es sieht nun sehr geliebt aus. Ich möchte dir nochmal von ganzem Herzen danken. Es ist kein klassischer Reiseführer, aber der beste, den es geben könnte.

Bianca M.: Ein Lesegenuss der Extraklasse – das Herzblut der Autorin für ihr Finnland strömt mit jeder Formulierung zum/zur LeserIn herüber! Großartig!

Max D.: Ich habe mir Ihr Buch »111 Gründe, Finnland zu lieben« gerade zugelegt und bin komplett fasziniert. Ich bin aktuell bei dem 35. Grund und habe mich schon nach dem Vorwort in dieses Land verliebt. Ihre Erfahrungen sind wunderschön.

Jürgen P.: Ich konnte es nach den ersten Seiten gar nicht wieder aus der Hand legen, da die einzelnen Geschichten so nett und berührend und mit Liebe geschrieben sind.

Matthias K.: Nun dauert es nur noch drei Wochen bis zu unserem Ruska-Urlaub und Dein Buch war ein sehr toller Vorfreude-Bringer. Ich werde es sicher noch des Öfteren zur Hand nehmen und darin blättern. Der vorletzte Grund war sehr ergreifend – eine berührende Geschichte. Vielen Dank für dieses tolle Buch.

Tanja J.: Das Buch ist sehr spannend und eindrucksvoll geschrieben, sodass man das Buch nicht mehr aus der Hand legen möchte.

LITERATURHINWEISE

Wer mehr über Finnland lesen und erfahren will, dem kann ich folgende Links empfehlen:

LITERATUR AUS UND ÜBER FINNLAND

- Leseempfehlungen der Deutsch-Finnischen Gesellschaft: *www.dfgliest.de*
- Literaturempfehlungen und Wissenswertes über Finnland: *www.finland.fi*
- Rasso Knoller: *Finnland. Ein Länderporträt*. Ch. Links Verlag 2011.

INFORMATIONEN/LINKS

- Reiseinfos des finnischen Tourismusverbandes: *www.visitfinland.com*
- Reisetipps von Experten: *www.dein-finnland.de*
- Offizielle Tourismusseite Lapplands: *www.onlyinlapland.com*
- Offizielle Tourismusseite von Helsinki: *www.visithelsinki.fi*
- Finnische Botschaften: *www.finnland.de / www.finnland.at / www.finlandia.ch*
- Deutsch-Finnische Gesellschaft: *www.dfg.de*
- Österreichisch-Finnische Gesellschaft: *www.nordische-laender.at*
- Gemeinnütziges Forum finnischer Kultur, Wissenschaft und Wirtschaft: www.finnland-institut.de
- Schweizerische Vereinigung der Freunde Finnlands: *www.svff.ch*

DEUTSCHSPRACHIGE BLOGS ÜBER FINNLAND

- www.tarjasblog.de
- www.finnweh.de
- www.mahtava.de
- www.myyratohtori.wordpress.com
- www.sisu92.wordpress.com
- www.finntouch.de
- www.finntastic.de
- www.finnlandblog.com

QUELLEN

1 Hans Hahnemann: Land der Seen und Wälder. IN: Siegfried Löffler (Hg.): Berichte aus Finnland. Bertelsmann 1967. S. 9

2 Hans Hahnemann: Land der Seen und Wälder. IN: Siegfried Löffler (Hg.): Berichte aus Finnland. Bertelsmann 1967. S. 10

3 Finnisches Statistikamt + http://finland.fi/Public/default.aspx?contentid=195895&nodeid=41803&culture=de-DE

4 https://de.wikipedia.org/wiki/Finnland

5 www.wetter24.de/news/detail/2015-08-27-klima-in-finnland/

6 www.umweltbundesamt.de/sites/default/files/medien/publikation/long/4299.pdf

7 Zusammen mit Island und Norwegen. Environmental Performance Index. Yale University. http://epi.yale.edu

8 Clemens G. Array: Der Biophilia-Effekt – Heilung aus dem Wald. Edition a. Wien 2015. S.37.

9 Finnisches Statistikamt. Agriculture, Forestry and Fishery. Quelle: Natural Resources Institute Finland. 2015. http://tilastokeskus.fi/tup/suoluk/suoluk_maatalous_en.html

10 Guinnessbuch der Rekorde – www.guinnessworldrecords.de

11 Zahlen stammen von dieser Liste: https://de.wikipedia.org/wiki/Liste_der_größten_Seen_in_Finnland

12 Linguisten um Ian Maddieson (University of New Mexico) haben diese Theorie 2015 auf der Tagung der Acoustical Society of America in Florida vorgestellt. Siehe auch http://phys.org/news/2015-11-environment-climate-varied-evolution-human.html

13 F.A.Z. im Schwerpunkt zur Frankfurter Buchmesse: www.faz.net/aktuell/feuilleton/buchmesse/ehrengast-finnland/

14 Zahlen stammen von libraries.fi, ein Zusammenschluss der Finnischen Bibliotheken. http://www.libraries.fi/en-GB/library-branch/basic-information-about-finnish-libraries/statistics/

15 Studie der Conneticut State University. 60 Länder wurden untersucht. Finnland belegt Platz 1. www.ccsu.edu/wmln/

16 Studie von Mercer. Studienergebnisse von 2016 finden sich hier: www.mercer.de/newsroom/quality-of-living-ranking-2016.html

17 www.zitate.eu/de/zitat/212751/martti-ahtisaari

18 Bundesamt für Naturschutz. https://www.bfn.de/0308_nlp.html

19 Konrad Nahm: Die Kunst in Finnland. Severus Verlag Hamburg 2014. S. 7.

20 Zahlen nach dem Statistik Amt Finnland. 2016. http://tilastokeskus.fi/tup/tilastokirjasto/kansainvalinen_naistenpaiva_2016.html

21 https://de.wikipedia.org/wiki/Eugen_Schauman

22 Marjaliisa Hentilä: Arbeiterfrauen im finnischen Parlament. IN: Von heute an für alle! Hundert Jahre Frauenwahlrecht. Herausgegeben von Marjaliisa Hentilä, Alexander Schug. BWV Verlag, 2006. S. 25.

23 Maria Lähteenmäki: Frauen für mehr Gleichberechtigung in Finnland 1907–2005. IN: Von heute an für alle! Hundert Jahre Frauenwahlrecht. Herausgegeben von Marjaliisa Hentilä,Alexander Schug. BWV Verlag, 2006. S. 45.

24 https://de.wikipedia.org/wiki/Frauenwahlrecht

25 Solvier Bergman: Feminismus und Frauenpolitik in Finnland. IN: Europas Töchter: Traditionen, Erwartungen und Strategien von Frauenbewegung in Europa. Herausgegeben von Ingrid Miete, Silke Roth. Springer-Verlag, 02.07.2013. S. 150.

26 Solvier Bergman: Feminismus und Frauenpolitik in Finnland. IN: Europas Töchter: Traditionen, Erwartungen und Strategien von Frauenbewegung in Europa. Herausgegeben von Ingrid Miete, Silke Roth. Springer-Verlag, 02.07.2013. S. 163

27 »The Mothers' Index scores countries on mothers' and children's health, educational, economic and political status. In Somalia, one woman in 16 is likely to die of a maternal cause during her lifetime, while one child in seven does not reach his fifth birthday. This contrasts with Finland, where maternal deaths affect less than one in 12,000 women, and the probability of a child dying before the age of five is one in 345.« www.savethechildren.org/site/apps/nlnet/content2.aspx?c=8rKLIXMGIpI4E&b=8943305&ct=13930525. Abgerufen 20.02.2016.

28 Rasso Knoller: Finnland. Ein Länderporträt. Ch. Links Verlag, 2012. S. 75.

29 Länderranking von eurostat: http://ec.europa.eu/eurostat/cache/infographs/qol/index_de.html

30 Der World Happiness Report der Vereinten Nationen findet sich hier: http://worldhappiness.report

31 http://ec.europa.eu/eurostat/statistics-explained/index.php/Quality_of_life_in_Europe_-_facts_and_views_-_governance | Siehe auch: NZZ Neue Zürcher Zeitung: Paul Schneeberger: Mehr Vertrauen in Behörden als in Mitmenschen. 18.2.2016

32 zitiert nach: https://www.gfbv.de/de/news/der-rentierzuechter-rentierhaltung-und-saamische-lebensart-1893/

33 Henning Boëtius: Joiken. Goldmann Wilhelm GmbH München 1994.

34 Deutsches Insitut für Ernährungsforschung: EPIC-Studie mit Daten von 519.000 Europäern.

35 America's Plate International Pizza Competition 2008.

36 http://yle.fi/uutiset/something_terrible_has_happened_does_finland_need_to_wake_up_to_its_gun_problem/8535425/ abgerufen 30.12.2015

37 www.finnland.de/public/default.aspx?contentid=180496&culture=de-DE:

38 https://www.rallytheworld.com/die-spinnen-die-finnen: – abgerufen 30.12.2015

39 Zahlen von 2014. Laut GTAI. German Trade & Invest.

40 Euronews der Europäischen Kommission 2016 http://de.euronews.com/2014/10/06/waldernte-in-finnland-die-kleinen-schaetze-der-natur/

41 Finnisches Meteorologisches Institut FMI. Informationen findet man hier: http://en.ilmatieteenlaitos.fi

42 www.aalto.fi/en/current/news/2016-02-09/

43 Sofie Oksanen in ihrer Rede auf der Frankfurter Buchmesse 2014. Nachzulesen: http://www.sofioksanen.com/speech-frankfurt-2014/de/

44 Karl Fleig, Elissa Aalto (Hg.) Alvar Aalto – Das Gesamtwerk / L'oeuvre complète / The Complete Work. Birkhäuser Verlag Basel 1990.

45 Human Capital Report 2015. http://reports.weforum.org/human-capital-report-2015/rankings/

46 The World Economic Forum's Global Gender Gap Report. http://www.weforum.org/agenda/2016/02/where-is-the-best-country-to-be-a-working-woman

47 http://finnland-ruft.de/kultur-gesellschaft/finnischen-muettern-geht-es-weltweit-am-besten/abgerufen 31.12.2015

48 epi.yale.edu/reports/2016-report

49 www.transparency.org/cpi2015

50 https://www.reporter-ohne-grenzen.de/finnland/

51 Quelle: Cleantech Group. http://www.cleantech.com/wp-content/uploads/2014/08/Global_Cleantech_Innov_Index_2014.pdf

52 Studie von ITIF Information Technology & Innovation Foundation. Das Länderranking von 2016: http://www2.itif.org/2016-contributors-and-detractors-executive-summary.pdf?_ga=1.25756925.1965116655.1453276644

53 www.goodcountry.org/overall

54 Finnish Foods Industries Statistics 2015. Finnish Food Information. Helsinki 2015. S.28.

55 Rolf Derenbach: Finnlands Landesnatur und Geschichte. Publikation der Universitätsbibliothek der Freien Universität Berlin. Berlin 2016. Als E-Publikation auf dem Dokumentenserver der FU Berlin zu finden. http://edocs.fu-berlin.de

56 Das hat ein Forschungsteam unter der Leitung des Deutschen Geoforschungszentrums Potsdam herausgefunden. www.gfz-potsdam.de / Nachzulesen in: Magdala Tesauro u.a.: How rigid is Europe's lithosphere? IN: Geophysical Research Letters. Vol.36, Issue 16. 2009.

57 Über die Zusammensetzung und Wirkung von Schungit berichten viele Seiten im Internet, Stellvertretend: www.gf-freiburg.de

DANKE

Viele Menschen haben mich unterstützt, begleitet, bestärkt, begeistert, inspiriert. Dafür möchte ich von Herzen Danke sagen:

Aikka | Anahita | Anja | Annarita | Anssi | Antti | Arno | Bernhard | Birgit | Claudia | Dagmar | Daniel | Deutsch-Finnische Gesellschaft | Dieter | Eija | Eku | Finnland Institut | Florian | Florin | Gaby | Gerlinde | Goethe Institut Helsinki | Greta | Hanayo | Harald | Heidi | Irina | Jaana | Jan | Janne | Jari | Jari-Pekka | Jenni | Joana | Johanna | Josh | Jouni | Judith | Juha | Jürgen | Juuka | Jyrki | Kari | Kian | Kirsi | Kirsten | Lotta | Magda | Maike | Manuela | Marcel | Margit | Mario | Marion | Marjatta | Markku | Markus | Martin | Martina | Matthias | Matti | Mikko | Minja | Mira | Miru | Nelli | Nina | Norbert | Official Statistics of Finland | Oliver | Österreichisch-Finnische Gesellschaft | Päivi | Paula | Pekka | Pentti | Peter | Petra | Pirjo | Pit | Raija | Ralf | Roel | Rüdiger | Sebastian | Seppo | Sivu | Sophie | Stan | Stefan | Tauno | Tero | Thijs | Thomas | Tilastokeskus | Tine | Tuula | Tuure | Ulla | Ville | visit Helsinki | visit Finland | visit Oulu | Vivian | Wille | Willes | Winfried | Wolfgang und allen, die unerwähnt bleiben wollen, die sind sowieso in meinem Herzen.

TARJA PRÜSS *1969, ist Journalistin, Autorin und Fotografin mit finnischen Wurzeln. Seit dem Studium der Politikwissenschaften, Geschichte und Philosophie als Radio- und TV-Redakteurin beim Öffentlich-rechtlichen Rundfunk ORF tätig. Pendelt zwischen Deutschland, Österreich und Finnland. Liebt Kaffee, Tretschlitten und Lakritz. Ihre Erlebnisse und Begegnungen im hohen Norden finden sich auch auf ihrem Finnland Blog: www.tarjasblog.de. (www.tarjapruess.de)

Tarja Prüss
111 GRÜNDE, FINNLAND ZU LIEBEN
Eine Liebeserklärung an das schönste Land der Welt

ISBN 978-3-86265-614-1

Zweite Auflage September 2017
Vermittelt durch die Literaturagentur Brinkmann, München |

VERLAG
Schwarzkopf & Schwarzkopf Verlag GmbH
Kastanienallee 32, 10435 Berlin
Telefon: 030 – 44 33 63 00
Fax: 030 – 44 33 63 044

INTERNET | E-MAIL
www.schwarzkopf-schwarzkopf.de
www.facebook.com/schwarzkopfverlag
info@schwarzkopf-schwarzkopf.de